BUAA White Papers on
General Education

# 北京航空航天大学
# 通识教育白皮书

北京航空航天大学通识教育课程建设委员会　编

北京大学出版社
PEKING UNIVERSITY PRESS

# 图书在版编目(CIP)数据

北京航空航天大学通识教育白皮书/北京航空航天大学通识教育课程建设委员会编. —北京:北京大学出版社,2015.5
ISBN 978-7-301-25570-4

Ⅰ. ①北… Ⅱ. ①北… Ⅲ. ①高等学校—通识教育—研究—中国 Ⅳ. ①G640

中国版本图书馆 CIP 数据核字(2015)第 039115 号

| | |
|---|---|
| 书　　名 | 北京航空航天大学通识教育白皮书 |
| 著作责任者 | 北京航空航天大学通识教育课程建设委员会　编 |
| 责 任 编 辑 | 周志刚 |
| 标 准 书 号 | ISBN 978-7-301-25570-4 |
| 出 版 发 行 | 北京大学出版社 |
| 地　　址 | 北京市海淀区成府路 205 号　100871 |
| 网　　址 | http://www.pup.cn |
| 电 子 信 箱 | zyl@pup.pku.edu.cn　　新浪微博:@北京大学出版社 |
| 电　　话 | 邮购部 62752015　发行部 62750672　编辑部 62767346 |
| 印 刷 者 | 北京大学印刷厂 |
| 经 销 者 | 新华书店 |
| | 965 毫米×1300 毫米　16 开本　15.25 印张　219 千字 |
| | 2015 年 5 月第 1 版　2015 年 5 月第 1 次印刷 |
| 定　　价 | 49.00 元 |

未经许可,不得以任何方式复制或抄袭本书之部分或全部内容。
**版权所有,侵权必究**
举报电话: 010-62752024　电子信箱: fd@pup.pku.edu.cn
图书如有印装质量问题,请与出版部联系,电话: 010-62756370

# 目 录

## 上篇　通识教育白皮书

前言 ……………………………………………………… (3)
一、长城行动计划 ………………………………………… (4)
二、何谓通识教育 ………………………………………… (9)
三、通识教育与专业教育 ………………………………… (13)
四、通识课程与公选课程 ………………………………… (17)
五、理工科学院的通识教育 ……………………………… (23)
六、课程建设 ……………………………………………… (27)
七、通识核心课程体系 …………………………………… (29)
八、以书院制为载体的博雅教育 ………………………… (43)
九、教学方法 ……………………………………………… (48)

## 下篇　理论与实践

通识教育与北航实践 ………………………… 高全喜 (59)
论通识教育之文化自觉 ……………………… 姚中秋 (70)
从知识传授到人的培养
　　——关于北航通识教育的思考 ………… 翟志勇 (85)
目标相通，理念相融
　　——通识教育背景下的书院制探索 …… 李亚梅　罗鹏飞 (92)
计算机专业人文通识教育的初步实践 ……… 高小鹏 (100)

德性与智慧的养成
　　——"中国经典研读:《论语》"课程经验 ………… 李　静（110）
如何给大学新生讲通识课
　　——"西方古典研读:《理想国》"课程经验 ……… 泮伟江（127）
公民意识的"经典"练习
　　——"政治学原理"课程经验 …………………… 康子兴（138）
共同理性、共同参与
　　——"博弈与社会"课程经验 …………………… 段　颀（150）
如何给新生讲专业导论
　　——"电子信息工程导论"课程经验
　　　　………………… 张有光　赵　恒　王梦醒（165）
感悟历史,启迪智慧
　　——"仪器科学与科技文明"课程经验 ………… 钱　政（182）
"中国文明文化史"小班讨论课程经验 ……………… 顾家宁（194）
通识教育的成功范例
　　——赵晓力老师"法律与文学"课程体悟 ……… 罗　旻（204）
通识教育的课程设计:作业、讨论课与外文素养
　　——赵晓力老师专访 ………………………………（214）

# 上篇

## 通识教育白皮书

　　北京航空航天大学作为一所高水平的研究型大学，肩负着高层次人才培养和基础性、前瞻性、战略高技术研究的历史使命，始终把追求卓越作为办学宗旨，以培养具有浓烈爱国情怀、宽广国际视野的新型工业化所需的拔尖创新人才、国家优秀建设者和领导领军人才为己任。

# 前 言

  通识教育(general education)不是知识的教育,而是人的教育,目标是培养完整的人、自由的公民和拔尖创新人才。通识教育要使学生对人类文明,尤其是中国文明有深刻理解,意识到自己是文明传统的产物并且生活在文明传统之中;要使学生具备现代公民意识和素养,能够建设性地参与社会发展;要使学生具备卓越的文本阅读能力、书面写作能力、口头表述能力以及批判性的多维思考能力;要使学生具备多学科视角和国际化的视野。

  北京航空航天大学从2010年开始由人文与社会科学高等研究院在知行文科试验班开展通识教育,并随着文科大类招生逐步扩展到全部文科学生。2012年学校通过《人才白皮书》暨"长城行动计划",将"构建通识课程体系,实现通识基础的专业教育"作为十项基础性工作之一,从而将通识教育扩展到全校学生。北航通识教育旨在落实学校"强化基础、突出实践、重在素质、面向创新"的本科人才培养方针,服务于培养拔尖创新人才的战略目标。

  2013年学校成立通识课程建设委员会,全面负责全校通识课程建设,委员会从成立之日起,着手起草《北京航空航天大学通识教育白皮书》,将通识教育核心课程定位为本科生教育的校级核心课程,即学生可以在一定程度上自主选择但必须完成一定学分的核心必修课。通识课程将逐步取代公共选修课程。《北京航空航天大学通识教育白皮书》对既往的通识教育经验进行了全面总结,同时规划出北航通识教育未来发展蓝图,必将逐步形成通识教育的北航模式。

校通识课程建设委员会<br>2013年12月20日

# 一、长城行动计划

  北京航空航天大学作为一所高水平的研究型大学,肩负着高层次人才培养和基础性、前瞻性、战略高技术研究的历史使命,始终把追求卓越作为办学宗旨,以培养具有浓烈爱国情怀、宽广国际视野的新型工业化所需的拔尖创新人才、国家优秀建设者和领导领军人才为己任。

  学校根据"强化基础、突出实践、重在素质、面向创新"的本科人才培养方针,在着力做好自然科学、人文社会科学的学科与专业基础知识教育的同时,还通过工程训练、工厂实习、专业课程设计和专业综合实验等实践环节,以及学科竞赛和科技竞赛等平台,全面提升学生实践能力,在人才培养方面取得了丰硕的成果。学校坚持强化教学的中心地位,重视教学条件的改善,促进教师教学投入程度和教学水平的显著提升,令本科教育教学质量大幅提高。

  当前我国正面临着从高等教育大国向高等教育强国的转变,如何提升高等教育质量受到了国家的高度重视和社会的普遍关注。2010年,《国家中长期教育改革和发展规划纲要》指出,"提高质量是我国未来高等教育发展的主题";2011年,胡锦涛总书记在清华大学百年校庆重要讲话中强调,"不断提高质量是高等教育的生命线,必须始终贯穿高等学校人才培养、科学研究、社会服务、文化传承创新各项工作之中";2012年,教育部颁布的《关于全面提高高等教育质量的若干意见》中又进一步指出,"要把人才培养作为提高质量的首要工作,把内涵发展作为提高质量的核心要求"。提升高等教育质量已经成为我国当前高等教育发展的核心主题。

近年来,学校瞄准国家战略需求和学术前沿,从建设创新型国家的需要出发,围绕"提高高等教育质量"的核心主题,在教育教学改革方面推出了大量创新举措,在人才培养的多个环节率先开展试点探索,积累了一些经验,也取得了一些成果。同时,我们也清醒地认识到,学校人才培养质量与世界一流大学的标准还存在差距。具体问题有:教师教学还没有完全从"以传授知识为主的传输型教学"转变为"以传授学习方法为主的研究型启发式教学";学生学习还没有完全从"以掌握知识为主的被动学习"转变为"以掌握知识和学习方法并重的主动学习";培养模式还没有完全从"过于注重专业培养"转变为"注重通识加专业的全人培养"等。

在总结北航60年办学经验的基础上,2012年甲子校庆年的主题确定为"人才年",围绕"传承、开放、超越"的宗旨,进一步推进教育教学改革,研究制定并启动了推进本科人才培养的"长城行动计划",围绕"培养什么样的人、怎样培养人"进行深入思考,真正把本科教育定位为研究型大学的基础,致力于构建通识与专业的培养模式,形成自然科学、社会科学和人文素养三位一体、有机融合的培养体系,并通过切实的具体行动措施,进一步积极推进更加符合人才成长规律和适应个性化要求的教育教学模式改革,在实践全面提高人才培养质量和拔尖创新人才培养的道路上,迈出更加坚实的步伐。

## (一) 长城行动计划指导思想

学校实施长城行动计划的指导思想是:以提升人才培养质量为核心,以培养拔尖创新人才为目标。该指导思想充分体现了学校教学改革中点面结合的全局意识,突出了以局部突破促进整体发展、以整体发展推动局部突破的辩证改革思路。

### 1. 以提升人才培养质量为核心

第一,强化人才培养的中心地位。推动科学研究、社会服务和文化传承与人才培养的有机结合，形成相互支撑、整体提升人才培养质量的新格局。在新格局下，组织领导、师资力量、资源配置、经费保障和评价体系等各方面都需要突出教学的中心地位。

第二，持续推进教育教学改革。一方面探索科学基础、实践能力和人文素养融合发展的培养模式，推进交叉培养和联合育人；一方面推进小班化教学和导师制，促进师生交流互动；开展通识教育，鼓励学生的个性化发展。

第三，有效保证教师对教学的投入。改革以往重科研、轻教学的教学业绩考核评价方式，建立科学的教学工作量和质量评定机制，完善教师遴选和聘任制度。

第四，营造良好的人才成长环境。推进书院制的学生管理模式，突出以育人为核心的多元文化交流，打造有利于学生成长成才的环境氛围。

### 2. 以培养拔尖创新人才为目标

第一，明确拔尖创新人才培养的重要使命。立足于人才培养质量的整体提高，夯实拔尖创新人才培养基础；并以拔尖创新人才培养的突破为契机，进一步带动人才培养质量的整体提升。

第二，改革拔尖创新人才培养的机制体制。敢于突破思想观念障碍，鼓励科学的批判精神和探索精神，构建能令拔尖创新人才脱颖而出的培养体系。

第三，确保拔尖创新人才培养的高水平师资投入。坚持执行高水平师资为本科低年级授课制度，为实验班等改革试点项目配备最优质师资，将学术大师作为拔尖创新人才培养的师资主力。

## （二）长城行动计划总体目标

长城行动计划的总体目标是，通过持续不断的实践和探索，争取在 2016 年前后形成具有北航特色的本科人才培养新模式，主要包括两方面。

一方面,形成并推行根植于中国、与国际接轨的一流人才培养方案。人才培养的质量关键取决于培养方案,学校现已启动新版培养方案的调研、设计和试点工作,在总结学校60年办学经验的基础上,通过各类实验班的实践探索,改变现有"教和学"的理念和模式,与国际接轨,发挥教师和学生的主动性和创造性,共同推进一流人才培养。

另一方面,形成并推行以书院为载体开展博雅教育的新型学生工作模式。以育人为目标更新学生工作的意识,从注重管理向注重服务转变,充分体现以学生为本的精神;注重人文精神培养和道德人格提升,促进学生身心的良好发展;建设高水平的学生事务服务机构,突出重视学生自我管理模式的构建;培养学生的思辨精神和创新思维,使学生成为具有广博知识和优雅气质的一流人才。

## (三) 长城行动计划方案与措施

为实现长城行动计划的目标,学校将统一思想认识、优化资源配置、提供政策支持,重点开展十项基础性工作和四项探索性工作。

### 1. 十项基础性工作

十项基础性工作旨在围绕影响本科教学质量提升的基本要素,全面改善学校人才培养环境,整体提升学校人才培养质量。

- 转变教学管理模式,围绕人才培养配置资源。
- 构建教学质量评价体系,保证教师教学投入。
- 构建通识课程体系,实现通识基础的专业教育。
- 深化核心基础课程改革,提升课堂教学效果。
- 营造实践实习创新创业环境,提升工程能力。
- 打通本、研培养环节,提高培养效率。
- 推行本科生导师制,注重个性化培养。
- 推进小班化教学,提升学习效果。
- 营造国际化培养环境,拓展学生国际视野。
- 推进信息化建设,实现优质教育资源共享。

**2. 四项探索性工作**

四项探索性工作是围绕学校各个层面的改革试点,对拔尖创新人才培养及其规律的探索和实践,是全面推行全新培养模式的先行先试。

- 着力实施基础学科拔尖学生培养计划。
- 积极推进国家"试点学院"项目。
- 探索以书院制为载体开展博雅教育的学生工作新模式。
- 大力推进各学院试验班建设。

在推进长城行动计划基础性工作,开展通识教育的过程中,应将通识教育与专业教育有机结合起来,重点建设一批高质量的通识教育课程,不断提升通识教育的质量与水平,系统构建通识教育课程体系。

# 二、何谓通识教育

继素质教育之后,通识教育近年开始走进中国大学,成为高等教育改革的重要一环。但由于对通识教育的种种误解,通识教育被赋予了太多额外的意义、目标和任务,从而失去了它的本真。在定位上,通识教育成为高等教育整体性危机的应对之策,似乎实行了通识教育,中国高等教育就能够回答钱学森之问了;在课程体系上,盲目地、形式化地模仿国外大学通识教育的课程分类,几乎将所有类别的课程纳入其中,最终使得通识教育的课程体系仅仅成为以往全校公选课的改头换面;在具体落实上,由于师资力量的匮乏,以及学科分化的壁垒暂时无法突破,通识课程依然无法成为本科教学的核心课程,其地位依然类似于公共选修课,这样势必会慢慢地边缘化,再次走上公共选修课的老路。由于通识教育深深地嵌入到中国高等教育整体性困局和既往所形成的坚固体制之中,因此它只有熟稔自己的本真,有所为有所不为,才可能在有限的空间内真正地成长起来,并最终成为一种突破性力量。

什么是通识教育呢?通识教育(general education)"不是关于'一般'知识(如果有这样的知识的话)的空泛的教育;也不是普及教育意义上的针对所有人的教育。它指学生整个教育中的一部分,该部分旨在培养学生成为一个负责任的人和公民。"①从这个意义上讲,通识教育实际上是中国古代君子养成和西方古典时期的自由教育(liberal edu-

---

① 哈佛委员会,《哈佛通识教育红皮书》,李曼丽译,北京大学出版社,2010年版,第40页。

cation)的现代延续。古典时期的自由教育仅限于有闲阶层,根本含义是"适于或有助于造就自由人","其目的是培养出一个对于自身、对于自身在社会和宇宙中的位置都有着全面理解的完整的人"。[①] 今天的通识教育虽然已经不限于少数上层有闲阶层,而是普及到全部受教育者,但在理念上基本延续了君子养成与西方古典自由教育的这一传统,首要的目标是培养人格健全的完整的人。这也就意味着,通识教育应该贯穿于学生教育的始终,特别是中小学教育阶段。但由于应试教育的巨大压力,中小学教育体系内难以容纳通识教育,等到学生跨入大学校门,即将成年之际,才开始接受通识教育,实际上为时已晚,其意义只能说聊胜于无。这是大学通识教育不得不面对的一大困境。

从这个意义上讲,通识教育所面对和探讨的,必然是人类历史中那些永恒不变的生存困境和伦理道德,在内容设计上,人类文明的历史以及在此历史长河中形成的各类人文经典,特别是古典时期的各类经典著作,必然是通识教育的重点,正是在不断的历史回溯和经典阅读中,通识教育传承人类文明,并在此基础上培养学生健全完整的人格,以从容应对当下的种种困境。特别是,让学生对中国文明有同情的理解,具有传承中国文明的意识,做一个有尊严而得体的中国人。在中国将要承担世界历史责任的时刻,这一点尤为重要。

此外,在一个日益多元复杂和全球化的时代,通识教育还承担着传承文明、凝聚社会共识、培养合格公民的时代使命。这不仅是人才培养问题,也是国家战略问题。特别是在崇尚自由的现代民主社会,通识教育不但要塑造个体的自由人格,还要为社会提供基本的价值共识,以免在多元分化的社会中,个体的自由抉择瓦解了基本的社会价值,进而动摇人类文明的基石。从美国通识教育的历史发展来看,每一次通识教育的重大讨论或改革,其背后都能看到某种社会与文明危机的影子。"一战"的爆发催生了哥伦比亚大学的通识教育,"二战"之后美国通识教育风起云涌。因此,通识教育在培养完整的人这个基本的目标之外,还要培养适合于现代社会的自由且具

---

① 哈佛委员会,《哈佛通识教育红皮书》,李曼丽译,北京大学出版社,2010年版,第40页。

有美德的公民。

从这个意义上讲,大学通识教育需要回应现代自由民主社会的需求,培养学生的德性和公民参与的热情和能力,在内容设计上,需要着重于启蒙运动以来逐步形成的现代文明教育,向学生阐明自由、平等、民主、多元、包容等人类文明的价值观,培养学生作为现代社会合格公民所应具备的实践能力,主要包括阅读和理解能力、思考和判断能力、书写和表达能力,从而使他们能够批判性地和建设性地应对现代社会的挑战。

此外,通识教育和自由教育都鼓励一种超越具体学科的整体的知识观,珍视"非功利"的学习的价值,认为"一种宽广的和基础的教育通过坚持基础知识、反思、艺术创造与分析的重要性,通过坚持科学概念与经验的精确性,将改变和解放学生"。① 这也就是孔子所说的"君子不器"。因此它与旨在培养学生将来从事某种职业所需能力的专业教育(special education)截然有别。专业教育培养出的学生像"专家"一样,在一个狭窄的领域里面以一种专业的视角来思考,这就是"器",每种器只有特定的用途。通识教育恰恰要将学生从这种专业禁锢中解放出来,可以在更宽广的领域内自由地思考。通识教育在20世纪初兴起,正是为了应对19世纪末急剧分化的专业教育所带来的知识碎片化趋势,从而保证学生将来成为各种各样的专家的同时,仍不失宽广的视野和多维的思考,更不失健全的人格和自由的品性。

从这个意义上讲,通识教育的内容也就不限于自由教育所重视的古典语言和古代经典,而是超越人文教育,扩大到社会科学和自然科学领域。传统的君子养成教育体系中是包含这些内容的。但通识教育中的社会科学和自然科学部分,通常只涉及基本的历史和蕴涵,以及与人类生存困境和伦理困境息息相关的领域。

因此,通识教育至少包含了三个层面:人的教育、公民教育、专业精英教育。我们由此也就不难理解哈佛大学通识教育所设定的目标:

---

① *Curricular Renewal in Harvard College*, 2006, pp. 74—75.

- 通识教育为学生的公民参与做准备。
- 通识教育教导学生将自己视为人文、观念和价值传统的产物,并参与到这些传统中。
- 通识教育为学生批判性地和建设性地应对变革做准备。
- 通识教育培育学生对其言行的伦理维度进行理解。[①]

---

① Harvard College, *Report of the Task Force on General Education*, 2007, pp. 5—6.

# 三、通识教育与专业教育

现代社会以密集的劳动分工为基础,这样的社会结构也就决定了教育和人才培养的专业性。纵观现代中国近一个半世纪的转型历程,教育模式也逐渐地由"博雅教育"转向"专业教育",甚至博雅教育最终为专业教育彻底吞噬。教育的精神、原则和方式总是与社会结构和主体精神相一致的,因此,在现代社会中,专业教育成为高等教育的主流乃是历史的必然结果。但这并不意味着,社会的现代化不需要通识教育,或者说博雅教育已经成为过时的老古董。如何处理通识教育与专业教育之间的关系?面对着社会转型、教育转型和教育改革的我们理当去思考这样的问题:在呼唤专业化的时代,我们为什么需要通识教育?我们需要什么样的专业教育?通识教育对专业教育意味着什么?

让我们从第一个问题开始。亚当·斯密曾对劳动分工作出过最为精彩且最富有影响力的阐述。无疑,专业化的劳动分工能够节省时间、提高技艺的熟练程度,并且激发技术创新和发明的产生,从而大幅度提高劳动和生产效率。但与此同时,斯密注意到,在生产流水作业中,人们日益局限于某一简单的工作,人的才能也相应变得越发萎缩,精神变得软弱,智力的发展也受到压抑。斯密将这种现象称为"精神的残疾",也就是说,被分工链条彻底捆绑的人是不完整的、被异化甚至物化的人。为了治疗劳动分工所带来的恶劣影响,斯密主张对他们进行"强制教育"(compulsory education),使之获得情感、智识和道德上的健康。斯密的这段论述出现在皇皇巨著《国富论》之中,在一定程度上回答了专业化时代为何需要通识教育这一问题。

专业教育(special education)就其含义而言乃是"特殊的"教育,针对的是人的某一部分才能。因此,专业教育无力促进整全人格的培养,它只能塑造片面的、工具化和技术化的人。专业教育强调的是工具理性、机械和技术逻辑,在那里,情感、思想、意志、道德都没有位置,但这些却是人类之所以高贵的原因,是幸福之基础。如果我们把社会像搭积木一样构建起来,它或许是有秩序的,但绝不优美,也不温暖。那么,关于人类本质才能的培养就有赖于通识教育,而非专业教育。人不可能孤独地存在和生活,我们需要与人交往,要恋爱、缔结家庭、成为公民、参与公共生活,这一切都关涉到道德、幸福等永恒而根本的问题,都要求健全的人格和完整的心灵。它们必然只有在通识教育中才能得以养成。笔者在北航的教学实践中就遇到过这样的学生,他声称信奉物理和数学,但却不知如何处理源自本性的情感,从而陷入困惑。社会就像是一片充斥着繁多意见的汹涌海洋,如何在那里把握住正确的生活方向呢?工程学并不解决这些问题。经过交谈之后,上述的那位学生深觉自己需要阅读《爱弥儿》这样的人文经典,在专业之外接受再教育。

就完整人格的培育而言,通识教育不可或缺,亦无可取代;就知识获取以及专业学习而言又怎样呢?这就涉及第二个问题:我们需要什么样的专业教育?

社会的专门化带来了知识的专业化,从而产生了知识的分裂、隔阂与壁垒。不同专业间彼此疏离、无法对话,已经成为普遍的知识现象。就像亚当·斯密所批评的"精神残疾"一样,这样的知识同样也是残疾的,甚至遭到了自我阉割,它们与本源与整全割裂开来。无论是人文社会科学还是自然科学,其根本目的都在于理解我们自己以及生活于其中的社会和世界。但过于专业化的知识其实已经丧失了这样的能力,它只能产生过于狭隘的视野,令人看不到自己也看不到与周围的联系。这样的知识也最容易教条化,它忽视自身赖以存在的基础,斩断与源头的联系,只需要记住一堆公式、定理、原则。至于为什么如此,以及它们所关涉的根本问题,它就陷入了彻底的迷茫。这样的知识就像无源之水、无本之木,除了僵化和衰败,别无其他归宿。

既然知识是人最为本真的体现,知识的形态也就决定了人的形态。因此,知识的分裂必将带来人的分裂、社会的分裂,知识的僵化也将造成人本身的僵化以及社会的分化。因此,专业知识和专业教育不应该自我束缚、限制,而应该尽可能打开自己的视界。《哈佛通识教育红皮书》以预言的方式写下了这样的话:"贫乏的专业主义"与固守成规的知识最终将在最贫乏的保守主义中结束。专业知识需要彼此沟通、交融,需要从它致力于解决的大问题中汲取源源不断的活力。专业教育并不能让人获得这样的能力,我们只能诉诸通识教育才有可能。

所以,通识教育和专业教育并非对立和相互冲突的。通识教育并不排斥专业教育,反而应该成为专业教育的基础,或者说是更为高级的专业教育。所谓"众流归一",接受了系统的专业教育之后,我们就会发现,受教育的程度越高,所关心的问题反而更具有普遍性,更为根本。我们只有在这些根本问题上获得突破才能有所进益,否则就要遇到瓶颈。比如对政治学、经济学、法学而言,最为根本的问题皆为"正义"。没有它,秩序将不复存在,交易无法进行,法律也将成为一纸空文。因此,关于正义的讨论就要成为这些专业学问的基础。工程学的各个专业之所以如此重视数学和理学,其原因也在于此。在最为原初的问题意识中,物理学与工程学所要处理的问题乃是人与自然的关系、人与宇宙秩序之间的关系。因此,数学、理学和工程学在最为本质的意义上亦为人的学问,是人类进行自我反思、理解自身的结果。只有回归最原初的问题,以"人"为核心来理解工程学和自然科学,这些知识才不仅仅是工具,才是真正内在于生命之中的活的学问。现代物理学的先行者帕斯卡尔就是一个很好的例子。他关于气压、物理和数学问题的思考在很大程度上都是要去思考上帝,并探求生命的意义这样的终极问题。他既是极富成就的数学家、物理学家,同时又是产生了极大影响的文学家和神学家。由此可见,针对理工科学生的通识教育须引导学生进入相关学科的原初问题,引导他们思考人与自然之间的内在关系,使知识回到人本身。

因此,通识教育所致力于探讨的当是至为核心的问题,应该严肃地加以探讨。通识教育旨在培育健全的人格与心智,打破专业之壁垒，获得整全之知识视野。通识教育与专业教育本应相互补充，相互促进。在专业化时代，通识教育不仅重要，而且必需。

正因为如此，《哈佛通识教育红皮书》认为，哈佛学院（Harvard College）针对社会科学专业学生开设的通识课程便包括以下几个方面："西方的思想与制度"，讲授西方政治、思想传统中的经典思想家和经典作品；"美国的民主"，讲授托克维尔的《论美国的民主》、布赖斯的《美利坚联邦》，或冈纳·米尔达尔的《美国的两难处境》。在通识教育委员会看来，这些经典"古籍"虽与现代专业学术分科之间有一定距离，但有更为整全的理论视野，也包含了现代西方政治、制度中的核心理念和精神。只有通过这样的通识教育和经典学习，学生才能更深刻地理解现实和各专业学科的根本意识。

在现实操作中，哈佛学院的通识课程则包括如下几个板块：外国文化、道德哲学、历史研究、文学与艺术等，原则上亦为上述精神之体现。①

---

① 2013年哈佛学院的通识课程板块有较大的调整：美学的与诠释的理解；文化与信仰；经验推理与数学推理；伦理推理；生命系统科学；物理宇宙科学；世界中的社会；世界中的美国。

# 四、通识课程与公选课程

近年来,国内的高等教育改革有一个基本的大方向,那就是要修正我国数十年来所形成的"只注重专业教育而缺乏通识教育"的本科培养方针。在这一基本的改革大方向中,许多观念需要更新,许多相应的具体环节也需要配合调整。其中一个非常重要的环节,就是要用通识课程替换原来的公共选修课,这也是北航通识教育课程建设的最终目标。

这个问题看似简单,但实际上却面临着最大的困难。高校公选课实施十多年了,无论老师还是学生,对于公选课都有着根深蒂固的认识,因此经常有老师和学生问:通识课和公选课有什么差别?实际上大部分人都认为通识课不过是改头换面的公选课,而一些学校的通识课程建设确实也是如此做的。这就带来一个问题,通识课将会像公选课一样,从建设的第一天就开始败坏,今天公选课中诸多的弊病,明天很可能会迅速在通识课中出现。通识课程建设面临的最大困难实际上是如何不被公选课的模式败坏。要解决这一问题,就需要从二者的不同说起。

通识课程与公选课程的不同是"质"的不同。公共选修课程是配合原来"以专业教育为主导"的本科教育模式的**补充性**课程。而通识课程则是配合"以通识教育为基础的专业发展"的本科教育模式的**基础性**课程。之所以要改变原来的"以专业教育为主导"的本科教育模式,是因为这种教育只注重知识的传授而忽略整体"人的培养"。学生可以被培养成为熟练掌握一门专业学科的专家,但是其知识体系却是不完整的,甚至是碎片化的,其人格与世界观是没有经过"教化"的!专业课上的知识,只是我们理解世界的一种方式,就好像盲人摸象一样,学生所接触的问题只是宇宙人类大问题的某一个面向、某一个领域。而在此基础上推行的公选课制度,是"点缀性的""次要的",并不能对原有的专业教育形成有机的补充与提升。因此,以往对公选课的理解就是"什么都知道一点"。这种"杂多文化主义"(multiculturalism)只会加剧"知识碎片化"的趋势,并不能对学生之"整体人格养成"形成有力的推动。这些课程中所传授的知识,只要学生能够熟练使用"百度"等搜索工具都可以轻易获得。

而通识课程却不同。通识课程从根本上要修正的是"知识的多元主义"或者更甚一步的"价值的相对主义"。通识课程所希望达到的目的是,无论学生的专业是文、史、哲、政、经、法,抑或数、理、化、建筑、工程、计算机,在人格养成与社会公民的培养过程中,都需要为之建立起"common sense",即一些共同的、相对基本与统一的"精神文化基础与原则",如仁、义、礼、智、信、公平、正义、理性、科学、审慎……只有这种教育才能沟通古代与现代文明、中国与西方文明、人文与科技文明,使这些未来的国家建设者可以在充分继承古、今、中、外最优秀文化传统的基础上,在一些最基本的价值原则中达成共识,并在此共识的基础上,进行更进一步的讨论与交流,甚至是决策。

在了解了通识课程与公选课程的区别之后,我们所需要继续注意的问题就是,在建设通识课程的过程中,必须时刻警惕和克服"公选课模式"变相复活的问题,这包含着下面几个重要的关节点:

**首先,要确立"通识课程"是本科教育的核心基础和必修课程的观念。**

目前高校教育普遍面临的一个基本问题是,在现在的市场模式下,学生有很大的自由度,学校很难给学生一个强制性的要求,让他读什么书,让他培育一种什么样的思维方式。这就涉及与"通识教育"经常放在一起谈论的"自由教育",即 liberal arts education。《哈佛通识教育红皮书》认为,"自由教育的根本含义即'适于或有助于造就自由人'"。而"自由人"则是"被培养成为思索与追求美好人生的人,他们的教育既非专门化的也是非职业化的,其目的是培养出一个对于自身、对于自身在社会和宇宙中的位置都有着全面理解的完整的人"。①

非常不幸的是,就像国人对"自由"最肆意的理解一样,国内一些大学对于"自由教育"的理解就仅仅停留在"自由选课",或者"自由选专业"的层面,这就造成了中国某所著名的综合性大学哲学系只招到1名学生,历史系只招到10名学生,而大批学生涌入经济、法律等热门学科的现象。大学被流行意见所占领,甚至成为流行意见的贩卖场,而不是像人们所期望的那样,是这个社会坚守人类永恒真理与价值的中流砥柱。

且让我们来仔细分析这个问题:所谓"自由选课"就是要给学生选课的自由,甚至是选专业的自由。而这种"自由选课"的唯一前提只能是这些学校相信这些"被教育者"有教育自己的能力。这些"需要教育的人"会知道学习什么课程(或专业)是真正对自己的成长有益的,有帮助的。这里面的悖谬是每一个人都可以清晰指出的。

因此,国内大学现在应该思考的问题不在于本科阶段分不分专业、课程体系分成几个模块比较合适、要不要施行学院化管理等,而在于,在这样一种情况下,学校如何还能够让学生掌握一些对于现代自由民主社会来说非常重要的理念?或者说,在这种过度分化的现代社会中,人和人之间是否还需要一些共同的东西,学校还"能否",或"应当"传达一些最基本的、最共同的精神理念?这种共同精神理念的传达是否应该面向全体学生?是否要有制度上的保障?

从理想的角度而言,我们教育出来的可能是一个能够做出理性选择的君子和自由公民,但是在他可以做出自由的理性判断之前,他受到的一定是"强迫教育"。《论语》里面讲要"克己复礼",就是这个意思。通识教育要培养的君子人格或自由健全人格,乃是一种理性能力成熟后负责的选择自由,而不是在缺乏理性选择能力之前的随意自由。大学新生刚刚脱离高考指挥棒下的应试教育,如果此时不是在赋予自由选择权之前,先强制地赋予他们自由选择的能力和责任感,而是直接将完全的自由选择权交给他们,其后果是不堪设想的。

因此,为了能实现通识课程对学生的真正教育,完成对目前专业

---

① 哈佛委员会,《哈佛通识教育红皮书》,第40页。

教育的提升，通识课程就必须进入每一个学生的培养计划中，成为必修课、基础课。而对于学生兴趣的照顾与选择的相对自由则可以体现为：可以在同类的通识课程中进行选择。

**其次，要明确人文类"通识课程"应以"阅读经典"为核心内容。**

当社会的专业化分工越来越琐碎，当人与人之间的沟通越来越困难的时候，大学教育有必要为受教育者提供，并进而为整个社会奠定一些基本可循的共同价值与理念。而能够超越现代社会的多元性甚至是离心性的力量，必将是来自于超越了某个具体时代、构筑了历史文明共同体的那些思考。而这些思考大多集中于那些"Great Books"，即"中西经典"当中。

当然，每个人，无论是作为施教者的老师，还是作为受教者的学生，都是具体的人，生活在具体的时代，有自己具体的生存氛围。但另一方面，这个具体的人不过是人类历史长河当中的一个个体，一百年的生命放在这个历史的长河中只不过是沧海一粟。所以，作为一个人，尤其是一个希望被培养成为未来"领军型人才"的人，就需要对一些可以让其跳脱出具体的生存环境、具有永恒价值与意义的思考，有基本的了解与认同。比如说，我们虽然都是现代人，但是当我们阅读柏拉图的《理想国》的时候，就要面对"正义是否可以让人获得幸福"的问题。不管你处在什么时代，这个问题都需要你回答，并需要你做出自己的选择和判断。再比如，对经典文学作品的研读，并不是为了获得一些可以卖弄的知识，而是为了通过了解一些更为高级的对人生的审美与思考，来培养一种审美的眼光、品位与能力。这种审美的能力，是人在一生中都需要的，在人格养成的过程中也至关重要，无论古今，无论中外。

所以，经典（"Great Books"）就是那些无论是哪个时代的人所写的，都能超越于几千年的历史的具体变化，讨论一些人类需要永恒面对和处理的问题的作品。因此，在学校教育中，要想扩大生命格局与提升人生境界，"经典研读"是最为有效且经济的教育路径。

**再次，通识课程要注重启发式教学。**

以往公选课的授课方式多是讲授（lecture）形式，老师满堂灌输，学生坐在下面被动接受，下课之后则一拍两散，这大大影响了学生的学习热情及教学效果。通识课程要想有所改变,就必须想办法实现以启发为主的教学模式,加大学生的参与度,提升学生的学习热情。例如,可以在课程中设定一些与老师讲授相关的主题,让学生在课下查找资料,课上参与讨论。但是这种教学形式的实现必然要求以小班教学为主,这样才能让所有的选课同学都有机会发言,不然浑水摸鱼的学生会很多,很难取得预想效果。如果一时未能实现小班教学,在有条件的情况下,如授课教师带有多位研究生,则可以按照国外比较成熟的通识课程做法,在大课之外,将学生分为几组,由助教带领参与单独的讨论课。

启发式教学对我们培养领军型人才具有非常重要的意义。所谓领军型人才的一个突出特点就是在充分了解和沟通各方想法之后,又能形成自己的想法。通识教育对于打破专业的单一视角,从根本上理解他人的素质培养具有不可替代的意义。而启发式教学模式就是要使学生在充分理解他人的基础之上,形成理性地照顾全局的观点与想法的能力。

**又次,对通识课程的教学方式要有所要求和规定。**

原有教学体系中的公选课之所以在任课教师和选课学生中失去名声,主要是因为:1. 公选课对学生的学习基本没有要求;2. 在知识、智力和能力方面,无法对学生形成足够的吸引力。通识课程以"经典研读"和"启发式教学"为核心,可以解决第2点问题。但是,即使是优质的教学内容,如果没有好的教学方式,也是无从奏效的。因此,在将通识课程规定为必修课之外,在教学方式上也必须有所要求和规定,如对学生的阅读量、作业量都要有匹配于必修课的要求。

另外,以往以期末考试一次性考察作为成绩主要来源的考核模式也要有所改变,增加学生学习过程中的多次考核,对于调动学生平时的学习热情也是极为关键的改革措施。

**最后,通识课程建设不能片面地追求学科齐全,无所不包,而缺乏统一的教学目的。**

当前众多大学的通识教育改革之所以面临失败,即是这个问题的反映。许多大学只是单纯地在形式上模仿美国大学的核心课程(core course)模式,把通识课程分成五大类、六大类,但其实质仍然是新瓶装旧酒,将原来的公选课重新包装了一下而已。这样的改革如何能获得实际的进步呢?

  通识教育改革是一项任重而道远的大工程,需要教育者首先在理念上进行必要的更新,其次在教学实践上进行必要的改革。通识课程是"培养学生成为一个负责的人和公民"的最基础的、也是最必需的课程。十年树木,百年树人。我们只有将教育眼光超越于现实的流行意见,才能培养出合格的人才。

# 五、理工科学院的通识教育

理工科学院加强通识教育源自科学技术的变革、社会对于人才培养的期望以及人才的自我定位。

有一种看法认为，当前工程领域已经进入了大工程时代。现代工程不仅包括传统意义上的工程技术因素，更包括大量的非工程技术因素，即人的因素、社会的因素、经济的因素等。这意味着，工程技术人才，特别是高水平领军人才，不仅必须具备必要的科技能力，而且必须掌握与社会、经济等相关的技能和知识，即具备更加全面综合的能力。北京航空航天大学的理工科学院具有长期的办学历史和领先的学科优势，无论其毕业生是否工作于科学或工程技术领域，社会都期待他们能够成为具备更高领导才能的精英。作为北京航空航天大学的学生，其高考平均入学成绩达到了各省前1000名，如此优秀的学生也自然需要给自身一个追求卓越的更高定位。

为此，优秀大学的理工科学院培养的毕业生应视野宽广、胸襟博大、思维敏锐、知识深厚、创新力强。他们不仅应具备宽专结合的自然科学知识与专业知识，还应深谙理想与现实、个体与团队、技术与社会、人与自然之间的辩证关系，在追求梦想的同时更应具有坚忍不拔的意志品质，同时也应具有一定的哲学、历史、文学及艺术修养。无论是 ABET 制定的工程领域类本科专业评估标准，还是近年来国际上颇具影响力的 CDIO 工程教育模式，以及我国目前正在大力推行的国际工程教育专业认证标准，均充分体现了对工程技术人才综合素质的全面要求。

事实上，在各类专业中，理工科学生尤其需要通识教育。文科学生通常会在其专业课程中研读一些人文经典，从而对人、文化、社会、世界等知识有所了解，而这些内容则在理工科专业的培养体系中较少出现甚至完全不存在。此类知识的匮乏，不利于理工科学生成为君子，成为自由人，而使其完全处在"器"的状态。因此，对理工科专业学生开设通识教育课程，较之于文科学生而言，更为紧迫，而且其边际收益应当是最高的。

近年来，虽然加强理工科人文通识教育，实现科技与人文融合已渐成共识，但首先必须戒除"急功近利"的浮躁心态。人文通识教育会在一定程度上影响学生的人生境界、人格特征、思维模式、艺术赏析及哲学修为等，但难以如专业知识学习般产生立竿见影的效益。人文素养具有厚积薄发的特质，其形成必须经历一个相对较慢的养成过程，既需要大学期间的学习，更需要离开大学后的持续主动学习。对于大学而言，最重要的是通过一系列人文通识课程，使学生逐步感受到人文通识课程的重要性，并形成学习人文知识的习惯。

太多的科技界领袖及精英已经让我们认识到，追求理想、坚持操守、精通哲理、知晓历史、品味名著、赏析艺术，是他们所共有的基本标志。有鉴于此，理工科学院的人文通识课程设置，应考虑包含伦理道德、文学艺术、历史哲学、人与自然、科技发展、思维方法等方面的内容。

除常规性教学内容外，应注意东方与西方、古典与现代等对比辩证学习内容，以期培养学生具有独立人格精神下的思辨能力，使学生今后能主动思考人生问题，面对挫折时既不轻言放弃亦不走向极端；能够辨识并形成正确的人生观与价值观；能够在重大问题上独立思考，不人云亦云。

有效表达是现代社会对精英的基本需求之一，其中写作能力的培养是当前亟须加强的环节。由于各类升学考试作文并未起到正确引导语文教学的作用，当下理工科学生的写作能力甚为堪忧：或是词不达意，或是逻辑不连贯，或是语句不通顺。与传统意义上的语文课程不同，相当多的人文通识课程包含了大量经典阅读环节，若课程设置的大量写作环节与思辨训练相结合，就能同时担负起训练学生写作能力的职责。此外,若人文通识课程能再辅以课堂上发表观点等环节,则不仅能为培养学生的有效表达能力做出重大贡献,更能为后续课程的高质量展开奠定基础,其功能更综合,收益也更高。

现在相当多的学生为独生子女,其家庭环境具有相对简单和优越的特点,再加上中小学素质教育的缺失或不足,致使相当多的学生缺乏对他人的基本尊重和基本礼仪,少数学生甚至已经到了自私而不自知的地步。这些基本素质的不足与缺乏将严重影响他们将来与他人的和谐相处,限制其才能发挥和个人发展,甚至造成个性扭曲,或被社会淘汰。因此,未来的人文通识课程的课程建设,也应考虑加强对基本礼仪、基本行为举止、基本待人接物等方面的内容。

由于大学及中小学都忽视了人文通识教育的重要性,以及"重理轻文"和"职业至上"等观点的长期存在,致使学生在短期内难以对人文通识课程形成正确的认识和良好的学习习惯。人文通识课程应确立较高的评价标准,并确保评价标准的严格执行。与此相配套,人文通识教育应格外重视形成性培养,在课程教学过程中设置多个教学环节,重点加强前期环节的监控,应尽量避免终结式评价方式而更多地采用形成性评价方式,以利于培养学生的良好学习习惯及提高教学质量。

人文素养的形成是一个养成过程。在理工科的培养方案中,应该将多门人文通识课程分布在多个学期,而不应在一个学期或一个学年内设置多门课程。通过多学期多门次的连贯性实施,来达到逐步建立良好学习习惯和提升人文素质的目的。人文通识课程必须在总学分中占据相当比例,即成为核心课程,并且要求学生必须选修多门不同类型的通识课程,否则难以收到成效。

由于人文通识课程的教学内容往往没有统一的标准答案,并且人文通识课程的内涵之一也在于培养独立的人格精神,因此差异化是人文通识课程的基本特质之一。同时,由于需要大量的师生互动与课业批改,在授课模式方面,相对于专业类课程,人文通识课程更应采用小班教学方式。唯此才能实施养成性培养,也才能确保教学质量。

人文通识课程在国内大学正式开设是最近几年的事情,各方面均与美国、日本等国际一流大学存在较大差距。加大对国外一流大学通识教育(包括文理工学科布局、师资队伍结构、课程体系、教学方法、理工科培养方案等)的多方位、多层次、多轮次调研与学习,是较快捷地提高北航理工科通识教育水平的重要途径。其核心工作是结合北航的特点,锁定国外两三所大学进行调研分析与交流互动。

# 六、课程建设

## （一）课程目标

通识教育课程旨在实现如下目标：
- 使学生对人类文明，尤其是中国文明有深刻理解，意识到自己是文明传统的产物并且生活在文明传统之中。
- 使学生具备现代公民意识和素养，能够建设性地参与公民社会。
- 使学生具备卓越的文本阅读能力、书面写作能力、口头表述能力以及批判性思维能力。
- 使学生具备多学科视角和思维。
- 使学生具备国际化的视野。

## （二）课程定位

- 通识教育核心课程定位为本科生教育的**校级核心课程**。
- 是学生可以在一定程度上自主选择，但必须完成一定学分的**核心必修课**。
- 与作为辅助课程的公共选修课完全不同，通识课将逐步取代公选课。

## (三) 课 程 分 类

- 通识课程分为通识核心课程(A类)和通识课程(B类)。
- 通识核心课程一般采取小班教学,注重对学生的阅读能力、表述能力、写作能力以及多学科视角和批判性思维的培养。通识核心课程分为经典研读、人文素养、社会科学和科技文明四个板块。
- 通识课程可以采取大班教学和实践教学,通过各种形式,陶冶学生的艺术情操,提升学生的内在修养,给予学生心理素质、职业生涯规划等方面的指导和训练,为学生提供创新实践的空间。

# 七、通识核心课程体系

鉴于通识课程建设是一个逐步培育的过程,在课程建设初期只能在最低限度上让学生在文史、社科、理工三大学科方向上选修通识教育课。但"授之以鱼,不如授之以渔",所以在这三大学科之上,又开设一类跨学科的课程,即"经典研读",旨在帮助学生打破专业视野的局限,培养与人类历史上那些伟大的心灵形成直接对话的能力,并帮助学生领悟经典名著对人、家庭、社会、文明、国家与世界的一些永恒问题的深刻洞察,使学生能够逐渐形成对人类社会共同面对的某些重大问题的理解力和兴趣。借由这些领悟,进而培养学生重新理性地审视现实生活,并逐渐进行理性改造的能力,而这是未来领袖人才必须具备的素质。

## (一)经典研读

### 1. 何谓经典文本

所谓的经典文本,主要是指那些伟大的人物所写作的、经受了时间考验的作品,例如孔子的《论语》、柏拉图的《理想国》、马基雅维利的《君主论》等。经典著作并非仅仅是思想史,尽管我们更多的时候是在思想史的课堂中遭遇到经典文本。当某个经典文本在某个历史课堂中被展示出来时,它更多地被当做某种"文物"或"化石"被展示,用以标记那个已经不再存在的时代。它静静地躺在那里,向我们传递着远古时代的信息,却不再对我们的时代与生活发生影响——因为它是死的。

然而,当我们说某个作品是经典时,我们指的并非是该作品的考古价值,而是它恒久的生命活力。虽然,为了理解经典文本的内涵,我们往往需要首先了解经典文本所产生时代的某些特定的历史背景,但经典之为经典,恰恰就在于它拥有超出该特定时代之局限,从而使得深受时空阻隔的后世之人,在阅读它时,仍然能够感受到新鲜,甚至是挑战的魅力。例如,孔子生活在中国历史上的一次大转型时代,他思考的问题是如何重建秩序。到今天,我们研读《论语》,仍可以从中获得诸多启发。更不要说,孔子关于君子养成的思想具有永恒而普遍的意义。再例如,就时代背景而言,柏拉图作品中的主角与英雄苏格拉底,用他富含挑衅与讽刺的语言所挑战的是当时雅典人的常识与偏见——正是因为这一点,他最后被雅典人判了死刑,服下了毒药,但生活在后工业化时代的我们,阅读苏格拉底时,仍然能够感受到他在挑战我们的日常思维和固定偏见,因此也在改变我们对待世界的一些根本看法。

**2. 通识教育环节中为什么要读经典文本**

由伟大人物所书写的经典作品,蕴含了对这个世界的卓越而深刻的理解。我们必须付出很艰苦的努力,才能够从这些经典作品中获得收益。而我们所生活的这个世界,恰恰是由这些伟大人物的经典作品和思想所缔造的文化传统所塑造的。即使是现代自然科学,也是由少数的伟大天才人物出于对真理的自由探索而形成的一些智识遗产所奠基的。因此,带领学生对这些经典作品和经典思想进行阅读和叩问,就成了通识教育的核心内容。

通识教育和我们通常所讲的素质教育很不相同,通常意义的素质教育,似乎我们只要学习一点音乐知识、绘画技巧或者其他课外知识就可以了,似乎在专业学习之外,还懂得一些课外的技巧就达到目的了。但通识教育恰恰相反,它强调对那些经典作品和思想的阅读和对话,追求的是人的心灵感受力和理解力的提升。

从这个角度来讲,中国传统的儒家教育和欧洲文艺复兴时期的人文教育,可以被看做是一种典型的通识教育。儒家教育和人文教育的一个重要内容,就是对古代经典典籍的细致阅读和解释,重视的是对人的精神品质的培养。西方最早的大学是意大利的波伦亚大学,它其实是一个法学院,教育的核心内容是由法学教师带领学生逐段逐字地理解和解释重新被发现的查士丁尼的《民法大全》的文本;在某种意义上,大学里的神学教育和哲学教育做的也是类似的事情。

对经典文本和作品进行阅读并不是一件很容易的事情,对于中国的中学教育体制培养出来的学生来说,更是如此。一般来说,中学生往往习惯于概括文章的段落大意、中心思想,理解一篇文章的表面意思。这种阅读能力当然也很重要,却是初级的。它可以让我们获取诸如使用说明书、通知等一些文本所传达的信息。但经典作品的内涵往往是很丰富的,蕴含着对人、生活、世界、社会、政治等领域丰富和深刻的观察和理解。经典作品的传承和流传,也构成了我们所生活于其中的文化传统。或者可以这样说,我们人类文明的遗产,主要是以那些经典作品为媒介传承给我们的。我们之所以是我们,乃是因为我们生活在这个传统之中,是这个传统缔造了我们。甚至我们日常生活中最常见和最不容易被察觉到的一些想法和观念,都是我们生活于其间的这个传统所赋予的。无论是批判传统还是解释传统,我们都无法彻底地摆脱传统。从这个意义上说,阅读经典,解释经典,理解经典,其实也就是在反思、理解和省察我们自己。因此,经典作品往往是丰富的,多层次的,多声部的。

经典作品最后往往会沉淀成我们日常生活中的感觉;或者说,我们日常生活中的一些重要的感觉,恰恰就是经典所关注的核心内容。对经典作品的阅读和对话,其实也就是一个训练和矫正我们的日常感觉的过程。如果说通识教育有一个目标的话,这个目标就是让我们在为人处世方面,拥有一种健康的感觉,面对周围的环境和变化,能够机敏地表达或者行事。自然科学的逻辑训练不能培育出这种机敏的感觉,也不会懂得幽默是什么。自然科学的方法和程序,也无法培训判断力、感受力和想象力。那些最一流的科学家、学者和政治家,与一般的科学工作者、中级管理人才、政府公务员之间的一个重要差异,恰恰在于前者往往有一种很好的直觉能力,有很大胆却合理的想象力,以及直截了当的判断力。我们聆听和阅读那些一流政治家、学者和精英人才的讲话,就能够感受出他们背后的那种文化素养。这些东西往往是他们从各种途径获得的通识教育所带来的。关于这一点,伽达默尔在评价意大利哲学家维柯时有一句话说得很精彩:"维柯并不否定近代批判性科学的长处,而是指出这种科学的界限。即使现在面对这种新科学和它的数学方法,我们也不应缺乏古人的智慧和他们对于知性(prudentia)与口才(eloquentia)的培养。"

经典教育如此重要,以至于我们必须通过经典教育,才能够理解教育的本质。教育的目的是培养人,而不是将人当做专业工厂里的一道工序来对待。严格来讲,专业技能的培训并不能被看做是一种教育。除了大学之外,专业技能的培育无所不在,多数公司内部都会有定期的业务技能培训。各种各样完全剔除大学教育的内容,严格按照各种职业考试和职业技能的要求进行的会计师、文秘、计算机的培训学校也在蓬勃发展。这些培训机构就像处理公司业务一样来对待自己的教育工作。然而,教育的本质却是对人本身的形塑和栽培。中国古语有谓:"十年树木,百年树人。"从这个俗语中我们也可以看到,教育的本质乃是栽培和培育,就像园丁培育幼苗一样。因此,教育也可以称为教化,或者文化,这也可以从文化这个词的拉丁词根 cultura 看出。Cultura 的本意恰恰就是栽培和培育,因此,英文的"农业"一词 agriculture 的词根,也是 Cultura。农作物的成长,依靠的是对土壤的施肥过程,而通识教育也类似于这种精心的施肥过程。这样一种培育人才的过程,是很难像工厂那样,依靠机器和流水线来完成的。真正要培育良才,需要教师像老农那样,精心地爱护和照料幼苗。

### 3. 如何克服学生对经典文本的畏惧心理

将经典教育作为通识教育的核心内容,就必须克服人们对待经典教育的畏惧心理。关于经典教育,有一个定义很能代表人们通常的态度:"所谓的经典,就是那些大家都觉得应该读,却没有读的作品。"这反映了人们对待经典的一种矛盾心情,即既重视经典作品的重要性,却又对经典作品敬而远之。这种情况确实很普遍。当我们走进别人家的客厅时,经常会发现客厅的书架中摆放着几本柏拉图或孔子的著作,但我们翻开来一看,却发现里面空空如也,似乎从来没有被书柜的主人认真翻阅过。经典著作因此就成了客厅里常见的一道摆设。书柜的存在以一种醒目的方式表明，客厅主人希望以某种方式占有经典文本中蕴含的智慧，而它仅仅被当做一种摆设存在于客厅，又以一种同样醒目的方式告诉我们，客厅主人只能以一种物理的方式占有它，却找不到打开经典世界的钥匙。

此种对经典既爱又惧的心态，主宰着许多人对待经典的态度。与现代自然科学或现代哲学的经典作品相比，许多古代的经典著作其实并非如人们想象的那般难懂。像《理想国》《论语》这样的经典文本，其本来面目其实仅仅是当时初学入门的学生上课学习的教科书。而对教科书，我们都很熟悉，它载明的是某个学科里面最基本与核心的知识，并且往往尽可能地用最深入浅出的文字呈现出来。如果我们深信今天的人们并不比古代的人愚蠢，甚至更加聪明，那么古代一个普通初学入门者所能够读懂的内容、做到的事情，我们同样也能够做到。

当然，像《理想国》与《论语》这样的经典文本，毕竟距离我们已经有几千年的历史了，希望普通学生在阅读中完全没有障碍，这当然有些强人所难。因此，教师在经典文本的教育中，就起到了非常关键的作用。其中，教师最重要的两个工作，一是为学生直接阅读经典文本，扫清一些基本的障碍，例如教师在教授经典文本时，要适当地介绍一些基本的时代背景，并且应对某些特定的文化现象提供必要的解释，帮助学生扫清某些基本的阅读障碍。除此之外，教师还应该通过对经典文本的核心内容与主题的提炼，帮助学生形成基本的阅读与写作能力，在此基础上启发与引导学生将经典文本的核心内容与主题，与自己的日常生活、周围世界乃至整个时代联系起来，将经典文本激活，形成学生与经典文本、时代问题与个人经验三者的视域融合。这就涉及通识教育授课方法层面的讨论了，我们将另文专门进行探讨。

一旦学生克服了对经典文本的畏惧心态，并在教师的帮助和带领下，从经典文本的阅读中享受到了阅读的乐趣，通过将经典文本与现实情境的结合与应用，领悟到经典的魅力，那么，随着学生阅历的丰富与精神的成熟，他就会发现，越是成长，就越能够从经典文本中获取新的养料。每一次阅读经典文本，都能够从经典文本中获得新鲜的体会，就像是第一次阅读经典文本一样。孔子所谓的"学而时习之，不亦说乎"，说的就是经典研读的快乐心情。

总之，当学生将经典文本从"那些知道要读，却从来没有读过的著作"转变为如卡尔维诺曾经定义的"我最近正在重读的著作"时，通识教育的目的也许就算是达到了。

## （二）人文素养

以往公选课中占据最大部分的内容即为"人文素养"类课程。但是，通识课程体系建设中，是把原来的人文素养课程直接搬过来，还是要强调二者有所区别，需要调整和改进呢？答案当然是后者。

想要对人文素养类课程进行最根本的改进，唯一的途径就是重新理解"人文素养"在教育中的意义。而要理解其意义，必须首先理解何谓"文"。

"文"之本义，大约就是《说文》中解释的"文，错画也，象交文"。意思是说，"文"是一个象形字，拟写的是交错的笔画或线条。后来，色彩的交错也可以引申为"文"，这就是《礼记·乐记》中所说的"五色成文"的意思。再后来，只要是某种带有修饰性的东西，都可以称为"文"，如孔子曾说"言之不文，行而不远"。李泽厚先生在《美的历程》中解释山顶洞人在尸体旁撒上矿物质红粉这一行为时说："当他们做出上述种种'装饰品'的活动，便正是人类社会意识形态和上层建筑的开始。在对象一方，自然形式（红的色彩）里已经积淀了社会内容；在主体一方，官能感受（对红色的感觉愉快）中已经积淀了观念性的想象、理解。"[①]随着先祖对世界理解的进步，以及社会生活的发展，作为三才的"天""地""人"都有了各自的"文"，即"天文""地文"与"人文"。"天文"与"地文"，表达的是人对自然认知的进步，后来则体现为各种科学知识的丰富与发展；而"人文"的丰富则凝聚成为各种人文与社会科学的进步与发展。

"文"既有自然之"文"，如蝴蝶翅膀上的花纹，孔雀翎羽上的花纹，也有人通过体察自然而创造出来的"人文"，如我们在原始人使用

---

① 李泽厚：《美的历程》，天津社会科学出版社，2001年版，第10页。

的陶罐上常见的装饰性图案等。虽然,"人文"之出现最初是受到了自然的启发。然而二者之功用却大大不同。自然之"文"通常的功用是为了躲避天敌和吸引异性,求生存、求繁衍。这是原始的、本能的、实用性的和功利性的。而人之"文"却体现了人类的"好奇"以及对"美好"的追求,归根到底是一种对于精神世界的满足。就像陶罐上的花纹其实对于陶罐之"用"基本上毫无价值,即使没有这些图案,这些陶罐也可以该装水时装水,该装米时装米。也就是说,陶罐上的纹饰,虽然是有目的的人的创造,但并不是为了实际的"用",是非功利性的、非实用性的或非生存性的,而是为了精神上的一些需求。由此可见,即使是在非常野蛮的低级阶段,人类的高级需求也已经开始显现。所以,有没有这种"精神上的需求与创造",有没有这种能够超越于生存层面的需求,才是人和动物的根本分别,才是孟子所说的"人之异于禽兽者几希"的那个"几希"。中华民族对此精神之求索开创既早,且积累又多,故而在古代中国的大部分时期,传统国人对自身在人之"文"方面的成就是非常自信的。

自鸦片战争以来,面对着坚船利炮入侵的西方文明,国人逐渐失去了上国大邦的安闲心态。当源自于"禽兽"的"进化论"成为主流意识形态的时候,"生存下去"的"富"与"强"成为家国天下唯一的努力目标。一百多年来,这一直是我们的"中国梦",国人一直顺着这个主要的思路在自强不息。然而,当这种追求成为唯一的、绝对的"真理",当所有的事情都要在"富"与"强"这一标准上进行称量的时候,当国家主义的"生存诉求"逐渐养成了个人主义的"生存原则"的时候——是不是能赚到钱,是不是能满足生存层面的欲求(而不是更重视精神的需要),就一直成为国人主流的思维定式。所以,这一百多年,我们特别重视那些能创造出"富"与"强"的专业,比如"学好数理化,走遍天下都不怕"(而忽视了这些知识原初的对于精神求索的意义),再比如最近在就业市场上颇被看好的政经法。这些专业教育固然在新中国成长发展的过程中曾做出过突出的贡献,但是由于百年来"文脉"的逐渐断绝,这些专业教育一头独大的趋势没有得到有力的制衡,因而造成如今整个社会功利主义、实用主义、唯技术主义、唯市场取向的庸俗化趋势愈演愈烈。在众多大专学院升格成为大学的今天,实质的大学教育却逐渐降格为大专的职业培训。试问：这种教育模式如何能培养出"大师"，如何能回应钱学森之问呢？

所以，重新认识人文教育在整个高等教育中至关重要的地位，重新为广大本科生设计优质的人文素养类课程，重新让人文素养类课程帮助莘莘学子成为一个脱离了物质生存层面的低级需求的"真正的人"，也就是"君子"，就成为今后高等教育改革的重中之重。

我校新近推动的通识教育体系改革将未来的通识课程分为四大板块，除了"科学文明"板块外（在其精神的意义上，其实亦可归类为人之"文"），其他三类都可以归属为大的"人文素养类课程"。为了进行更为细致的区分，大的"人文素养类课程"又分为三类：以阅读人文、社科经典为主的课程构成"经典研读"板块；非经典研读的课程中，以文史哲和艺术为主要内容的课程构成了"人文素养"板块，以政经法为主要授课内容的课程构成了"社会科学"板块。

其中，"人文素养"板块的授课内容与标准应该注意以下一些事项：

**首先，这类课程应尽量避免上成"概论"课或"通史"课。**

以往的人文类本科教育充斥着许多"概论"类课程，受此教育出来的老师也大多喜欢开设"概论"或"通史"类课程。课堂上老师罗列一大堆的人名、书名、事件，勤奋一点的学生可能在笔记中记下了这一大堆的人名、书名和事件，但是年复一年，可能从老师到学生都从未涉猎过哪怕其中的一本经典。虽然在通识课程体系中已经有"经典研读"板块，但是"人文素养"类课程仍然希望教师在教学内容上安排一些经典的内容，指导学生进行必要的阅读与讨论，或就一些最为核心和经典的永恒问题，进行深入的讨论与研究。

**其次，这类课程要对阅读和写作提出要求。**

这里需要特别强调的是：通识课程是必修课，所以要有与必修课相匹配的要求。一个合格的本科毕业生，无论其是文科生还是理工科学生，都要有最基本的阅读能力、思考能力、分析能力与写作能力。这些能力都需要通过课程的具体要求来养成和实现。

通识课程中的人文素养类课程，每周都要有明确的授课内容。根据每周的授课内容，任课教师应每周为学生推荐二级（或三级）阅读材料:核心阅读材料、基本阅读材料(和推荐阅读材料)。其中,"核心阅读材料"应要求学生课前读完,上课使用。根据以往的经验,任课教师最好将"核心阅读材料"整理成册,或上传到网络教学中心,供学生使用。"核心阅读材料"要与授课内容完全匹配,但阅读量不应大于每周一万字,不能将整本书作为"核心阅读材料"。因为根据学生的反馈,一般情况下,当看到阅读材料太多时,许多学生觉得反正也读不完,就会选择不读。

根据授课进度,通识课程中的人文素养类课程一学期最少要布置4篇平时作业,每学期总写作字数不能少于一万字。任课教师需要在立意、行文,甚至是遣词造句上对作业进行批改,并反馈给学生。根据以往的教学经验,当学生拿到满篇都是老师修改痕迹的作业后,就会谦虚下来。

**最后,通识课程中的人文素养类课程绝不能照搬原来的公选课程。**

任何通识课程的开设都需要经过校级"通识课程委员会"的审批,建设成熟方可开设。联合开设一门课的教师人数不能超过3人。

比较文明地骂人,一般都会说对方"没文化"。所谓"文化",就是"以文化之"。小到一个人,需要用"文"来教化,以去掉其身上动物性的野蛮与戾气,理解到超越于生存层面的"人"的需求;大到一个国家,需要用"人文"的力量"和谐社会"并"化被蛮荒"。中国自古的"夷夏之辨",并不是血缘种族上的区分,而恰恰是"文化"上的区别。因此,法国汉学家汪德迈(Leon Vandermeersch)认为,与印度文化圈、伊斯兰教文化圈、基督教文化圈并立,东亚在历史上曾形成了一个不是依赖宗教而是依赖汉字的文化圈,而其内聚力并不比宗教差。代表性的如唐帝国之形成,并不是像罗马帝国一样依赖武力征服。东亚文明圈的形成,更多依靠的是先进的律令制度、汉化佛教等"软实力",即文明的辐射能力。

因此,教育质量的优劣,国家未来的建设者、领导者究竟有怎样的文化底蕴和素养,是中国能否在21世纪成为一个真正的"文明大国"的决定性因素。而对未来国家建设者、领导者之养成,端赖教育。正如宋代大儒胡瑗所说:"致天下之治者,在人才;成天下之才者,在教化;教化之所本者,在学校。"

## (三) 社会科学

如何设计社会科学类的通识教育课程呢?这是一个需要加以认真考虑的严肃问题。对于北航目前所进行的通识教育实践和试验而言,这个问题尤为重要。立足于北航的发展战略与实际情况,"知行文科试验班"的培养模式定位于"以文史哲为入口,以政经法为出口"。在这样的定位中,我们强调政治、经济、法律等社会科学在通识教育中的重要性,并且强调文史哲等人文知识对社会科学的补充作用,使之服从社会科学的要求。也就是说,北航正在实施的通识教育改革大不同于中山大学等高校的模式,可以称之为"通识教育的社会科学道路"。

对于今天的知识图谱和学科布局而言,社会科学的重要性自然不言而喻。相比起人文学科,社会科学具有更强的实用性和经世致用功能。与此同时,社会科学又面临着专业分化日趋细密的境况。因此,社会科学天然地需要通识教育的协助。如果能够探寻到一条合适的道路和实践模式,它又具有天然的优势。首先需要肯定的是,北航高研院正在进行的工作具有积极的、开创性的意义。

教育理念若要成为现实,我们就需要将之落实到具体的课程和培养方法上。

首先,在课程设计上,我们要注重人文知识与社会科学之间的内在联系。究其学科谱系与源流,社会科学脱胎于人文学科。与当前社会科学的专业化相对,人文学科具有更为统一、宽广的视域,因此能够为社会科学指导方向、提供问题,并且使学科意识变得更为明确。比如,政治科学发源于政治哲学,但在当下的政治学研究中,经验研究和实证方法大行其道,大量学者投身于村民治理材料的收集、整理和研究。在纷繁的经验现象面前,如果缺乏政治哲学的视野,若不能理解政治学所致力于思考的核心问题,所遵循的内在逻辑,研究者就很容易迷失自我。再比如,现代经济学亦源自古典的政治哲学,如果不明就里,我们就会浅薄地误以为经济学研究旨在研究如何赚取更多的金钱。殊不知,其核心问题乃是正义。人文学科与社会科学是源与流的关系,对其源头的学习能让我们更好地理解社会科学的问题和逻辑。

所以,在社会科学的通识教育中,我们需要有一定的人文类课程。但是,这些课程应该与社会科学有着内在的联系,不可随意设置。比如,诗词格律的研究、诗歌赏析虽然归入人文类课程,但它们与社会科学诸学科之间没有直接的联系,便不适宜作为相关通识课程开设。它们只有在致力于培养学生的文学和美学素养时才具有合理性。

其次,社会科学通识教育课程应致力于破除现今学科之间的专业隔阂,实现各学科之间的会通和对话。在当今的专业分化中,经济学很难与政治学对话,法律术语与经济学术语之间也难以相互理解。各个学科都以特定的术语、方法和规范建造了高墙,彼此之间互不沟通。然而,这与社会本身相悖。社会是一个融合了政经法等诸多现象的有机体。要打破这一人为的隔阂,我们就要诉诸通识课程。

这样的课程内容应该回到社会科学诞生初期的知识形态。在那个时候,社会科学的分化尚未出现,它们具有统一的视野、问题和逻辑。比如,现代经济学源自18世纪的古典政治经济学,而在那个时候,政治经济学又带有很强烈的道德哲学或伦理学色彩。当我们回到这些知识的时候,我们才能更加清楚地理解专业分化的意义何在,也只有如此,我们才能真正理解各学科本身。

在高研院近三年的探索实践中,我们开设了"经济学原理""政治学原理""社会学原理"等社会科学通识课。但是,我们并未采用被其他高校普遍采用的"导论"教材,以之为范本照本宣科地给学生讲授教条化的原理。相反,我们与流行的专业知识拉开距离,回到专业分化尚未出现时的知识形态,讲解并阅读相关的经典名著,并围绕这些传世经典设计课程。这些经典包括:亚当·斯密的《国富论》、约翰·洛克的《政府论》、马克斯·韦伯的《新教伦理与资本主义精神》。相比起"导论"性质的教材,这些著作以更为生动、辩证、丰富的内容来传授知识。更重要的是,它们能打开学生的心灵,让他们看到学科规范之外的世界,激发起好奇心和求知欲。

再次,社会科学通识课程应该关注学科中最为原初性的、至为核心的知识。这样的知识一般集中于奠定了学科基础的理论性著作里。这些经典作品不仅奠定了各学科所要探讨的核心问题,也细致阐述了它们所应遵循的逻辑和方法。例如,对政治科学来说,霍布斯的《利维坦》《论公民》便是最为重要的典籍。对经济学来说,《国富论》便值得每一位学生细致研读。对社会学来说,涂尔干的《社会分工论》便至关重要。通过学习这些著作,学生对这一门学科便有了基本的把握,其效果要远远好过任何一本导论性的教材。

又次,课程的设计和讲授应该重视经典文本的作用。对于大学生而言,严谨的学术态度、踏实的学风、敏锐的领悟力和理解力,以及正确的学习方法是他们必需的素质,也是未来深造的基础。对这些素质的培养,而非教条式的填鸭,才是大学教育最应该重视的地方。这四个方面统统指向了阅读,而且是对经典名著的研读。经典具有天然的魅力,能够吸引学生,激发起兴趣和求知的欲望。更重要的是,细致阅读能够培养学生的品格和素养。对经典的阅读要求德性,要求批判性的理解。在与学生共同进行的探讨和细致阅读之时,不仅知识像水一样慢慢流入其心灵里,学术素养和品格也随之养成。经典著作对教育的作用正日益得到重视,并一再引起热烈讨论。在全球著名的通识教育机构中,伟大的著作(Great Books)都被摆在最为核心的位置。芝加哥大学的社会思想委员会便是极好的例证。

只有会读、会听,才会写、会说。在经典教育的过程中,教师应该设计出适当的办法来敦促学生的阅读、思考和讨论。这一方面诉诸教师深入浅出的讲解,另一方面还要布置适量的作业,并且及时加以批改,在教师与学生之间产生良好的沟通与互动。在近几年的教学实践中,我们发现,让学生复述阅读内容是一种比较好的作业方式,既能敦促其细致阅读经典文本,又能锻炼学生的写作和思考能力。

总而言之,社会科学的通识教育意义重大,需要我们谨慎地加以设计,并且认真地予以推行。

## （四）科技文明

自然科学与技术对现代世界与文明的塑造及参与，是实质性的。科技文明类通识课程设立的动因在于让学生了解并初步掌握现代自然科学的问题意识、思维模式以及基本原理，激发学生对自然物理世界探索的兴趣，尤其着重于自然科学探索的激发过程。通过这一类别课程的学习，学生还可以了解自然科学的观察、推理的力量与局限性，理解科技与人文、科技与自然等的辩证关系。

为了能让学生更全面地理解科技发展的特有规律及人文内涵，并培养其思辨能力，科技文明类课程应注重针对重大发现、重要理论的历史演化过程、杰出贡献人物、对社会的影响等多方面进行综合的、辩证的论述。具体而言，此类课程应关注如下内容：

1. 时代背景：重大理论与技术的前期积累以及人们已有的观念与认识等；

2. 人物特点：杰出贡献者所具有的知识广度与深度、持续探索的意志品质、对所研究领域核心问题的洞察力，以及寻找破解难题时的想象力；

3. 思维方法：应围绕杰出贡献者的探索历程，介绍如何运用逆向思维、直觉思维、逻辑思维等方法；

4. 社会影响：不仅应介绍科技对社会发展的积极推动作用，更要让学生了解科技带来的负面效应。

科技文明课程中首先应设置相当比例的通用类课程，以满足我校理工文多类专业学生的共同需求。这些课程可以包括《科学的精神与方法》《数学文化》《物理文化》《化学与人类》《环境与生命》《宇宙的性质》《黑洞》《在宇宙中生存》等。这些课程的主要内容均具有悠久的历史，其发展过程中包含了大量的自然辩证法思想。

科技文明课程的开设必须依托我校现有的理工科学院。这些学院可以结合各自学科特点及优势开设相关课程，如《纳米科技》《信息安全》《航空科技》《深空探索》《人与交通》等。

学科交叉已经成为当代科学技术发展的基本特征,众多重大发明创造、新兴技术领域均源于此。通过在科技文明这一类通识课程中设置具有跨学科特征的课程,更易于使学生感受学科交叉的力量,从而理解其必要性与必然性。这些课程可以主要定位于近百年来对社会发展产生了重大影响的科学技术发明,如《信息论》《计算思维》《大数据时代》《自动化》《计算系统》等。

　　无论是理工科学生还是人文社科学生,在其解决具体问题时,逻辑思维是其最基本也是最主要的思维方法和工具。数学在传统上被赋予了承载逻辑思维训练的重要职责,这一认识正确但不全面。为此,应该考虑至少在理工科学生范围内引入包括《数理逻辑》《集合论》等离散数学内容,以更加集中于培养学生的逻辑思维及具体方法与工具的运用。

　　科技文明类课程虽然强调高屋建瓴与深入浅出,但课程必须设置明确的教学目标与刚性的教学要求,从而确保不流于"听书"课程。教学应尽量采用小班教学,教学组织应多采用案例式、分组讨论等方法,部分课程应对学生有一定的数理基础要求。

　　相对于专业性更强的课程而言,此类通识课程的驾驭难度显然更高一些。为此,建立合理的教师遴选机制、激励机制是必要的,也是必需的。此类课程由于讲授难度大,其初期建设规模不宜过大,应循序渐进。应通过建立必要的机制,并辅以有品牌、有影响力的课程的示范作用,从而逐步建成能充分发挥北航"优势工科、扎实理科"特色,并满足我校高水平人才培养需求的科技文明通识课程群。

# 八、以书院制为载体的博雅教育

书院是中国传统的教育形态。现代书院制是实质性推进博雅教育和通识教育的有效载体,是推动学生工作变革、实现学生工作与教学工作一体化的支撑平台,是配合教育教学改革、创新学生工作模式的重要实践。工作围绕目标转,学生工作要围绕教学工作转。在试点书院工作推进顺利、效果良好的基础上,2016年前后,要在沙河校区全面推行书院制,实现学生培养模式的结构性变革。要以沙河校区办学为依托,为学生提供最大可能快速成长和全面发展的人文环境,突出以育人为核心的多元文化交流,培养具有广博知识和优雅气质的人才,努力实现科学与人文有机结合、专业与通识有机结合、师生互动与朋辈交流有机结合,建设科学与人文有机结合、符合人才成长规律、富有时代特征、具有北航特点的书院制博雅教育管理模式。

## (一)进一步总结凝练书院办学文化

**1. 进一步理顺书院工作机制。** 形成和完善权责明晰、运行高效、满足学生发展需要的运行机制。学院、书院承担不同的角色,学院是"父亲",以学科专业为本,注重大学的功利价值,即工作技能、就业和深造;书院是"母亲",以学生为本,注重大学非功利价值,即个人修养、发展和完善自我。知行书院由学生处统筹管理,学生处为相关学院服务,有效调动各相关学院通识教育资源,继续组织好读书交流、名人面对面、博雅课堂、社会服务等,并不断对书院学生活动形式和载体进行创新。在书院理念、规划、特色活动方面,书院院长牵头,各部门、各学院配合,学生处具体协调;书院辅导员是常任导师,由学生处直管,学生事务、辅导员归学生处;培养方案宣讲、教学运行事务归教务处(沙河校区教务部),后勤保障归沙河校区管委会。

**2. 凝练办学理念和建设目标。**以多元文化为载体,吸取融汇中西古今教育精华。面向全体学生,实施全人教育、全面教育、全体教育,努力在育人中实现科学与人文的和谐统一,用研究的方法推进教育,用教育的方法看待研究,文科加强科学研究,理工科加强文化养成。加大书院宣传展示力度,建立完善书院网站、ihome 主页等平台。要明确并大力宣传书院章程、书院精神、院训、院旗、院徽等传达书院理念的精神内核,并通过发展积淀,逐渐形成书院传统和特色。引导学生积极参与书院文化建设,使学生高度认同书院精神和文化,自觉遵守书院规章制度,增强学生的归属感、自豪感和凝聚力。

## (二) 以导师制为核心,形成师生交融互动的良好局面

**1. 选好用好本科生导师。**充分发挥导师的引导激励作用,使导师真正成为书院的"魂"。导师帮助学生制订学习计划和开展研究性学习;与学生分享自己的人生阅历,指导规划职业和人生发展;引导学生参加科技创新实践、社会实践,并适度提供科研和教育资源;导师还应发挥学院品牌讲解员和示范员的作用,帮助学生适应通识教育和专业教育课程体系,开发学生的多元潜能,实现学生全面发展和个性化发展。因此需制定落实书院导师考评政策。

**2. 促进师生互动交流。**构建以情优教、以情优学、情知并茂的教学相长格局与和谐融洽的师生关系。着力加强书院师生互动、本研交流、高低年级学生间沟通、跨专业学生互动。开展名师恳谈、艺术家驻书院、导师助学、学生互助等活动。充分利用 ihome 平台开设名师坊、风云人物群等,加强书院内的纵向交流,使之成为连接两校区物理空

间的"桥梁"。定期征求学生对书院工作意见,及时反馈和解决问题。

**3. 配齐配强常任导师**。将书院辅导员逐渐从学院剥离,更名为"常任导师"。常任导师的配备与选聘、培养与发展、管理与考核等由书院自主安排。建设以专为主、专兼结合的常任导师队伍,专职常任导师按照1:200的比例从相关学院、专业博士毕业生中选聘,兼职常任导师按照1:100的比例配备,为相关学院、专业的符合条件兼职常任导师提供免试推荐研究生、直接攻读博士资格。要不断优化带班模式,打破原有学院间的界限,工作上实现横纵交叉、无缝衔接、不留死角。积极参与国际交流,拓宽视野,吸收借鉴世界一流大学书院制学生工作经验。加强理论研究,带头培养研究的气质,用研究的观点、方法来思考和解决工作中的具体问题。不断提升工作的专业化水平、胜任力和与学生"对话"的能力。

## (三) 构建书院学生文化生活社区

**1. 实施交叉住宿,提供社区化服务**。将书院学生住宿环境建设为生活社区。宿舍管理服务工作从后勤部门逐渐转移到书院学生工作部门。新生在网上自主选择宿舍和室友,不同年级、专业的学生自由交叉住宿,广泛开展各类交流互动。常任导师实行"三同"工作模式,与书院学生同吃、同住、同生活,参与学生活动,给予各方面指导。在社区中开展学生全面育人工作,将行为养成、学风建设、文化建设、生涯指导、心理辅导等工作做进社区,使社区成为书院学生教育的前沿。

**2. 完善条件建设,营造社区文化氛围**。建设"博苑""雅苑""名师恳谈室""师生之家"等多个室内外交流互动区和 ihome 智能预约式管理的学生活动空间;设置牌匾、橱窗、对联等书院标识,宣传书院理念和文化;在宿舍楼安装信息服务平台,提供咨询和个性化服务;配备乐器、健身器材等设施,方便学生开展文体活动。拓展社区服务育人功能,使之成为学生自我展示、自我管理、自我服务、自我教育的平台。成立学生楼管会等社区学生组织,开展社区学业辅导、社区学生干部培训营等特色活动。逐渐形成沟通便捷、生活舒适、个性彰显的社区文化,营造自由、开放的学习氛围和博学、包容的人文气息。

## (四)建设量大面广、与国际接轨的书院社团

**1. 扩大社团数量和覆盖面。**以学生成长需求为导向,围绕学生的个性特点和兴趣爱好,积极组建和重点扶持经典研读、文化艺术、理论研究等符合书院精神理念的社团,发展特色活动,传递书院能量,使学生勇于追求梦想,发挥个人价值,志愿服务社会。书院自主成立社团达到10个以上,覆盖科技、艺术、体育、人文、实践等各个层次和类别。

**2. 集中精力打造精品社团。**引导书院社团多样化、社会化和国际化发展。鼓励和支持优秀社团与国际一流高校社团开展线上线下交流活动,提升国际影响力和跨文化交流渗透力,打造一批在国内外具有一定影响力的精品社团。满足学生对拓展视野、提升能力和认知社会的需求,为实现全人教育、促进学生个性成长与多元发展发挥实质性作用,使学生逐步坚定发展自信,增强发展自觉,最终实现发展自强。

## (五)打造书院制博雅教育品牌

**1. 实施书院品牌活动计划。**设计实施适合书院学生特点和相关学院传统的特色品牌活动。组织实施海外交流计划、学习发展能力提升工作坊、未来领导人培训计划、创业训练计划等学生综合素质拓展项目。引导学生深入思考、批判质疑、交流沟通、分析总结,掌握科学研究的思路与方法,不断提升研究性学习能力,组织开展读书、辩论、演讲、创意设计等活动;充分调动学生积极性和创造性,让学生参与书院的管理,实现自我服务,举办书院"水果节""我来办书院"等活动。进一步丰富博雅课堂的形式和内容,打造"春夏秋冬四季课程"。

**2. 加强学生工作书院制模式研究**。坚持研究与实践紧密结合。积极调研国内外高校书院制办学的基本理念、发展历史和经验教训等情况,举办现代书院人才培养国际研讨会。基于自身特点和工作实践,研究建设符合人才成长规律、富有时代特征、具有北航特点的书院制教育管理模式,特别要对书院试点情况进行深入的调研与评估,了解一线教师与学生的反馈和评价,形成有价值的研究成果,更好地推动书院制模式的完善。

# 九、教学方法

北航知行文科实验班自 2010 年创办以来,既广泛考察和观摩了北京大学、中山大学等兄弟高校通识教育的实践与探索,也邀请了国内外从事通识教育实践与探索的许多有识之士来北航参加理论探讨与经验交流,同时直接进行教学实践的探索。目前,北航文科通识教育已经经历了四个年级,形成了从大学一年级到四年级完整的通识教育经验。在此基础上,北航又进行了理工科通识教育的试验与尝试,也积累了许多重要的经验。下面是对北航这三年多通识教育过程中教学经验的总结。

## (一) 通识教育要循序渐进

对于经典名著,我们往往有一种高高在上的感觉,无形之中,将深刻与晦涩画上等号,因此在讲课过程中,总怕自己讲得不够深刻,于是越讲越深,却忽略了大学生在阅历、知识积累方面的局限,往往很难达到效果。

因此,通识教育要注意循序渐进,形成一个由浅入深、由易到难、由低到高、由大学一年级到大学毕业的完整的、阶梯式的教育系统。

首先,对大一新生所接受的第一门通识课程,内容不应该过深,而要考虑大一新生特定的知识状况和认知特点。如果讲授内容过深,超出了大一新生的理解能力和知识视野,则不但事倍功半,甚至还有可能使学生对"经典著作"失去兴趣,甚至产生恐惧和抗拒心理,起到完全相反的效果。其实,经典名著既可以给博士生和硕士生讲,也可以给本科生的高年级和低年级学生讲，给不同程度的学生讲同一本经典名著，对学生的要求不同，对讲课内容的设计安排也不同，讲法也不同。

给大学新生讲经典名著，最重要的是带领学生掌握经典名著文本的基本含义、逻辑线索，并且将经典名著与学生日常生活中熟悉的问题联系起来进行理解。此前，多数中国学生往往是通过阅读各类哲学史、思想史的教材来认识与了解经典名著，导致的局面是，虽然他们从来没有阅读过其中的任何一本专著，却能够对这些名著的基本内容夸夸其谈。名著被压缩成了历史上曾经流行的各种观点，虽然他们对名著的真正内容一无所知，拿起这些经典著作来读，总是一头雾水，读不下去，但靠着教材与二三手文献的介绍，他们却似乎能够纵横古今，连贯中西。大学新生阶段的训练要纠正的就是许多中国学生对待名著的此种浮躁心态。因此，在大学新生的通识教育阶段，基本不用给学生推荐各种课外的参考书，而是要鼓励学生直接阅读文本，通过自己的阅读来概括文本的内容，了解文本的论证脉络与逻辑结构。教师在授课的过程中，尽量地帮助学生扫除阅读过程中的各种知识障碍，尽量深入浅出，生动形象地帮助学生掌握经典文本的精华内容。显然，这对教师提出了更高的挑战——因为教师只有在充分深刻和足够熟练地掌握了经典文本的精华，才能够以一种通俗易懂的语言将经典文本的内容传达给学生。

如果学生在阅读文本的过程中形成了一些问题意识，教师就要进行适当的引导和鼓励，使学生的这些思考尽量在经典文本的脉络中进行，而不能在脱离文本根据的情况下浮想联翩。要给学生形成一种印象，即脱离开文本的所谓独立思考，其实是胡思乱想。在这一阶段，如果大学新生能够通过阅读一两本经典名著，形成对待名著的基本态度与基本方法，经典阅读的基本目标就达成了。

一旦学生掌握了阅读经典名著的基本能力、方法，拥有阅读经典名著的基本经验，并对经典名著产生了进一步阅读的兴趣，就可以在此基础上逐渐加大难度，带领学生探讨其中的一些细节问题和疑难问题。此时，教师不再带领学生逐章逐章地阅读经典文本，帮助学生理清文本的基本内容与篇章结构，而是要求学生在课外独立阅读文本，并在此基础上对文本独立地做出分析,形成基本的问题意识。如果说,大学新生阶段要注重培养学生阅读经典文本的兴趣与自信,此时则要通过适当增加授课的深度与难度来增强阅读的挑战性,适当给学生施加一些心理的压力。同时,也要激发学生从不同角度思考问题的能力。

为了做到这一点,教师既可以通过课堂提问与质疑的方式来启发学生,也可以适当地精选一些课外的二手学术文献推荐给学生,帮助他们开拓思路。另外,二年级和三年级的学生,在课堂教学过程中,要逐渐加大他们的阅读量。增加阅读量的方法有多种。例如,在二年级到三年级的课程设计中,可以将一学期(16周)的课程设计成两到三个单元,每个单元阅读的文献各不相同,难度逐渐增加。如此一来,与大学一年级一学期只阅读一本经典文献相比,学生的阅读量就直接增加了两到三倍。当然,阅读量的设定,是与学生的阅读能力以及速度相对应的,教师可以通过各种方式适当地测量一下学生的阅读能力与速度,根据学生的水平,适当地设置阅读量与阅读难度。一般来说,此时阅读难度与阅读量的设置应该适当高于学生目前的水准,使学生的学习具有一定的挑战性。

为了增强学生形成正确的问题意识的能力,以及处理更复杂问题的能力,可以在课堂教学之外,设立助教制度与讨论课制度,让助教带领学生在课堂之外进行大约一个小时左右的讨论。讨论课的人数最好限定在十个人之内,一个班级至少配备三个助教,每个人主持一节讨论课。讨论的内容是教师在授课过程中所涉及的文本和疑难问题。为了帮助学生形成讨论的能力,在讨论课的初级阶段,教师可以通过设置讨论问题,阅读与修改学生的发言稿的方式,对学生提供适当的帮助与指导。然后逐渐放开,让学生独立地形成问题意识,形成讨论议题、独立地面对质疑、回应与反击的能力等。教师在讨论过程中,要适当地进行引导,免得讨论偏题,并启发学生将讨论引向深入;适当地掌握时间,以免在某个问题上停留时间过久,或者被某几个过于活跃的学生侵占过多讨论时间。

到了三年级与四年级,通识教育的经典阅读,就要适当地与学生的专业学习进行衔接,尤其是要训练学生的学术分析与学术思考的能力。此时,教师要注重观察学生的思考是否具有专业的内涵与品质,对学生的要求就会相应更高。例如,教师就某个问题推荐大量的专业文献要求学生阅读,并且要求学生在短时间内阅读大量的专业文献,形成可靠与高质量的文献综述。在此基础上,教师可以通过设定问题,要求学生在特定问题范围内,独立搜索专业文献,进行高强度的阅读与写作,在此基础上进行高质量的主题发言。学生此时的报告,应该尽量与相关研究的前沿保持一致,能够与相关前沿领域的专业文献进行对话与思考。

需要注意的是,对于理工科的学生,由于专业领域不同,要求也不同,因此应该根据理工科学生的认知特点,做一些适当的调整。例如,即便是理工科高年级的学生,也应该适当地降低难度,提升教学的趣味性,注重培养学生课外阅读经典名著的兴趣与主动性。在授课内容的选择上,也应该适当考虑理工科学生的认知趣味与特点,例如可以开设一些交叉性与创新性的课程,例如《科技电影与伦理》等创新课程。无论理工科还是文科的学生,都喜欢看电影。但理工科学生相对会对科技电影更感兴趣。那么就可以通过针对性地挑选诸如《星球大战》系列、《黑客帝国》系列、《科学怪人》系列、《终结者》系列、《X战警》系列、《饥饿游戏》系列等经典的科技电影,配合相关的经典科幻小说,以及哲学、伦理学的经典著作,通过几种主题相近的艺术形式的配合,使学生对科技与伦理、科技与法律等重要主题形成更加深刻的思考与独立的分析,训练他们阅读的品位与能力。

## (二) 要重视学生的"课外作业"

课堂讲授更注重引导性,不能讲得过于深涩,但这并不意味着低估学生的智力和潜力,也不意味着一味地迁就学生。良好的教学效果有赖于课堂与课外之间的配合与互动。毕竟,每次课堂授课仅仅只有两个学时,时间有限,因此,深刻与细致地掌握学习内容,仍然有赖于学生课外的预习和复习。因为有了完整的授课大纲,并且授课大纲事先规定了每次授课的内容和阅读材料,因此学生需要在每次上课之前预先阅读授课大纲规定的阅读材料,熟悉授课的内容。在授课结束后,学生还必须花费必要的时间进行复习和拓展学习。

众所周知,大学教育与中学教育的一个重要区别就是,大学教育更强调学生课外学习的兴趣与自主性。因此,大学老师也不可能像中学老师那样,完全主导学生课外学习的时间。但这一点不能被绝对化。许多有海外留学经历的老师都曾经在不同场合指出过,与国外学生相比,中国学生的学习的被动性比较强,课堂上不太爱主动提问,参与的积极性比较低,课外学习也习惯按照老师的布置来进行,老师如果对课外学习的安排不做任何布置,很多学生甚至可能会完全放弃课外学习的时间。

因此,我们必须适当地介入学生课外学习的安排。介入的方式有许多种,当然要根据不同课程、不同学习阶段,以及教师、学生的实际进行选择与调整。就我们的经验而言,有两个方法是比较有效的。一种方法是在每次上课的开始留出大约十分钟的时间进行提问。提问的重点是上次课程的核心内容与知识点。这样做既能够有效地检验上次授课的效果,同时也能对学生课后复习形成一种激励。另外一种方法就是布置课外作业。例如,我们的《理想国》精读课就要求学生每次授课结束后,就本次授课的内容做一个一千字以内的转述,由老师进行批改。这种方式的好处是将课外的激励机制更全面地覆盖到每个学生,并且通过批改作业的方式,形成对每个同学的有针对性的课外辅导。

在课后让低年级学生转述经典文本内容,效果非常理想,建议推广。首先,要求学生课外用一千字左右复述文本的内容,这既能够检验学生对文本的掌握程度,同时也能考验学生的概括能力和语言表达能力,另外也对课堂讲授做了非常必要的补充。由于授课时间非常有限,授课时对文本的一些重要细节,无法一一覆盖,只能对文本最核心的内容进行重点阐述,而转述则要求学生在掌握这些核心内容的基础上,比较细致地概括出文本中所有重要的细节内容。这对学生的阅读能力提出了更高的要求。

另外,学生用什么样的概念、词汇来概括文本的内容,也很容易看出学生在多大程度上理解了文本的核心内容。甚至有些学生缺乏必要的概括能力,只能复制文本中的句子和段落,将其拼接成一篇作业。这些问题既反映了这些学生缺乏基本的阅读和写作能力,同时也反映了学生课外复习工作做得很不好——或者没有花费必要的时间和精力进行复习,或者缺乏做好课程复习的必要方法和能力。而这些能力和方法,以及正确复习的习惯,对于学生进行有效的大学学习,甚至今后的工作,都是必要的和重要的。这些能力和方法很难通过讲授的方法传授给学生,但通过这种以转述为重点的课后作业的方式,以及通过教师对这些课后作业的批改,却能够形成"手把手教"的效果。

对于二、三、四年级的学生,课外作业就不能停留在简单地转述文本内容的阶段了。例如,到了二、三年级,就可以要求学生围绕某个特定的主题,课外查阅资料,写作专题性论文。此时,学生课外阅读文献的数量与难度,都会大大增强。例如,许多原来是教师在课堂中直接帮助学生完成的阅读任务,都将被转移到课外,由学生自己独立完成,同时学生还要在课外阅读大量的二手文献,甚至是英文的二手文献资料,形成基本的文献综述,甚至是写作相关的研究性论文。

## (三) 关于期末考试

关于期末考试,我们向来将其理解成不仅仅是一次考核,同时也是一次重要的授课。期末考试题目的设计,学生在分数的激励下围绕期末考试所展开的复习,以及期末考试后学生围绕期末考试内容的讨论和交流,可以有效地提升学生对整个学期课程的理解。

然而,通识教育如何进行期末考试,向来是一个很难解决的问题。学生所熟悉的那种闭卷考试,似乎很难考察学生的能力。但开卷考试也有许多弊病,例如学生可以通过互联网的搜索工具进行抄袭,而老师对此往往很难进行监督。如果抄袭很普遍的话,老师也往往很难进行处罚。这严重败坏了大学的学风,尤其败坏了学生的基本品德与人格,是中国大学教育的严重败笔。

我们采取的做法是:对于大学新生,仍然采取闭卷考试的方式,但考试的内容则与我们通常熟悉的闭卷考试不同——考题只有五道题,要求学生在这五道题目中选取一道,然后在两个小时内写一篇独立的论文。另外,我们在难度方面也做了一些调整,有些题目设计得简单一些,有些题目设计得难一些。由学生自己在这些处于不同难度阶梯的题目中进行挑选。例如,对于大学新生的《理想国》课程的期末考试,我们设计的每个题目与《理想国》的文本都有紧密联系,并且与学生平时的作业也是联系的:要求学生在回答每道题目时,都要先复述文本中的相关内容,然后在此基础上阐述自己的理解。

期末考试采取闭卷方式,针对的也是中国学生课外学习中的惰性。这种惰性导致目前多数选修课的期末论文,往往都是学生抄袭的产物。闭卷考试杜绝了这一切的可能性,学生必须根据平时的积累与期末考试前的复习,在封闭的考场中独立地答题。

期末考试的内容是要求学生写一篇小论文,针对的是中国学生学习的被动性——中国学生往往注重对考试内容的死记硬背,而不注重主动性的学习与创造性的学习。因此,此种考试方式要求学生对学习的内容具有基本的理解,并且用自己的话来综合表达自己的理解。

当然,考虑到低年级学生在写作能力与独立分析问题、解决问题能力上的局限性,在考试要求中又将答题内容具体分成两个部分,即用自己的语言转述经典文本内容的部分与发挥提升的部分。前一部分是平时作业训练的重点,乃是对作业的巩固与经验,后一部分则对学生的理解力与分析能力提出了更高的要求,同时也有效地实现了期末考试的区分度。

对于高年级的课程,期末考试就可以采取更加灵活的方式。因为高年级的课程是提高强化课程,学生经过低年级的课程学习之后,已经具备了一定的知识基础,同时第一阶段的兴趣培养问题基本也解决了。这个时候,应该让学生接触一些本课程中的疑难问题,通过在相对较短时间内对疑难问题的解决和初步消化,来提升学生的专业技能和独立思考的能力。

对于高年级的课程,可以考虑放弃期末考试,而将考察的重点放在平时的训练表现上。考察平时学习状态的表现,有多重方式与方法,要视整个学期教学安排的结构而定。如果整个学期的教学计划是读一本或者少量几本书的方式,则可以在平时课程授课过程中,布置两到三次大作业,综合这两三次大作业的成绩,来计算期末考试的成绩。三次大作业的内容,往往是根据授课的内容,提炼问题意识,写作一篇小论文。相较于转述型的作业,小论文的写作对学生提出了更多的要求,不但要求学生能够准确理解原文的含义,并且能够将此含义转化成自己的语言表述出来,同时也要求学生能够在此基础上形成初步的问题意识,具有一种提问的能力。在此基础上,学生还能够形成对问题的初步分析,具有一种深入追问与考察的能力。

另外一种情况就是,整个学期的课程大纲是阅读许多节选出来的经典著作的片段,或者大量的二手参考文献。若是如此,平时作业的难度与频率还可以加大。在这种情况下,每学期的课程往往可以分成七到八个相对比较完整的小单元,因此,每个单元结束后,都可以布置一次作业。作业既可以如上文所说的是写小论文,也可以要求学生围绕某个主题进行文献综述,训练学生阅读和梳理第二手参考文献的能力,甚至要求学生在文献综述的基础上,写作相对比较成熟的学术论文。训练的强度与频率,要视多数学生的学习表现以及抗压能力而定。

由于小论文与授课内容直接联系,并且助教带领的讨论班对每个学生的学习情况有更细致与个人化的了解与考察,因此也基本上杜绝了抄袭的可能性。另外,如果高年级的课程设置了讨论班,则每次讨论班的表现,也应该体现在期末考试的成绩中。

放弃单次性的期末考试,而将学生最后的总成绩,分散到对学生学习过程中的表现的考察,同时又设计了综合性的大作业,考察学生的综合性的理解、写作能力,这种方法的好处是,既避开了与多数其他有期末考试课程之间在时间分配上的冲突,也能使考核更全面、具体,避免了一次性考试的偶然性因素,在某种意义上也激励了学生更重视平时的学习。

# 下篇

# 理论与实践

通识教育北航模式的特色与优势在于科学试点，层次分明，有序推进，即以"知行文科实验班—知行书院社会科学实验班—理工科试点学院"为渐次推展的教育层次，以"知行文科实验班"的通识教育经验样本与方法体系为原型，结合社会科学实验班以及理工科实验的实际情况，加以调整与修正，形成体系化的、适合理工科大学的复制与推广，对文科或综合性大学亦有启发意义。

# 通识教育与北航实践

## 高全喜

## 一、大学通识教育的兴起

通识教育古已有之,并非纯粹的现代性产物,甚至是对现代性中功利主义、职业主义教育观的某种节制与反动。中外探索通识教育的模式,旨在探索文明传承的教育之道和古今会通的教育之法,是对单纯职业教育的一种纠偏行动。从译名上看,主要有 General Education 和 Liberal Education 两种,通译为"通识教育""自由教育"或"博雅教育"。偏重西方语义的译法是"自由教育",但偏重中文语义的译法是"博雅教育"。我们求取较为中性且更为普遍的"通识教育"的译法。

西方的通识教育起源于古希腊教育哲学及其实践。亚里士多德明确提出了"自由教育"的概念。这里的"自由"显然不是贡斯当所讲的现代人的自由,而恰恰是古代人的自由,有着饱满的德性内涵、公民本位和城邦价值取向。与之相对立的是侧重具体谋生技能的"职业教育"。显然,自由教育致力于培养城邦领导者与优秀公民,培养精通治理技艺的政治人才。这种教育观在古希腊城邦主义传统之下是国家教育哲学的主导思想。这种思想还有着深刻的柏拉图渊源,与《理想国》中的护卫者教育大致对应但有所发展,而处于对立面的则是等而下之的"手艺人教育"。中国的通识教育则起源于"君子养成"之学。在孔子看来,养家糊口的农学技艺或工商技法不足为道,教育应以培养国家与社会领导者为宗旨。中国的教育传统是儒家奠定的,"士君子"成为几乎与古希腊"护卫者"并驾齐驱的理想培养目标和人格形象。有所差别的是,古希腊的城邦主义坚持城邦本位,战争是常态预设,故教育体系高度关注"护卫者"的战争技能与领导才能的培养,注重基于客观知识的德性与能力,但儒家的"士君子"面对的是广土众民,不囿于一城一地,甚至其道德理想超越于国家之上,以"修身齐家治国平天下"为完整的修养和教育谱系,"士君子"在朝则辅政治国,在野则领袖社会。可见,古典形态的通识教育主要适应于各自文明形态的治理需求而打造公共性人才。

就古典教育具体形态而言,希腊有所谓"七艺",即语法、修辞、逻辑、算术、几何、音乐与天文。《理想国》中亦有五大基础学科以及辩证法(哲学)高阶课程之设计。中国有所谓"六艺":礼、乐、射、御、书、数(《周礼·保氏》:"养国子以道,乃教之六艺")。

不过,在古今之变的挑战下,西方"自由教育"首先因为自由观的变迁而发生结构性变化。根据贡斯当的分析,现代人的自由以"商业"为中心,而不是以古代的所谓"战争"为中心。这一变迁导致了政治、经济、教育、文化的系统性变化,形成了所谓的现代性。这样,具有强烈国家主义、贵族主义甚至经院主义色彩的古典"自由教育"便日益让步于原本处于压抑状态的职业教育。工商业资本主义的兴起导致行会、学徒、工厂、技校以及大学科系的配套发展,导致教育哲学与体系发生朝着"职业主义"方向的急剧转变。职业教育逐步取代贵族化的自由(通识)教育,培养了大量的工业技术人才,但也因此产生了价值观上的粗鄙化趋势和知识结构上的古今断裂。在此背景下,西方相继出现了现代通识教育的数波浪潮——1819年的帕卡德报告开风气之先,重提通识教育复兴议题,但并未取得充分效果;20世纪二三十年代的芝加哥"经典教育"改革,留下美国乃至西方通识教育的宝贵遗产;1945年的哈佛通识教育红皮书,即《自由社会中的通识教育》,成为美国战后通识教育复兴运动的权威指南。迄今为止,来源于上述通识教育复兴运动的哈佛大学的核心课程模式与芝加哥大学的经典研读模式仍然是美国通识教育的主导性模式,亦是中国借鉴模仿的主要对象,在国内各高校的具体实践中各有侧重和体现。不过,即使在美国当代,单纯坚持一种纯粹模式的通识教育都难以为继,经典模式自身亦处于不断调适之中,甚至遭遇到倒退与妥协的批评。不过,现代社会毕竟处于总体的现代性价值观与职业体系之中,通识教育不可能恢复到古典时代的地位,而必须兼顾经典传承与现代(社会)科学普遍知识的学习,必须实现"通专合一",甚至需要适度体现出"通"对"专"的启发与提升意义。

中国的古典通识教育本自成体系,但在西方的"刺激—反应"之下,在"救亡压倒启蒙"的生存理性之下,于1905年废除科举制,于1912年北京大学学制改革中废除"经学"正统地位,从而根本动摇了中国的古典教育体系,而由"西学"以"新学"名义引领教改风潮。民国教育在生存理性与实用主义的双重作用下,固然有国学大师和自由主义启蒙家的节制和维护,但新学运动究竟是以职业教育为主,"通"与"专"的矛盾已然十分突出。1941年著名教育家梅贻琦先生在《清华学报》发表《大学一解》一文,即专论此题。然抗战、内战频仍,教育重建无从规划施展。

1949年后的新中国在教育哲学与体系上学习苏联模式,奉行"工科治国",对大学院系进行大调整,适应"重工业优先发展"的国家经济战略和"思想改造"的国家政治战略,教育的"自由"内涵及其文明传承意义基本被排斥。1977年恢复高考,大学重建,人文与社会科学学科迎来改革春天,但"工科治国"的时代遗产并未消失,相应的教育管理体制未受大的触动。从20世纪90年代起,为适用国家全面开放与现代化以及国学复兴的需要,"素质教育"理念兴起,此乃"通识教育"的先声。2000年以来,随着部分留学学者的呼吁以及教育决策者的反思,国内通识教育开始以不同的外国模式"原型"进行试点和试验。2005年的"钱学森之问"和政治高层的"中国梦"概念,加快了中国高校借由"通识教育"培养拔尖创新人才的步伐。

总体而言,通识教育的古今之变与当代复兴,无论中外,其主旨就在于适应并适度节制现代性,"培养负责任的人和公民"(《哈佛通识教育红皮书》),使得学生经由这一教育阶段能够具备所在文明与人类大文明共同构成的、内在和谐的人文道德素养并形成对现代民主政治及其公民实践的原理把握与践行。通识教育始终在追问的一个核心问题是：什么是我们共同分享的知识与信念？这是在专业差异化之前首先需要解决的共同体成员之间的"共同性"问题，否则人与人之间就只能是一个个孤立的原子，而不是有机统一的文明整体，也就不成其为有意义的共同体。北航通识教育探索即起步于这样的时代氛围之中，于2010年正式招收首届"知行文科试验班"，渐次探索对大文科以及理工科试点学院的通识教育整体方案，取得了初步但重要的实践经验。

## 二、中国通识教育的现状

新中国成立以来，尽管相对稳定的政治社会环境具备了，但指导思想上的苏联化和国家任务上的工业化却为专业教育提供了更具政治正确性（political correctness）的理由。在新中国的初期工业化时代，通识教育被单调的政治教育吸收和取代，专业教育成为主导型的大学教育模式，"又红又专"成为主导的人才标准——需要注意，这里的"红"不是一种常态的通识教育形态，而是一种扭曲的政治教育，而"专"则具体指专业技术人才。当然，这一时期还存在着"红"与"专"之间的矛盾，单纯技术观点也一度受到批判，但总体而言，以技术人才培养为核心目标的专业教育成为新中国成立以来大学教育的基本模式，我们今天谈论通识教育改革就是在这种历史前提与体制现实之下进行的。

很显然，就大学教育体系中的专业化改造之深度与烈度而言，新中国要远超过民国，所以梅贻琦先生的通专失衡的担忧在新中国时期必然会更加深重，而我们今天从事通识教育改革也将面临着历史遗产所带来的重负。尽管如此，我们对于新中国的专业教育也不能简单否定：一方面，这种专业教育至少有效地支撑了新中国初期的工业化进程，培养了大量的技术人才；另一方面，因应这种专业教育的理工科大学获得了较大的发展，构成了中国相对庞大的理工科高等教育体系。

当然,这种专业教育存在的问题也是很明显的:(1) 学生知识窄化,可持续创新能力不断下降;(2) 学生人格教育缺失,难以有效融入社会和承受挫折;(3) 整个技术群体缺乏有效的合作基础和经验,协同创新能力较差。这些缺陷已经严重困扰着国内综合性大学、理工科大学的高等教育体系,并构成这些教育机构纷纷开展通识教育改革与创新的基本背景与原因。

中国的通识教育改革处于整个国家与社会转型的历史脉络之中,在某种意义上是一种重新回到"人"的教育改革,它将"人"从工具性定位(典型如"螺丝钉精神")重置为一种主体性和目的性定位,找回高等教育渐渐丧失的通识之维。在此意义上,国内包括北京大学、浙江大学、中山大学等在内的综合性大学和包括清华大学和上海交通大学在内的理工科大学都在试图探索一种切实有效的通识教育模式,理念有殊,进展不一,效果各异。

以北京大学元培学院为例,元培学院实际上继承了北大本科教学的传统模式,即"必修课+选修课"模式。更准确地说,元培学院对此模式进行的改进集中体现在对选修课领域的调整:在保证修满专业必修课学分的前提之下,元培学院的学生有更大的修习选修课的自由,除了自主选择的专业课程之外,全校的任何一门课程都可被当做选修课来修习。因此,元培学院的学生能够自主设计选修课的知识结构,在保证专业学习的基础上,能够获得一定的复合知识背景,并体现出个性。但这种模式是以北大全面强大的专业院系为支撑的,不适合理工科大学模仿,同时也不属于经典意义上的通识教育,而是一种复合专业教育。

中山大学通识教育的展开是由国内最先推动通识教育的甘阳教授一手策划、实施的。中山大学通识教育共同核心课程方案的具体实施有几个特点。第一个特点,正在实施的新通识教育方案采取新的通识课程分类方法,共同核心课程分为四大类,包括"中国文明""全球视野""科技经济社会""人类基础与经典阅读",要求每个学生在每类中选修4个学分,一共16学分。第二个特点是,采用双重编码的课程,即将各院系部分优质的专业基础课向外专业本科生开放。这当然是一个可以解决核心通识课程开课数量不够的方法。但是,"双重编码课程"最重要的意义在于,专业基础课向外专业的开放,既可以保证外专业的同学亲身了解其他学科的思维方式与研究方法,也可以做到不会因为有大量的非本专业的学生选课而降低授课及作业难度。第三个重要的特点是,它实行了博士研究生担任课程助教的制度,这成为博士研究生阶段必须对学校服务的一个内容,这样就解决了助教少的困难。第四点,推行小班讨论制,博士生担任助教主要是为了执行小班讨论制,例如三百人上大课,要求配备至少10名博士生助教。当然,中山大学模式得以成立也建立在甘阳本人的古典主义取向以及中山大学文史哲学科相对健全的基础之上,否则其学生的深造学习与专业出口就会出现对接困难。与中山模式相比,北航模式强调"文史哲入口、政经法出口",不仅体现了国内学界主流所肯定的现代性价值基调,而且适合北航文科的学科优势与特点,因地制宜,扬长避短。

国内还有浙江大学的竺可桢学院、复旦大学的复旦学院等同样进行了卓有成效的通识教育试验。与这些试验所借重的美国经验及其多元化特征一样,国内在通识教育的"原型模式"及其实践重心上亦存在重要差异,呈现出各自为战、互补短长、莫衷一是的样态。这是中国通识教育自由探索与自由竞争过程的常态现象。高研院曾组织精干研究力量对国内大学通识教育的主要经验模式进行过调研和评估,详见我院合著的《转型中国的大学通识教育——比较、评估与展望》(浙江大学出版社2013年版),这里不再赘述。

## 三、构建通识教育的"北航模式"

北航人文与社会科学高等研究院近年来在通识教育领域中进行了开创性试验,尤其是探索了独具特色的、完全区别于全校通选课的通识教育课程体系设计。我们认为,通识教育是一种公民教育和自由教育,目的是培养学生的健全人格,因此,通识教育与全修公选课完全不同,而这种不同将通过通识教育独特的课程体系设计体现出来。高研院推行的通识教育课,以阅读古今中西的经典文献为核心,坚决抵制各种类型的导论课、通论课。经过四年多的试验,北航的通识教育模式受到了老师和学生们的普遍肯定。同时,北航模式的特点还在于深化了小班教学的内涵,即不单只是把小班讨论当做必要的教学形式,而是更加强调小班教学的实质是关注每个学生的认知境界与发展状况,通过各种形式的启发与教育促成学生素质的全面提高,这无疑与通识教育发展全面人格的初衷和理想相合。

尽管北航的通识教育模式在国内独树一帜,但由于国内通识教育并没有思想和理念的创新,基本上还是照搬美国的通识教育,通识教育的探索被限制在核心课程的设置上。而通识教育的整个课程板块设置和具体课程开设,如何达到最佳的效果目前并没有唯一正确的答案,这就造成了国内通识教育领域群雄割据的局面。在这种情况下,北航如果敢于进行理论创新和机制创新,进而形成通识教育的"北航模式",便可以在该领域异军突起,成为通识教育改革的"领跑者",成为中国高教改革的排头兵。

知行文科实验班探索实践时间最长、经验最为丰富和具有代表性,相当于北航通识教育的"原型机",其主要教育实践经验在于:第一,小班教学,我们每届只有三十名学生,完全可以做到小班教学,老师学生围坐在一起,讲授、讨论都很方便;第二,我们强调对经典的阅读,经典包括古今中西之典籍,并不偏执于古代一隅,实验班的课程基本上没有教科书,都是老师根据授课大纲指定的经典著作,让学生直接接触一手的材料;第三,我们每一门课都要求学生写作业、做报告,现在的高中生写作能力太差,我们要求学生每一门课程都严格按照老师的要求写读书笔记,并且在课堂上做报告,老师会当场点评,经过训练,学生的写作和口头表述能力都得到了很大的提高;第四,我们注重启发式教学以及评判性思维的培养,鼓励学生挑战老师的观念,鼓励学生提出自己的独特思想。

通识教育北航模式的特色与优势在于科学试点,层次分明,有序推进,即以"知行文科实验班—知行书院社会科学实验班—理工科试点学院"为渐次推展的教育层次,以"知行文科实验班"的通识教育经验样本与方法体系为原型,结合社会科学实验班以及理工科实验的实际情况,加以调整与修正,形成体系化的、适合理工科大学的复制与推广,对文科或综合性大学亦有启发意义。作为北航模式的主体实验单位,高研院设立了专门的通识教育研究中心,对通识教育的理论和实践类型进行了深入研究与比较,并计划在北航模式日渐成熟之际予以严格的科学化归纳和表达,提炼出理工科大学通识教育的操作指南。而此次出版的《北京航空航天大学通识教育白皮书》,则是北航通识教育实践走向更加完备之操作指南的重要里程碑。

## 四、通识教育与知识生产

一个人格健全的现代人,究竟想要何种知识,这是我们从事教育研究的人士所要面对的首要问题。关于通识教育,目前国内的论述已经很多,且就人文素质与德性培养等问题上,业已达成共识,但就其是否还是一种知识生产,尚无展开讨论。

如果仅仅把专业教育视为一种知识传授,把例行的专业学习视为一种知识生产机制,则北航高研院"知行实验班"的文史哲经典解读很难被纳入知识生产的范畴,与此相关的思想塑造与人格养成也很难被视为一种知识生产机制。我们认为,上述认识是非常狭隘的现代专业知识观,在他们眼里,似乎只有专业知识才属于知识,专业教学才属于知识生产与传授。其实,关于何为知识,何为科学,我们要有更为宽阔的视野和更为深入的理解。

现今所谓的知识或科学知识,从某种意义上说,属于学科分殊以后分化出来的学科谱系下的知识系统,就其发生学而言,是在现代早期之学科体系分化后逐渐发展出来,并日益系统化的。从这个倒因为果的逻辑来看,就有了所谓人文科与理工科之二分,而且就人文科来看,又有了人文知识与社会知识的进一步二分。这样一来,现代知识以及知识生产,就出现了一种日趋专业化的知识生产—传授机制,而且现代的大学体制,也日益适应并进一步强化了这个专业化的知识生产—传授机制,并且反过来为这个机制所宰制和吞噬。

首先,应该指出,这个专业化的知识生产—传授机制具有重大的合理性与现实意义。现代社会是一种经济社会(工商社会)和公民社会(法治社会),因此无论是社会的经济、社会、政治生活,都需要建立在科学理性与法律规范乃至民主参与的基础之上,因此,与财富创造和社会管理密切相关的各种专业化知识为社会成员所必需,尤其是伴随着工业革命与信息革命的浪潮,整个人类社会正前所未有地进入一个新时代,所以,科学技术、社会管理、经济运行等,成为专业化知识的核心内容,它们是现代生活所必不可少的知识拐杖。这些知识的生产与传授也促进了现代文明的进一步深化与发展。

但是,上述专业知识的生产—传授机制,也越来越凸显狭隘与封闭的弊端,知识分工日渐细化,每个专业都成为专业链条中的一个环节,生产者与学习者成为知识分工下的螺丝钉或奴隶,人为自己的知识产物所宰制。所谓知识异化,最重要的体现为心智的异化。上述情况在一些后发国家表现得尤为剧烈。为了赶超西方高新科技知识和理性化管理,后发国家的教育大多由国家担纲,举国体制办教育,运动化行为上项目,一时之间,多快好省地成为教育大国,但其结果无一例外的是金玉其外败絮其内,最终难免失败的命运。

针对上述危机,目前也有一些应对举措。例如,开始重视跨学科或交叉学科的知识生产—传授,还有强调素质化教育,提倡人文素养的培育。这些举措固然是一种难得的反省之举,但并不能从根本上扭转专业化强势主导的弊端。为什么呢?因为,它们没有确立通识教育的知识生产—传授机制的主体性地位,没有意识到通识教育属于更为基础性的知识生产,而只是采取一种补充的方式,辅助性地解决专业化知识生产的流弊。例如,跨学科或交叉学科,就没有解决何以能够跨学科,如果仅仅是问题导向、项目导向,那还是一种工程思维。关键是要确立元知识的主体性地位,所谓元知识,就是在普遍性或根本性层面上,超越现有具体学科或位阶较低科学的一般性知识,或曰知识之知识。这种元知识,往往跨越已有的学科分殊,属于心灵想象力的知识空间,而且多与早期未分化的知识动力机制的生产相关。至于偏重人文情趣的素质教育,往往被理解为灌输琴棋书画的技能和情趣,这些人文志趣,从本质上说,与人文精神,与通识教育的知识生产与传授,没有多少关系,最多仅是其皮毛,甚至有败坏通识教育的作用。

我认为,要克服中国大学的狭隘专业化教育的弊端,根本的举措是要确立通识教育的主体地位,承认其在知识生产—传授机制中的重要作用,或者明确通识教育旨在构建一种新型的大学知识生产的新机制。也就是说,我们要对知识有一种更为广阔和本质的全新认识。固然,专业知识以及其生产—传授机制是大学体制的一种形式,但通识教育也是另外一种知识生产—传授的机制,而且这种机制不仅不与专业知识的生产—传授机制相互矛盾或对抗,而且是相互补充、相得益彰,甚至通识教育这种机制更为根本。

第一,通识教育真正是以人为本,不是以功用为本,它培养和塑造的是学生的心智与精神,培养学生的多种作为人的能力,尤其是学生的德性、公民意识、学习能力、想象力、判断力与创造性,以及批判性的思维等。总之,通识教育塑造的是一种健全的人格,属于心智的知识系统。只有人格健全,才能从事专业知识的学习,才能真正学好专业知识,进而保证专业的学习能造福于社会,而不是危害社会。

第二,通识教育作为一种心智的知识,也不能被视为业余教育,而是需要一套系统的知识生产—传授机制。而且这种机制具有主体性的地位,所谓主体性,就是自主性与系统性,自我构成一个不依赖其他知识的知识谱系。我认为这一点很重要。而且,这一点在现代大学专业化教育中惨遭放逐,其实,它们曾经是古典教育的根本。我们看到,无论古典时代的西方希腊罗马还是东方中国的先秦唐宋,其公民教育(西方学苑)或士绅教育(中国书院),都有一整套系统且精炼的课程体系。例如,古希腊有所谓"七艺",古代中国有所谓"六艺"。上述这些古典通识教育经过现代大学的改造,便转化为现代形态的通识教育,它们也是一种知识,具有自主性的独立地位。概括起来说,就是立足于两种知识结构的融汇,即传统文史哲经典(培育完备的公民人格)与社会科学、自然科学诸学科(培育专业知识)之间的融汇,这种融会贯通符合马克斯·韦伯的价值理性与工具理性的分析框架。

第三,需要强调的是,通识教育虽然具有独立的知识生产—传授的主体性,但并不意味着这种知识与专业知识是对立的、互相抵制的。恰恰相反,真正的现代大学体制,应该是两种知识生产—传授的结合,且相得益彰。心智的知识塑造自由健全的人格以及人之为人的能力,属于不用之用,而专业知识的生产—传授,则是开发人的知识技能,致用于社会,服务于社会,成就于社会。就知识本身来说,两种知识生产恰是传统哲学意义上的体用关系,通识教育之知识是体,专业知识是用,体用具备,才能使知识生产不再异化,才能使人不受宰制于知识,而是驾驭知识。

从哲学的意义上说,教育学包含着一种无目的的合目的性问题。自由教育或通识教育是无目的的,但却是最大的目的,而专业知识是功利主义的,但往往最易于迷失。所以,两种知识的生产与传授,能体用互补,最终达成一种无目的的合目的性。故而,现代启蒙思想家均把教育视为一种美学,康德哲学意义上的反省的想象力是现代教育学的立论基础。心智的知识与技能的知识,在反省的想象力中,不仅可以达到一种平衡,而且具有广阔的前景。这在高新技术突飞猛进的今天,尤其如此,通识教育就为无目的性的专业知识这匹烈马,套上了一具反省的目的性之轭。

总之,通过四年来的教学研究与实践,北航的通识教育大致探索出了一条自己的道路,确立了面向理工科背景的大学通识教育的目标、方法与步骤。为此,在我们的经验支持与理论配合下,校方正式颁布了《北京航空航天大学通识教育白皮书》,作为全校实施通识教育的指导性文件。可以预计,在不久的将来,北航的通识教育将会取得更为丰硕的成果,并引领中国大学通识教育的改革潮流。

# 论通识教育之文化自觉

姚中秋

中国向来是一个"文教"国家,教育之好坏决定着治理秩序之良窳。百年来之现代中国教育误入歧途,由此导致现代中国之社会治理秩序存在严重扭曲。这一点,在世界历史的中国时刻已经展开之际,更为突出。当然,走出这一歧途的曲径也已敞开,那就是,中国经典教育重新进入教育体系,包括大学阶段以经典研读为中心的通识教育体系之建立。

## 一、现代教育之虚无主义歧途

教育的终极目的是以文化人,养成君子,此为中国教育自诞生起就确立的根本理念。《尚书·舜典》记载:帝曰:"夔,命汝典乐。教胄子:直而温,宽而栗,刚而无虐,简而无傲。"华夏文明便是随着乐教而定型的,其目的乃在于养成具有德行之君子。

孔子在礼崩乐坏之际,继承这一传统而发扬光大。孔子遵循"有教无类"[①]原则,教育平民子弟以"文、行、忠、信"[②],以成为君子,承担

---

[①] 《论语·卫灵公篇》。
[②] 《论语·述而篇》。

秩序重建之责任。此后,儒家兴办私人教育。又经过数百年努力,大约到西汉武帝时期,政府兴建从中央到地方的学校体系。以此为标志,中国形成了人类历史上第一个全覆盖的教育体系。

这一体系代代相承,以养成君子为鹄的,塑造了具有鲜明文化个性、文明属性而又十分包容、宽和的中国人。与任何文明之前现代时期相比,这一教育体系都是最为卓越的。这样的教育让中国文明共同体得以维系并不断扩展。

20世纪初期,这一卓越的教育体系遭遇危机。

为寻求现代化,从19世纪末开始,儒家士大夫寻求引入西方教育体系。本来,西方教育体系与中国传统教育体系之间有诸多相同、相通之处,比如,两者同样重视人文化成,包括重视国民之文化身份养成,尽管其形态和内容有所不同。中国现代教育体系本应以传统教育体系为本,在开放环境下实现其"新生转进"①,引入必要的现代教育组件,而仍保持中国教育之品性,从而既担负传承中国文化之使命,又可传授现代专业技术。

晚清张之洞清楚地认识到这一点,秉持"中体西用"原则设计之现代教育体系,即十分注重两者之平衡,尤其是在激进主义潮流中,注重教育之文明传承与人文化成功能,其主导制定的癸卯学制,确定了新式学堂之立学宗旨:"无论何种学堂,均以忠孝为本,以中国经史文学为基,俾学生心术壹归于纯正,而后以西学瀹其知识,练其艺能,务期他日成才,各适实用。"②为此,该学制规定,中小学均把修身列为课程之首,并特设读经、讲经课。

不幸的是,在辛亥之后的激进思潮中,蔡元培等文化激进主义则以凭借其从西方匆忙学来的教育理念,断定传统中国君子养成体系没有价值,并借助国家权力摧毁之。③ 由此,现代中国教育走上反中国文

---

① 这是徐复观先生的用词,见徐复观著,《儒家政治思想与民主自由人权》,萧欣义编,台湾学生书局,1988年增订再版,第98页。
② 张之洞,《厘定学堂章程折》,收入《张之洞全集》,苑书义等主编,河北人民出版社,1998年,第三册,第1591页。
③ 1912年元月19日,蔡元培就任教育总长,即下令"小学堂读经科一律废止";5月蔡元培再下令,废止师范、中、小学读经科;7月,蔡元培在全国第一届教育会议上提出,各级学校不应祭孔,因为,"忠君与共和政体不合,尊孔与信教自由相违"。

化之路。精英群体毫不怜惜地对传统教育体系予以摧毁,从废书院,到废止学校读经。20世纪上半期,虽然教育体系还保留了一些人文传承内容,蔡元培的学制规划中也有修身课,但教育去中国文明化的大门已经打开。

与此同时,政府全盘引入了西方技术教育体系。至此,中国教育遭到了严重阉割,而沦为单纯的技术性教育体系。这当然首先包括自然科学及其技术;而从西方引入的人文与现代社会科学,也被抽空其原有的西方价值,但又没有填入中国固有价值,因而同样严重技术化,堕落为人生与社会的工程技术体系。1952年的院系调整之后,普遍建立的专科性质的技术型学院,实际上是这种技术化教育理念的必然结局。

此一去价值化的教育体系批量输出到社会之国人,普遍地有知识而无文化,有技能而无礼仪,有理想而无人格。读书人的人数在20世纪大幅度增加了,但对于社会秩序而言,至关重要的士君子群体却逐渐消亡。

不仅如此,现代中国教育体系还以各种方式持续不断地向学生灌输这样的常识:中国文明是愚昧的、落后的,中国要现代化,必须批判、否定乃至于摧毁自身的文明,而全盘接受外部信仰、价值、生活方式。经过教育体系的不断灌输,这样的常识在所有接受过一定教育的人中,也即在精英群体和中产阶级群体中根深蒂固。本应成为中国文明新生转进之主力的群体,却对自己的文明不屑一顾,甚且本能地反感。

总而言之,现代中国教育体系之根本特征就是道德和文化的虚无主义。它没有将学生养成为君子,而只是养成为自然工程和社会工程的专业人才;它不仅没有传承中国文明,反而致力于灌输学生以反对中国文明之理念。这一扭曲的教育体系导致士君子群体逐渐消亡,也造成中国文明之严重断裂。当代中国之全部困境皆可溯因于此,尽管并不排斥其他原因如制度。

## 二、教育与"中国时刻"之脱节

在中国致力于追赶外部之时,虚无主义的中国现代教育体系之问题并不显著。此时,中国唯外部之马首是瞻,不论此外部是英国、日本、德国、苏联、美国乃至于新加坡,因此,中国不需要价值,也不需要君子。掌握专业技术的工程师确实足以应付短视的需求,不论是解决物质富强问题的工程师,还是解决社会问题的社会工程师。激进主义者认定,解决中国问题之蓝图是给定的,中国人只需要照此蓝图在中国的大地上施工即可。

当中国兴起之后,虚无主义教育体系的严重问题则陡然凸显出来。

尽管教育很大程度上背离了传播中国文化的使命,然而,中国文明自有其强劲的生命力。过去三十年的中国社会变化,一言以蔽之,即中国文明之复苏。不论是经济领域,还是社会领域、文化领域,乃至于政治领域,良性变化大多出自于中国人恢复固有价值、信仰、习俗、制度之努力。

由于文明的复苏,"世界历史的中国时刻"已经开启[①]。然而,这个复苏是不自觉的。从无视和反对中国文化的教育体系中走出来的知识群体、精英群体,对中国故事给出了另外的解释。比如,他们普遍断言,中国的繁荣发展只是中国对外开放、学习西方的结果。或者他们相信,中国奇迹是集中的权力缔造的。也即,中国故事是外生的。

这样的认知框架让今天的中国人、尤其是精英群体陷入迷茫状态。中国在物质上已相当富裕、强大,然而,国家将何去何从,中国应当对世界承担什么样的历史责任,在国民中并没有形成清晰的认识。最为引人注目的事实是,部分精英对于中国的前景丧失信心,其具体

---

① 关于这一点,可参看秋风,《世界历史的中国时刻》,《文化纵横》,2013年第3期。

表现如大规模移民。这一现象是世界各大国类似阶段从来没有过的。①

精英的逃离当然有政治原因,不合理的政制不能给这些先富起来的精英群体以长远的稳定预期。但略加思考即可发现,其中更多地还是文化上的原因,也即,对中国文明缺乏信心。与同样处在上升时期的大国精英相比,中国精英群体之虚无主义是触目惊心的。

而这种认知扭曲,则是由于教育之失败造成的。现代中国教育丧失了中国文化之主体性,不能有效地承担起人文化成的文化与历史使命,也就不能塑造出一群具有道德理想主义精神和治理技艺的君子群体。受教育者,也即精英群体和中产阶层普遍地技术化。这是20世纪中国教育最为严重、也不可原谅的失败。因为教育的失败,支配着大量资源的中国精英群体完全没有责任意识,也没有政治技巧。这个精英群体完全无法膺承这个时刻中国不能不承担的责任:对内完成现代国家之构建,对外参与并改进世界秩序。中国和世界因此都陷入危险之中。

总之,虚无主义的教育体系与中国当下之处境是完全错位的。中国要完成自身的大转型,并让世界变得更为美好,就需要一个具有道德责任感和领导能力的君子群体。这只能诉诸教育之更新。重建教育之中国文明主体性,恢复教育之人文化成能力,乃是今日教育界和全社会所面临的最为重要的任务。唯有实现教育之更新,教育体系养成合格之国民,尤其是养成一群具有文明主体性意识,进而具有历史和文化责任感的君子群体,中国文明复兴之进程与世界秩序合理化之进程才能顺利展开。

---

① 明清时代,中国人口就大量外移,但截至20世纪中期,移民始终以底层农民、商人为主(参看葛剑雄著,《中国移民史》,第一卷,福建人民出版社1997年版,第71—74页)。近年来,虽然也有底层民众偷渡移民,但更有大量精英移民,这是一种新现象。胡润研究院和中国银行2012年3月联合发布的《2011中国私人财富管理白皮书》称,中国富裕人群中,有14%已经移民或正在申请移民,另有46%正在考虑移民(《新京报》,2011年10月31日)。媒体也不时提及"裸官"现象,有些相当级别的官员将其子女移民国外,自身也持有外国护照。

## 三、通识教育之文明自觉

中国教育需要一次更新。在飘荡了百年之后,中国教育体系当回向中国源远流长的人文化成之教育传统,从而形成中国的、现代的教育体系。它是现代的,但它也是中国的。

这场教育更新的关键是教育之文化自觉,具体而言,就是以中国之人文化成中国之国民、养成君子。目标是养成君子,途径是中国人文之教化。其具体形态,则是中国经典进入从小学到高等教育的整个教育体系中。在大学阶段,则是建立以中国经典研读为中心的通识教育体系。

现代社会是高度专业分工的,并高度依赖各种技术:工程技术,商业技术,行政技术,等等。因此,学术界不能不致力于生产高度专业化的技术性知识体系,教育也不能不承担技术性知识传授之责任。现代高等教育的主体就是高度专业化的技术性知识传授。哪怕是人文社会科学领域,也是如此。当下中国大学就在从事这种教育。

不过,仅有这样的技术化教育是不够的。即便到了现代社会,人和社会秩序之本质并无变化。人仍然是人,社会仍然是社会。健全的生活需要健全的心智,健全的社会秩序需要具有文化与政治属性的健全的国民。教育必须承担健全的人与健全的国民之教化的职能,高等教育还需要养成社会之领导者群体。这两个职能,就由大学的通识教育承担。

然则,何谓通识?在中文中,"通"者,普通、普遍也。"识"不是知识,而是见识。"通识"不是通才,也不是知识性的人文素养。通识是在一个文明体中生活所需要之通行而整全的见识,其所见者为"道"。通识教育的目标就是让学生对本文明之道有所体认,由此而形成一套源泉性理念与框架性理念。

所谓源泉性理念就是人之为人的最为本原的理念,它覆盖了人的存在、人际合作、与共同体繁荣相关的全部议题,尤其是关于超越性存在、关于人与超越性存在间的关系、关于人自身、关于人际形成秩序等人之为人而存在、合作、繁荣之观念与想象。源泉性理念具有全覆盖性,构成人们思考、行动之框架性理念。借助于这样的理念,人形成道德判断和自觉实践之意识与能力。

较为成熟的文明体通常都在经历一定时期成长后,出现一个自觉反思之时刻,此即西人所说的"轴心时代"[①]。在此时代,该文明不世出之伟大智者对此类源泉性知识予以总结、阐明、反思,形成"经"。由此,该文明之道可道、可学、可传。

源泉性—框架性理念在两个维度上构成了可"通"之"识":首先,时间上可通。源泉性—框架性理念在文明反思时刻被定型,随后通过种种文化形态,比如教育、宗教、政治等,对该文明体产生持久而深远的影响。那些源泉性理念塑造了文明体,维系着文明体之一致性和凝聚力。

其次,空间上可通。各文明之源泉性—框架性理念通常具有地方性观念与知识之特征,不同的文明体,比如,中国、古希腊、希伯来之源泉性—框架性理念有所区别。最显著的区别在于,这些源泉性—框架性理念是用各文明之语言表达的。不过,不同文明体的源泉性—框架性理念又有可通之处。文明虽不同,却都是人之文明,而人同此心,心同此理。

任何时代,教育之基础性功能就是对其文明与政治共同体之成员施以此类源泉性—框架性理念之教育,这就构成了通识教育。事实上,在前现代,通识教育构成教育之主体,不论欧美、中国、伊斯兰世界,皆是如此。这种教育旨在塑造其文明和政治共同体成员(当时局限于少数人)以道德判断与实践之意识与能力。正是借助这种道德意识和实践能力,该共同体成员,至少其中之精英,有能力守护本文明,扩展本文明。

到现代,伴随着技术性教育之兴起,这种教育的主体位置受到冲击。尤其是在美国,技术性教育倾向最为明显。然而,也正是在美国,精英群体产生了一种强烈的文明忧患,从而产生现代通识教育之理

---

[①] 参见〔德〕卡尔·雅斯贝斯,《历史的起源与目标》,魏楚雄、俞新天译,华夏出版社1989年版。

念,比如,国内为人津津乐道的"哈佛红皮书"①。综观美国各种模式的通识教育课程,其核心都在于传承西方文明之源泉性—框架性理念,以保持其文明之一致性与完整性。换言之,美国的通识教育具有明确的西方文明之自觉。②

这一点,经常被中国的通识教育组织者忽略。近十几年来,高校已普遍接受通识教育理念,并积极探索通识教育之模式。但略微观察即可发现,各校通识教育体系存在一个共同缺陷:缺乏足够的中国文化自觉,缺乏文明之主体性意识。

如果把高等教育划分为专业教育与教育通识两个部分,则相比较而言,通识教育具有相当显著的文化属性。专业教育传授技术性知识,它也有文化属性,尤其是社会科学领域的技术性知识是有文化属性的,不过,它虽然具有地方性知识的特征但不那么明显。然而,如果通识就是源泉性—框架性理念,通识教育旨在传承此类用本文明之语言表达之源泉性—框架性理念,以塑造适应于本共同体之文明生活的道德判断力和实践能力,则通识教育的文明属性就是十分明显的。不同文明的技术性知识教育体系可以是相同的,不可能存在中国的物理学、苏联的生物学;但是,各文明体的通识教育体系注定了是不同的,虽然我们绝不能说其间是相互对立的。

中国通识教育的组织者对这一点缺乏充分自觉。当然,这与通识教育之定位有关。比如,很多学校将通识教育定位为人文素养之养成、视野之拓展,通识教育也就只是要求学生在专业课程之外,接受跨专业的技术性知识。这样的通识教育不过是技术性教育体系的一个扩大版而已,不能发挥其应有作用,也即,教授学生以源泉性—框架性理念,塑造学生以切合于自身文明之道德判断与实践能力。这样的通识教育加技术性知识教育构成的教育体系,整体上缺乏文明的自觉,

---

① The President and Fellows of Harvard College, *General Education in a Free Society: Report of Harvard Committee*, 1945. 后来的版本,比如哈佛大学出版社 1950 年版本收录了 James Bryant Conant 校长的导言,对该报告的起草缘起有所介绍。

② 比如,对美国通识教育体系产生巨大影响的赫钦斯提出,现代通识教育必须探讨"共同人性"和"本族群的属性",而其精华首先体现在西方文明自古以来的巨著(great books)中,大学通识教育的核心内容就是研读这些巨著。参看甘阳的《大学人文教育的理念、目标与模式》,该文刊于《北京大学教育评论》第 4 卷第 3 期(2006 年 7 月)。

没有能力培养人,更没有能力培养国民。①

如果我们考虑到中国文明的一个显著特征,通识教育之文明自觉显得尤其重要。在西方,在伊斯兰世界,在印度,都存在着全覆盖的建制化宗教,传承、教化其国民以源泉性—框架性理念,至少是其中最为重要的部分。在中国,儒家是中国源泉性—框架性理念之主要传承、阐述和教化者,然而,儒家不是宗教,没有教会建制。儒家中国向来是以"文教"立国,世俗化教育就是中国的源泉性—框架性理念之主要传授者,是中国价值之主要教化者。② 因此,中国教育之文化与历史责任比西方更为沉重。比起西方,中国大学之通识教育在传承源泉性—框架性理念方面的责任更为重大。

现代教育体制设计者忽略了这一点,由此导致中国没有任何传授教化源泉性—框架性理念的建制。康有为先知般地预见到了这种危险,因而倡议建立系统的孔教体系。但这种努力在中国这样的文教国家很难成功,现代政制本身也不容许建立一个宗教体系。结果,过去一百年,中国文教陷入教化状态,各种变幻不定的意识形态乃乘虚而入,支配了国民、尤其是精英的心灵。

到了今天,教育必须承担起人文化成、文明传承的责任,而在大学里,这个责任将主要由通识教育体系承担。

## 四、通识教育以中国经典为中心

如果通识教育的核心功能是传授文明体之源泉性—框架性知识,

---

① 复旦大学这样描述其通识教育通识构想:"教育是以人为本的全面素质教育。复旦希望通过通识教育,同时传递科学与人文的精神,培养学生具有完全的人格,领悟不同的文化和思维方式,养成独立思考和探索的习惯,对自然和社会有更高境界的把握。"(复旦大学官方网站,http://www.fudan.edu.cn/channels/view/48/,访问时间:2014年3月27日)我们从中看不出丝毫的文化自觉。有论者比较中美通识教育:中国高校通识教育更重视素质教育、课内教育,以及"公共必修",人文通识课程以概论课为主;而美国高校通识教育更注重能力教育、课外教育,以及"分类必修",人文通识课程以研读经典为主,见周景辉、聂英杰:《中美大学通识教育课程比较与分析》,刊《辽宁师范大学学报(社会科学版)》,第36卷第4期。本文作者也建议:"高校通识教育应大力提倡古今中外重要经典著作的研读与讨论,从而引导学生在精粹思想的感召和启发下,维系文化认同,传承优秀传统,构筑心灵世界。"

② 关于这一点,可参看姚中秋,《一个文教,多种宗教》,刊《天府新论》,2014年第1期。

那么,通识教育的核心课程就是经典教育。美国主流的通识教育正是如此。中国通识教育当以传授中国的源泉性—框架性知识为其核心功能,自然也就应当以中国经典教育为本。

中国学生首先是中国人,他只能通过成为健全的中国人而成为健全的人。为此,他就必须接受中国的源泉性—框架性理念之教育,体认中国之道,由此而形成做一个健全的中国人的见识,对人,对人神之间,对人与人之间的关系等事务,形成稳定的观念。

事实上,这些源泉性—框架性理念本就弥漫在他成长过程中自然经历的全部生活场景中,因为,中国本身就是由这些源泉性—框架性理念塑造的,即便中国曾经历过一段时间的文化断裂。这些构成了一个中国人的文化基因,其中最为重要的因素是语言。他对于人、对于世界的认知是通过特定的中文词汇表达的,这些词汇多来自于经典。当他研读经典时,其中的词汇是他熟悉的,并可明白其部分含义。一经老师讲解,他就完全可以理解。他还可以调动理性之外的诸多因素,如情感、生命体验、生活经验等,来"体认"经典。

也就是说,通识教育中的中国经典学习只不过唤醒了中国学生对于自然地存在于其生命中的知识和观念之自觉,把他从一个自然的中国人提升为自觉的中国人。这些知识和观念将赋予他的自然生命以文化的形式,从而令他的社会性生存是可能的,进而还可以是美好的。也就是说,中国之道塑造他的文化生命之体。由此,他也成为中国之体的有机组成部分。

毫无疑问,中国大学的通识教育应当研读西方经典。这有助于中国学生理解人,理解其他文明,理解世界。在一个开放的世界中,这是必要的。尤其是,不断被世界改变的中国,也正在改变世界,且其改变世界的力量越来越大,为此,中国学生必须更加全面、准确地了解外部世界。因此,在世界历史的中国时刻,中国大学的通识教育必然是开放的。

尽管如此,对于学生的成长来说,西方经典的意义仍不能与中国经典相提并论。对于中国大学生来说,西方经典只能是、并且始终是外在的知识。道理很简单:对于西方,他没有生命的体验,没有切身的生活经验。因此,对于西方经典使用的词汇,讨论的议题,他缺乏切身的体认,也就无法产生生命的深层反应。这样的学习是纯粹理智的,它很难调动起积极的情感反应。故而,研读这样的经典不足以让学生对人生与社会的根本问题有切身而精微的把握。

另一方面,中国学生对西方经典的理解面临着无法逾越的限度:由于缺乏生命体验和生活经验,中国学生将始终无法理解西方经典中最为精微的细节性论述,也无法全面把握其预设。由此,相对于西方学生而言,中国学生对西方经典的理解将始终是肤浅的。换言之,从教育经济学的角度来考量,中国学生在西方经典上投入大量精力,其实是不经济的。

但我们仍然立刻补充说,这绝不是说,在中国的通识教育中安排西方经典教育是不重要的。确实非常重要。尤其重要的是早期现代经典之学习,尤其是对人文与社会科学各学科的学生而言。因为,透过这样的经典,学生可对现代国家之构造原理有比较深入的把握,而这一点对于理解现代中国之各种问题,以及寻找答案,均具有重要意义。[①] 但是,这样的知识仍然只限于在理智领域为学生提供现代社会制度构建的技术化知识,而不能触及健全的人之养成这个更为基础的文化与社会问题。

基于上述理由,大学通识教育体系设计仍当遵循张之洞在一百多年前提出的原则:中学为体,西学为用。通识教育的核心是经典教育,经典教育的重点是中国经典教育。几千年来,中国人就是通过诵读这些经典,体悟天人之际的秘密,体认人生之智慧,养成君子之德行与技艺。概言之,以存在于中国经典中的中国之道养成自己为中国人。离开了这样的经典教育,中国人就不成其为中国人。

当然,中国经典丰富多彩,通识教育资源有限,不可能面面俱到。为此,不能不进行选择。原则上,在通识教育中,"经"最为重要,它承载着中国之道,囊括着塑造中国人的源泉性—框架性理念。大学通识

---

[①] 高全喜领导的北京航空航天大学的通识教育实验,就较为重视早期现代时代经典的研读,高全喜曾解释说:"我们认为经典著作不单纯是古典著作,我特别强调的是近代经典著作。重点放在15—19世纪以来的、现代学科发育前形成的经典著作。这是早期现代,是现代形成的奠基时期。从课时分配来说,和古希腊、古罗马及中国古典课程对半分。我们不认为古典和近代是对立的,甚至觉得近代比古典更重要。"(辛智慧,《高全喜:通识教育的理想与现实》,刊《文化纵横》,2012年第三期)。

教育首先应选择切合青年成长、有助于其理解中国社会构造的经,进行研读。中国经典其次为史,再次为子、集。通识教育也可从中选择切用者。此类经典教育,可同时追求多个目标:

第一,通过研读经典,学生可养成君子人格。自古以来,君子是中国人的人格典范,成就君子这个目标,也一向提示中国人的生命不断向上。今日中国人同样需要这样的提示。而中国经典、尤其是儒家经典所关注的核心问题,正是君子养成。唯有研究经典,学生才能明白何为君子,如何成就君子,何为君子之社会责任。

其二,通过研读经典,学生可以深切地体认中国之道。中国文明一向保持连续性,中国之道一以贯之,今日中国也必在此道上前行。故接受大学教育的未来的社会精英必须对中国之道有所体认,以理解中国人的秩序想象。这既有助于学生更健全地生活,更有助于未来的精英承担社会责任。而中国之道就在中国经典之中。

第三,研读经典,也可为学生进一步学习其专业课程奠定基础,尤其是人文与社会科学领域。现在中国人文与社会科学领域的知识体系基本上移植自西方,故而是无源之水,因而虽经百年,却乏善可陈。欲发展中国的人文与社会科学,不能不从中国固有知识体系出发,不能不理解中国之道,而研读经典是不二法门。

通识教育可参照传统教育形态,探索更有助于君子养成之教育形态。当下主流大学教育模式固然有一些优势,但也存在诸多弊端。近些年来,各类学校都在进行改革。传统教育形态在当下完全可以焕发出新的生命力。比如,大学可尝试建立书院,以有别于现有研究生培养之模式,培养真正具有文化创造力的高端人才。只是目前,书院这个名词被滥用,成为本科学院的代名词,而毫无传统书院之神韵。

通识教育还可积极发掘、恢复中国传统教学方式。目前主流的教学方式深受苏联模式影响。走出这种模式,固然需要向欧美学习,更应当积极发掘中国传统教学方式,比如小班教育、教学相长。

总之,中国的通识教育在吸收外部世界之经验、技术的同时,应当以温情与敬意,自觉地接续古老而健全的中国教育传统,由此而让中国通识教育体系具有中国精神、中国形态,这是通识教育之文化自觉的重要组成部分。20世纪上半期对通识教育的探索,就非常注重中国教育传统之新生转进①。因为文化断裂,过去十几年来的通识教育实践严重忽略中国自身君子养成的教育传统。谈论通识教育者言必称哈佛、liberal arts。由此导致中国通识教育经过多年发展,仍缺乏可行的成熟模式,更没有理论上的任何创发。若要改变这种理论苍白、实践无力的局面,通识教育理论必须具有文化自觉,当接续古典君子养成传统,并有效吸纳20世纪上半期的各种尝试,发展中国的通识教育理论,探索中国的通识教育模式。

## 五、通识教育之目标:养成君子

中国大学通识教育之目标,当为人文化成,养成君子。

传统中国教育以养成君子为目标。到20世纪现代教育体系建立时,则放弃了这一目标,而代之以含糊其辞的现代说辞。20世纪中期,教育培养之目标是"螺丝钉"。90年代以来,教育培养之目标是经济建设人才,至于个体的目标则是"成才"。百余年之教育不再养成君子,这就是中国社会陷入混乱、即便在富裕之后也不安宁的原因。

养成君子,不是主张教育的精英路线,而是社会、文明维续之基本要求。任何一个共同体都需要一群人承担合人为群之责任,这是人际形成秩序、从而进入和维持文明状态之关键。在中国,这样的人就被称为君子。在英国、美国,人们会称其为绅士。没有这样一个群体,社会就不存在,文明就不能维系。古代社会需要这样一个群体,现代社会仍然需要这样一个群体。事实上,在社会高度复杂而政府权力受到限制的现代,这种要求甚至更为迫切。中国社会之秩序与文明一向有赖于君子,现代社会依然如此。

对于君子之养成而言,通识教育至关重要。不过需要说明的是,旨在养成君子之通识教育,与技术性知识传授并非直接冲突,它并不反对、也并不准备取代技术性知识传授。相反,两者是相辅相成的。

---

① 关于先贤在这方面的努力,可参看《现代中国通识教育经典文集》,姚中秋、闫恒选编,浙江大学出版社,2013年。

子曰："君子不器。"①"器"就是专业能力。孔子的意思绝不是说，君子没有专业能力。君子必定具有卓越的专业能力。因此，君子养成，同样需要专业技术教育。只是，君子不限于此，君子不限定于"器"。君子除了具有卓越的专业能力之外，更具有一组卓越的品质，这就是德行、治理的技艺和威仪，从而能够承担合群之责任。② 因此，除了专业技术教育外，养成君子也需要通识教育。通识教育并不试图取代专业教育，而是在专业知识传授之外，增加一个至关重要的维度：人文化成，以赋予所有接受教育者以程度不等的君子品质，并养成其中一部分成为真正的君子。

如此君子之养成，关键就在于其对中国之道的体认，也即掌握中国文明之源泉性知识和观念，做自觉的中国人，承载中国价值。唯其如此，君子才能以中国之文化成自己的自然生命为相对丰满的文化生命。这样的君子将获得中国普通民众之尊重，并把握中国人之情与理，从而能够合中国人为群。这样的君子群体有能力顺乎本文明之脉络而守护之、延续之、扩展之并丰富之。

当然，不应指望通识教育能改变所有的学生，但通识教育至少可以养成部分学生成为君子。从社会结构上说，教育所能养成之君子必定是少数。但有这少数，就已足够。这丝毫不构成浪费，因为，其他学生或许不能达到较为完整的君子之标准，但是，通过有效的中国经典教育，他们也会对君子之品质有所了解，他们中不少人会立下君子之志。这样的志向将会指引他们的人生，他们多少也会具有一些君子品质。

君子群体之养成，对于今日中国而言，至关重要。世界历史的中国时刻已经展开，中国人必须在塑造世界秩序的过程中培育自身之优良秩序。中国需要一个价值和政治成熟的精英群体，也即君子群体。他们只是精英群体中一小部分，但他们对于中国形成健全社会秩序、中国承担世界领导责任至关重要。君子精通各种现代专业知识，这些专业知识可由现有专业教育体系提供，甚至可由外国教育机构提供。

---

① 《论语·为政篇》。
② 关于君子的品质，可参看姚中秋著，《华夏治理秩序史》，第二卷，下册，第十三章《君子》，海南出版社2012年版，第845页以后。

但是,中国君子群体也应具有价值、信念、德行,而这些,只能由以中国经典研读为中心的通识教育体系承担。

在中国文明复兴所驱动的世界历史之中国时刻,中国的教育体系应当更新。尤其是通识教育界,当具有更为敏锐的文化自觉,在保持开放心态的前提下,自觉地担当起传承中国文明之文化与历史的使命,以中国之人文,化成中国之君子。

# 从知识传授到人的培养

## ——关于北航通识教育的思考

### 翟志勇

## 一、通识教育之道

《国家中长期教育改革和发展规划纲要》(2010—2020年)指出,高等教育要牢固确立人才培养在高校工作中的中心地位,全面提高人才培养质量,"着力培养信念执著、品德优良、知识丰富、本领过硬的高素质专门人才和拔尖创新人才"。因此在人才培养体制上,高等教育要更新人才培养观念,创新人才培养模式。在新一轮的高等教育改革实践中,很多高校将通识教育视为人才培养体制上的重大创新和新的增长点。北航从2010年开始通识教育试点。2012年颁布《人才白皮书》暨"长城行动计划",将"构建通识课程体系,实现通识基础的专业教育"作为十项基础性工作之一。2013年初成立校通识课程建设委员会,全面开展通识教育核心课程建设。2013年12月正式发布《北京航空航天大学通识教育白皮书》,阐述北航通识教育理念和课程规划,探索一种主要面向理工科学生的通识教育北航模式。

那么,什么是通识教育?通识教育对于提高人才培养质量的意义何在?通识教育与公共选修课差别何在?各高校由于对通识教育存在认知上的偏差,在通识教育探索实践中存在诸多值得探讨的问题。比如在课程定位上,通识教育成为高等教育整体性危机的应对之策,似乎实行了通识教育,中国高等教育就能够回答"钱学森之问",培养出杰出人才了;在课程体系上,盲目地、形式化地模仿国外大学通识教育的课程分类,几乎将所有类别的课程纳入其中,最终使得通识教育的课程体系仅仅是既往全校公选课的改头换面;在具体落实上,由于师资力量的匮乏,以及学科分化的壁垒暂时无法突破,通识课程依然无法成为本科教学的核心课程,其地位依然类似于公共选修课,这样势必会慢慢地边缘化,再次走上公共选修课的老路。通识教育已深深地嵌入中国高等教育整体性困局和既往所形成的坚固体制之中,因此必须熟稔自己的本真,有所为有所不为,才可能在有限的空间内真正地成长起来,并最终成为一种变革性力量。

《北京航空航天大学通识教育白皮书》对通识教育的理解,如果用一句话来概括,就是"从知识传授到人的培养"。可以从两个层面理解这句话:第一,在信息化和网络化的时代,特别是搜索技术日益成熟和MOOCs(massive open online courses,大型开放式网络课程)逐步风行的时代,课堂上简单的知识传授渐渐失去了原有的价值,因为学生很容易在网络上学习到各种各样的知识,获取知识途径的便捷、及时、生动和有效,远远超过课堂上简单的知识传授,这就注定过去公共选修课中那些一般性的知识传授性的课程越来越失去了开课意义;第二,在知识获取越来越便利化的同时,学生人格的缺陷和能力上的羸弱,早就成为高等教育在人才培养上的一大尴尬处境,因此通识教育要想在拔尖创新人才培养上有所作为,就必须抛弃简单的知识传授,转向人格的养成和能力的培养,这才是通识教育之道。人的培养包括两个层次:首先是人格的养成,是人之所以为人的教育,也是现代人之所以为现代人的公民教育;其次是能力的培养,是高素质专门人才和拔尖创新人才所必须具备的综合创新能力的训练。

## 二、人格的养成

《哈佛通识教育红皮书》认为,通识教育"不是关于'一般'知识(如果有这样的知识的话)的空泛的教育;也不是普及教育意义上的针对所有人的教育。它指学生整个教育中的一部分,该部分旨在培养学生成为一个**负责任的人和公民**"。这一表述道出了通识教育的本真,通识教育是"人"的教育,而非"知识"的传授。

在"人"的教育的意义上,通识教育实际上是中国的儒家君子养成式教育和西方古典时期的自由教育(liberal education)的现代延续。古典时期的教育仅限于有闲阶层,目的是培养出一个对于自身、对于自身在社会和宇宙中的位置都有着全面理解的完整的人。今天的通识教育虽然已经不限于少数上层有闲阶层,而是普及到全部受教育者,但在理念上基本延续了君子养成和自由教育的这一传统,首要的目标是培养人格健全的完整的人。由此也就意味着,通识教育本应该贯穿于学生教育的始终,特别是中小学教育阶段,但由于应试教育的巨大压力,中小学教育体系内难以容纳通识教育,等到学生跨入大学校门,即将成年之际,才开始接受通识教育,实际上为时已晚,这是大学通识教育在人格养成方面不得不面对的一大困境。

就人格养成而言,通识教育所面对的和探讨的,必然是人类历史中那些永恒不变的生存困境和伦理道德,在内容设计上,人类文明的历史以及在此历史长河中形成的各类人文经典,特别是古典时期的各类经典著作,必然是通识教育的重中之重。正是在不断的历史回溯和经典研读中,通识教育传承人类文明,并在此基础上培养学生健全完整的人格,以从容应对当下种种困境。一个完整的人的培养,需要将其置于人类完整的历史中,从而使得人类对于人之为人的全部探索构成其内在生命的一部分,身体的成长需要外在物质的滋养,而心灵成长的养分只能在文明传统中汲取,经典著作的研读是心灵成长的过程,经典著作对于人类错综复杂的问题的多层次、全方位的探讨,有助于一个完整的人的养成。不仅如此,经典著作所探讨的都是人类永恒的问题,展现了这些问题由以生成的历史维度和各种可能性,这有助于我们理解和认识我们当下的困境,并在各种各样新的思潮下,保持自由之精神和独立之人格。北航通识教育特别突出经典研读的重要性,将经典研读提升到通识教育核心课程四大板块之首,这在现行的通识教育课程分类中,是绝无仅有的。

不仅如此,在一个日益多元复杂和全球化的时代,通识教育承担着凝聚社会共识、培养合格公民的时代使命。这不仅仅是人才培养问题,也是国家战略问题。特别是在崇尚自由和平等的现代社会,通识教育不但要塑造个体的自由人格,还要为社会提供基本的价值共识,以免在多元分化的社会中,个体的自由抉择瓦解了基本的社会价值,进而动摇人类文明的基石。从美国通识教育的历史发展来看,每一次通识教育的重大讨论或改革,其背后都能看到某种社会与文明危机的影子。"一战"的爆发催生了哥伦比亚大学的通识教育,也是美国现代通识教育的开端,"二战"之后美国通识教育风起云涌,也是对西方文明现代性危机的一种回应。因此,在中国社会急剧转型的时代,通识教育在培养"负责任的人"这个基本的目标之外,还要培养适合于现代社会的自由且具有美德的公民。《北京航空航天大学通识教育白皮书》特别强调通识教育"要使学生具备现代公民意识和素养,能够建设性地参与社会发展"。

从这个意义上讲,大学通识教育需要回应现代自由民主社会的基本需求,培养学生的公民参与热情和能力,培养学生批判性地和建设性地应对社会变革的能力。因此在内容设计上,不但要培养学生仁义礼智信、温良恭俭让的传统美德,还需要着重启蒙运动以来逐步形成的现代公民教育,向学生阐明自由、平等、民主、多元、包容等人类文明的普世价值,培养学生作为现代社会合格公民所应具备的实践能力。特别是在社会急剧变化的当下中国,学生走出校园,将面对各种各样的诱惑和挑战,因此需要具备适应社会、参与社会、建设社会的强大的自我意识和实践能力。

## 三、能力的培养

"人的培养"的第二个层面是能力的培养,高素质专门人才和拔尖创新人才除了人格养成之外,还需要有综合性的创新能力。专业教育提供的专业能力固然重要,但通识教育鼓励一种超越具体学科的整体的知识观,也就是孔子所说的"君子不器"。通识教育珍视非功利的学习的价值,认为一种超越具体学科的基础性教育和交叉学科教育,能够彻底解放学生的思维。专业教育培养学生将来从事某种职业所需的专业能力,培养学生像"专家"一样在一个狭窄的领域里面以一种专业的视角来思考,在现代社会劳动分工中,这是必需的但也是不足的。而通识教育恰恰要将学生从这种专业禁锢中解放出来,从而使学生可以在更宽广的领域内自由地思考。

无论是 ABET 制定的工程教育认证的 11 条标准,还是近年来国际上颇具影响力的 CDIO 工程教育模式的 12 条标准,都充分体现了对工程技术人才综合素质的全面要求。通识教育在 20 世纪初兴起,也正是为了应对 19 世纪末急剧分化的专业教育所带来的知识碎片化,从而保证学生将来在成为各种各样的专家的同时,仍不失宽广的视野和多维的思考,更不失健全的人格和自由的品性。《北京航空航天大学通识教育白皮书》特别强调通识教育要使学生具备国际化的视野和多学科的视角,要使学生具备卓越的文本阅读能力、书面写作能力、口头表述能力以及批判性的多维思考能力。

能力的培养涉及三个层次:首先是国际化的视野,这不仅因为今天的知识已经完全国际化,所有的学习和研究都是在世界知识格局内展开的,更重要的是中国即将成为国际化的大国,我们培养的高素质拔尖创新人才需要在国际化的大视野下来思考自己的人生价值、职业规划和社会责任等问题。一种多元的且宽广的国际化大视野,能够将学生从狭隘和僵化的视野和心胸中解放出来,将为学生的创造性提供广阔的天地。北航早就确立了 UPS(U:university;P:professor;S:student)国际化战略,2014 年更是北航的国际化年,是落实北航本科培养"一制三化"（导师制、小班化、个性化、国际化）中"国际化"的重要举措。

其次是交叉学科的多维思考能力和批判性的创新能力。与国外一流大学相比，这是中国大学生普遍非常缺乏的。现代科技的发展，大多是一种"破坏性"的创造，是突破固有思维传统的创新。MIT是一所理工科发达的高校，但却是美国创新能力最强的高校之一，究其原因，就在于对交叉学科教学和研究高度重视，不仅是理工科之间的交叉，还包括理工科与人文社会科学之间的交叉。MIT的理工科学生都要选择某个文科领域进行深入学习，并且其学习深度是该领域的专业深度，目的就是培养学生多维度的思考能力，从而激发出学生的创造能力。这样的能力培养是褊狭的专业教育所无法完成的，通识教育责无旁贷。

最后是卓越的自我展现能力，也就是培养学生卓越的阅读和理解能力、思考和判断能力、书写和表达能力，这些看似最基本最简单的能力，如果要达到卓越，就需要严格的训练。现在的学术训练大多仍停留在专业训练层面，很多学生专业能力很强，但口头表述和书面表达能力却很弱，在一个正式的公共场合自我展示所需要的综合能力非常缺乏，这些都需要严格的学生训练。北航通识教育强调学生平时的作业训练，取消或者减轻期末考试，每门课至少要有四次书面的作业，任课老师需要批改后反馈给学生，目的就是通过严格的学术训练来培养学生卓越的自我展现能力。

## 四、结　　语

通识教育之道在于从知识的传授转向人的培养，包括人格的养成和能力的培养。因此在课程定位上，通识教育必须提升到比专业教育更为基础的地位，必须从辅助性的选修课上升到校级核心必修课。北航构筑了"公共课、通识课、专业课"三级课程体系，将通识核心课程定位为校级核心必修课，是学生可以在一定范围内自由选择，但一旦选择就成为学生必须认真完成的核心必修课。

在课程体系上,分类不是核心,课程内容才是核心。通识教育必须摒弃那些简单的知识传授性课程,也就是各类导论性和通论性课程,重新围绕人格养成和能力培养来设计课程内容,鼓励经典研读和综合性的交叉学科课程。要特别注重学生在听说读写上的培养,将考核的重点放在平时的作业上,而非期末考试上。

在课程开设上,在国外各种高水平的MOOCs课程逐步流行的时代,通识课程应该更多考虑基于MOOCs的SPOCs(small private online courses,翻转课堂)的模式,将国外优秀的MOOC课程在中国大学校园落地生根,学生课前观看MOOC,老师将课堂变成针对MOOC的研讨课,为学生解答课程中遇到的疑问,并抽取若干主题进行研讨,从而让学生真正接触并深入学习国外一流水准的课程。在通识教育课程体系上,北航特别将MOOCs作为建设的重要内容。

总之,通识教育必须紧紧围绕"人的培养"这个核心,一切的课程设计和开设,都必须能够落实人格的养成和能力的培养。只有这样,通识教育才能够真正改变培养观念,创新培养模式,助力于高素质专业人才和拔尖创新人才的培养,落实国家中长期教育改革和发展规划纲要。

# 目标相通,理念相融
## ——通识教育背景下的书院制探索

### 李亚梅　罗鹏飞

在信息化不断推进、科技和文明不断发展的今天,人类已无法满足于已有的智慧成果,时代的巨轮仍在向前,墨守成规只会与社会发展的方向渐行渐远,乃至最终被社会淘汰。为谋求进步、应对竞争,越来越多的人开始尝试改革。这股改革的洪流也理所当然地波及到了国内教育界,在北航,一项关于书院制模式的教育改革正勃然兴起。作为该项改革的参与者和执行者,高研院有幸能亲身经历北航知行书院的首创工作,以下我们将从设立背景、目标定位、实践探索、经验成效这四方面对知行书院所做的探索性工作予以阐述。

## 一、设立背景

近年来,以复旦大学、西安交通大学为代表的一批国内高校为培养高水平人才不断进行教学改革,其中一项很独特的做法,是在大学里成立"书院"。一般认为,这种书院制借鉴了西方大学住宿学院的经验,也承袭了中国古老的书院传统,由专业学院组织学生的学习,书院负责学生的生活,强调不同专业、不同背景学生的混住以及学生的自我教育和管理,并初见成效。

北航作为国内首批"985"、"211"重点高校,多年来一直将培养创新型人才放在学校发展的首要位置。面对新的历史机遇和挑战,北航开始大力推行文科改革,不断完善文科布局,打造精品文科——在借鉴西方博雅教育经验的基础之上,寻找文理兼容的通识平台,提升北航人文学科的发展。自2010年开始,北航在文科试点设立知行文科试验班开展通识教育;2011年,改革的步伐进一步加快,在秋季开学时,北航首次实行大类招生模式,所有文科新生不分专业,统一进入社会科学试验班接受通识教育。

两年的通识教育改革实践积累了可观的经验,我们逐渐意识到,通识教育作为一种全人教育,仅依靠对中西经典的研习是不够的,学生人格的塑造、志趣的养成还需要更为多元化的培养空间,通过重视对学生的关心、辅导,组织各种课外活动,对于培养学生的人际关系技巧、文化品位、自信心和对社会的承担亦十分必要。基于通识教育改革的稳步推进,成立书院以为通识教育支撑实践平台的想法应运而生。恰逢2012年学校出台了进一步深化教育教学改革的"长城行动计划",同时结合学生处探索以书院制为载体开展博雅教育的新型学生工作模式的工作要求,北航四个文科学院联合成立了知行书院,希望以此为载体践行通识教育的目标理念,实现通识教育的远景目标。根据协商,筹备委员会明确了知行书院的主要负责人由各个学院每年轮流担任,并最终决定第一届知行书院院长由北航副校长郑志明教授担任,常务副院长由人文学院院长郑晓齐教授担任,执行主任由高研院书记李亚梅担任,共同开启知行书院的首创工作。为保证各项工作顺利开展,各文科学院大力配合书院建设,并精心挑选了罗鹏飞等几名优秀辅导员进驻书院,负责知行书院的日常事务性工作。

## 二、目标定位

在知行书院构思方案形成之前,我们对欧美大学住宿学院、我国港台地区的书院以及内地高校实行的书院制进行了充分调研,借鉴其在书院建设方面最先进的理念和方法;同时我们又坚持书院必须要传承中国古代的传统文化,使书院深深根植于本民族深厚的历史文化土壤。故在知行书院创立伊始,"中西汇通、修身立人"的院训被牢固确立。

### (一) 知行书院的目标理念

如果说通识教育核心课程的开设有助于培养学生的判断能力、理解能力及书写表达能力,那么设立知行书院的目标就是通过非形式教育的方式使学生在课堂之外有所斩获。在知行书院的顶层设计方面,我们将"才德君子"和"中西古今"作为育人的宗旨理念,注重学生德行品性的升华、志趣品味的养成、艺术素养的提高,力图在课堂教学之外提供一种更为开阔宏大的学习视野,引导学生发现和完善内在之美,并运用于实际生活中,鼓励学生积极地服务社会。

如果说通识教育核心课程是学生融汇中西学识、启发批判思维的"第一课堂",那么知行书院就是为学生内化课堂所学、激发学习热情、养成优秀习惯提供优质资源的"第二课堂"。一方面,我们希望充分利用各文科学院丰厚的学术资源,系统地组织师生进行讲座、研读、讨论、交流等各类学习活动,重视对中外文明文化的传承与交流,营造自由、开放的人文氛围;另一方面,通过组织各类活动,让学生在增进学识、开阔视野的同时掌握为人、为学的优良方法,通过对社会问题的思考,培养学生参与社会公益的热情和心怀天下的关切,实现"德"与"才"兼备。

### (二) 知行书院的角色定位

教学工作与学生工作本就目标相通、理念相容。因此,书院制为通识教育提供了有效的支撑,书院制的探索,实质上是为推进通识教育搭建了更为广阔的平台。以知行书院为载体,对现有资源进行有效整合,实现学生管理的文科"一盘棋",有助于通识教育目标的稳步推进和最终达成。

在与各文科专业学院的关系上,各学院以本学院的学科专业为本,重在体现大学的功利价值,为学生提供教学所需的培养方案、教师编排和课程安排等内容，扮演着"父性"角色；而知行书院则以学生为本，重在体现大学的非功利价值，为学生品格的塑造和德性的养成营造良好氛围，扮演着"母性"角色。二者承担着不同的角色和任务，既权责分明又相互配合，共同培养兼具深厚学识和高尚品格的高水平人才。

## 三、实践探索

在明确了自身的定位后，围绕知行书院的目标理念，我们在保留传统学生工作模式的基础上，进行了一番积极的探索，开展了一系列形式多样、特色鲜明的活动，简要概括为以下几方面。

### （一）强调交流，倡导师生共建书院

"石本无火，相击乃生灵光；水本无华，相荡乃生涟漪。"思想的活跃，文化的交融，无疑需要师生间存在更深层的交流联系。师生间互动交流的重要意义不言而喻，在知行书院的建设过程中，我们围绕着密切师生关系、促进师生交流这一目标做了大量工作。首先，通过积极与学校教务部门以及几个文科学院沟通，为每一位本科生配备导师，在日常学习、人生规划、个性发展等方面充分发挥导师对学生的引导激励作用；其次，从各文科学院中择优选拔辅导员来担任书院常任生活导师，由知行书院统一管理，实现对学生生活方面的全方位关照辅导；再次，鼓励、倡导各文科学院的院长、博导和教授等专家学者通过各种形式与知行书院学生进行全方位交流，并参与书院的各项学生活动，以关注学生每一阶段的发展；又次，落实导师值班制度，要求通识课教师和专业课教师定期下宿舍看望学生，探讨深度问题，提供学业指导；最后，举办"午餐沙龙"活动，由任课老师定期与不同学生共进午餐，探讨学术问题，旨在使学生在与老师的交流中碰撞出思想火花。

### （二）注重氛围，鼓励各类学术学习活动

知行书院的建立是为了更好地促进社会科学试验班的通识教育

课程改革,理论的学习、经典的研读,还需要在课后下工夫,方能内化于心,因此课堂之外的学习思考必不可少。为使通识课教学达到理想的效果,让学生真正感受到"有温度的教育",书院积极采取措施,鼓励各类学术学习活动,旨在通过课外活动辅助学生学习。一方面,知行书院在社会科学试验班设计通识课程之余,广泛延请人文社科领域的知名专家学者开办"博观"系列讲座,以提升学生的人文素养,拓展学生的学术视野。"博观"系列讲座课程设置灵活,内容丰富,根据内容分为"海国图志"系列、"理解中国"系列、"中西正典"系列、"美与崇高"系列。这四类系列讲座风格各异,内容全面,从古今中西多个视角向学生诠释人文思想之美。另一方面,书院积极鼓励、号召学生成立读书小组,由感兴趣的同学自发组织,定期开展读书和讨论,并邀请该领域的老师予以指导。仅在第一年,书院学生就成功组织了五个读书小组,所涉领域涵盖了政治学、经济学、法学、文学和伦理学,读书小组的成功开展使书院的学习风气和学习氛围日渐浓厚,学生养成了自主学习的良好习惯。

### (三)发扬自主,引导学生自我管理

在学生管理上,知行书院力求使学生达到"三活跃"(即思想活跃、学习活跃、生活活跃)的目的,在不违反法律和校规校纪的前提下,鼓励学生放开手脚,大胆尝试,以喜闻乐见的方式开展活动。为了更好地发动广大学生直接参与和组织知行书院的建设、管理和运营,书院采用项目招标的方式,实行活动申报制度,以此来合理分配书院内各项活动设施和资源,实现学生的自我管理、自我服务和自我发展。自此,知行书院大大小小各项活动,书院的 logo、橱窗、展板和宿舍装饰等构思设计以及书院的 ihome、人人等网络平台的运行管理,均由学生提出设想、提交方案、亲身参与、亲自体验。

### (四)孕育文化,提升校园人文内涵

北航是一所理工科院校,人文气息较为缺失,我们希望知行书院的成立能够使校园文化有所改善。知行书院经过精心策划,以举办"思想文化节"和"戏剧文化节"为契机,旨在提升校园文化内涵的同

时锻炼学生的创造力和实践能力。"两个文化"活动构思巧妙、精彩纷呈,陈丹青、王小帅等一批文化名人受邀莅临北航,就心路历程、读书心得及艺术体会与学生近距离交流,名家风采一览无余;大型话剧《威尼斯商人》成功上演,书院学生热情参与话剧的编排和演出,将课堂所学淋漓尽致地展现在舞台之上;"风从西方来"文化沙龙的举办,老师们将自身的国外学习生活经历娓娓道来,引导学生领略精彩的异域世界,启发学生的国际视野;"中西方经典名人文化主题墙"在沙河校区展出,我们仿效所罗门宫的做法将中西方先贤哲人们的思想和肖像记录下来予以陈列,成为新校区亮丽的人文景观。"两个文化"主题活动为校园文化注入了全新元素,在北航营造出强烈的艺术文化氛围,将校园文化烘托到一个新的高度。

### (五)打造品牌,扩大书院影响力

知行书院作为学校新一轮教育教学改革的四个试点书院之一,它的成败在一定程度上也决定着北航未来改革的方向,故书院在具体工作中的一些经验成果和问题难题都应及时予以反馈。我们一方面将书院的所有学生工作情况按照时间顺序做成电子版简报,每月更新,并群发给学校各机关部处以及相关文科学院,方便学校及时了解、掌握书院的动态;另一方面,我们也广泛通过学校新闻网、相关学院的网站和北航 ihome 等网络平台对书院的学生活动进行同步宣传,扩大知行书院的影响力,提升知行书院的知名度。

## 四、经 验 成 效

知行书院建立一年来,我们始终围绕贯彻通识教育的目标理念为中心,在书院制办学育人模式上做了很多探索性的尝试,从取得的成效来看,其对通识教育的反哺作用是显而易见的。

### (一)进一步巩固了大类招生

2012 年秋季开学伊始,学校在上一年的基础上继续在文科实行大类招生,并将大文科通识教育的培养方案从 2011 年的一个月延长至一年。面对新的改革趋势,知行书院实施文科"一盘棋",对文科新生进行统一管理,恰到好处地承担了大文科通识教育培养方案所要求的客观环境。而知行书院采取的混宿制、导师制以及"纵横分工"的管理模式也为大类招生的持续推行提供了相应的条件,保证了通识教育的顺利实施。

### (二) 进一步促进了各文科学院的良性竞争

在成立书院之前,新生自拿到录取通知书时起就已经确定了专业方向。知行书院成立后,学生在第一年不分专业,统一进入知行书院接受通识教育,一年后再根据自己的学习情况和兴趣志向选择专业。在这样的情况下,各文科学院要保证自己的招生数量和生源质量,就不得不各出妙招,通过各种方式途径来宣传自身优势,吸引学生的注意力。从这个角度来说,学院比以往更重视学生了。

### (三) 进一步提升了学生的综合能力

在知行书院的管理上,我们不再一味循规蹈矩,而是尽可能减少束缚,放开手脚让学生一起建设书院。我们给予知行书院学生会较大的空间和自主权,引导、鼓励学生们自下而上地开展有益于学业进步和自身发展的各项活动,在实现自我服务、自我管理、自我发展的过程中提高学生素质、锻炼学生的综合能力。

### (四) 进一步强化了通识课程教学效果

在书院建设过程中,我们正确把握书院作为学生培养的"第二课堂"的作用,充分利用"博观"讲座和读书小组等形式为学生增进学识、思考问题提供一种更为宏大广阔的思维方式和切入视角,使之与通识教育核心课程形成良性的教学互动,为学生培养搭建了一体化的教育平台。

### (五) 进一步渲染了北航的博雅氛围

我们始终将营造博雅氛围、推广文化艺术作为知行书院的任务和功能,知行书院在这一年里举办的活动大体上都是围绕着文化与艺术的主题进行铺设,通过开展话剧演出、文化沙龙、名家讲座、艺术品鉴等形式各异的活动,于潜移默化之中改善了北航的文化氛围,提升了学生的人文素养。

## 五、结　　语

当然,在这一年的书院工作中,我们也面临着学校改革步伐过快、不确定性较多,书院未成实体、与教务部门和各文科学院沟通协调不便以及人、财、物的匮乏等诸多困难。另外,由于我们自身缺乏建设书院的相关经验,在许多事务的决策和设计上都是"摸着石头过河",难免存在失误和纰漏。这些困难和不足都是任何新生事物在成长发展过程中所不可避免的,应当辩证地看待。

但从某种意义上说,我们与通识教育核心课程互相砥砺、互相配合,通过一年的艰苦奋斗,出色地完成了知行书院的首创工作,最终给北航交上了一份满意的答卷。而我们在以书院制为载体践行通识教育目标理念的过程中所尝试的一些探索性工作,最终被证明是有意义的,是卓有成效的。通过这一年的书院制实践,北航的书院制办学模式得以巩固、推进并最终确定下来。从第二年开始,学校进一步扩大了书院办学并决定知行书院由学生处直管,知行书院的发展因而有了更为切实的保障机制。

# 计算机专业人文通识教育的初步实践

高小鹏

随着近年来相关研究不断深入,人文通识教育已逐渐成为大学本科教育的基本共识之一。但是,目前在国内大学工科专业中较为系统地实施人文通识教育的案例似乎并不多见。北京航空航天大学计算机专业自2013级新生起全面实施人文通识教育。历时一年的初步实践表明,人文通识教育有必要成为工科人才培养的必备环节。

## 一、人文通识教育设置的必要性

作为一个典型的工科专业,北航计算机专业为什么要在本科培养环节中设置人文通识教育呢?

### (一) 从大工程时代看人文素养

经过五十余年的建设,北航计算机专业所依托的计算机科学与技术学科在最近连续两次的全国一级学科评估中均处于国内领先行列。每年本专业招生生源总体质量很高,学生平均高考成绩位于各省前1000名,部分省市可以达到前500名。由于具有优质教育资源和优质生源,因此我们有责任培养出高水平的计算机专业人才。那么,我们首先必须考察这个时代对高水平人才的培养诉求。

有一种看法认为,当前工程领域已经进入了大工程时代。虽然似乎尚未有明确的定义,但人们普遍认为,大工程时代的基本特征是科学、技术、社会、人文的综合,即工程项目规模大、涉及领域广,系统复杂程度高,参与主体多,知识与技术密集,并且对经济、社会和环境的影响大。在这样的时代背景下,计算机技术被更加广泛地应用到几乎社会的每一个领域里。这意味着这个专业和其他领域的交融也就变得更加密切。所有这一切,让我们深切感受到现代工程技术面临的挑战就是综合交叉,是学科的复合、知识的复合、人员的复合。

在大工程时代的背景下,现代工程不仅包括传统的技术因素,而且还包括大量非工程因素,即人的因素、社会的因素、经济的因素等。这意味着对于专业技术人员,特别是高水平领军人才而言,其只有具备更加全面综合的能力才能面对这样的工程问题并有可能担负起领导能力。

### (二) 从国际工程教育看人文素养培养

人文素养已经成为国际工程教育界对人才培养的基本要求之一。以中国在2013年6月加入的国际工程教育认证最广泛协议组织"华盛顿协议"为例,其10条国际标准的第1条就是要求毕业生"具有人文社会科学素养、社会责任感和工程职业道德"。此外,标准第7条款也与人文素养有较为显著的关联,它要求毕业生能"正确认识工程对于客观世界和社会的影响"。

在美国工程技术认证委员会(ABET)对工程领域类本科专业的评估标准中,有多条标准的全部或部分与人文素养相关,如:"设计一个能够满足政治、伦理、健康安全、可制造性和可持续性等诸多现实条件约束的系统、零件或程序的能力";"对专业精神和道德责任感的理解";"具有宽广的知识储备,能够在全球性的经济、环境、社会背景中理解工程解决方案的影响";"对当代重大问题的了解"。

CDIO工程教育模式是近年来由MIT和瑞典皇家工学院等高校跨国开展的国际工程教育研究的又一成果。CDIO能力大纲中相当大的篇幅都是与人、社会相关的内容而非专业知识。事实上，MIT本科工程教育工程委员会在1998年制定的8个本科教育目标中，其中一个目标就是要求工程专业毕业生能够对人类社会的多样性、历史等方面有足够的认识。

我们必须承认，上述培养诉求并非人文通识课程能全部承载的。但我们也必须清醒地意识到，人文通识课程，特别是借助于人文通识课程教师自身的学术背景，可以在很大程度上发挥专业教育难以或不易达成的功效。

### （三）从领军人物看人文素养培养

我们认为，这些人文素养除了具有在本书上篇第二节《何谓通识教育》中所描述的那些价值外，其对于思维模式的训练也非常值得关注。

由于现代大工程是一个多学科交叉、多领域人才会聚的领域，其领军或领导人才除了具有坚实的专业知识外，还必须具备良好的思维模式。他要能从事物发展的脉络出发，并综合各个阶段社会、经济等影响事物的多重因素，去洞悉事物的可能发展方向。此外，几乎所有复杂工程问题的求解都是没有唯一答案的。它往往是在反复评估诸要素的交互影响并综合取舍以及权衡之后才得出的一个可行解。换言之，大工程时代下的人才必须摒弃思维的局限性，即只有从多维度审视目标对象，才能具备一般人所不具备的洞察力，才能立足于事物发展规律及趋势来合理地组织技术、人员、资金等各要素。

相当部分专业类课程训练是有固定答案，或者没有唯一答案但各答案间也不会有较大的偏离度。而反观人文类课程，几乎每个命题都很难有相近甚至标准答案，是典型的公说公有理、婆说婆有理。例如，《西方美术与东方美术》课程，就让学生可以在学习过程中对美术这个问题从多维度进行很好的分析。人文通识课程中讨论的内容正是因为没有一个固定答案，所以学生必须经过多角度、多维度的思考，才能得出一个自认为可行的结论。显然，这样的训练是有益于提升学生的思辨能力的。

领军人物往往还具有这样一些共同的性格特征，比如他们在追求理想过程中总体非常执著,但是他们又明白适当的妥协和折中是必要且必需的,即他们懂得只有实现了两者的辩证统一才能最终达成目标,亦即中国传统文化所推崇的刚柔并济。此外,他们普遍具有较高的操守,即"大胜靠德"。通过观察各个技术领域里出类拔萃的领军人物,我们不难看出,除了具有精深的专业知识,他们通常具有一定甚至较高的人文素养,即较为熟悉哲学、历史、文学、艺术等方面的知识。毫无疑问,这些人文素养方面的知识对其性格等方面的塑造会发挥巨大作用。

## 二、人文通识教育规划及设置

我校怀进鹏校长曾指出,"科学基础、实践能力、人文素养"是高校人才培养的3个要素,并强调北航要培养"面向大工程的大气的人才"。反观计算机专业已有培养方案及近年来的教学研究与改革的持续投入,可以说,我们在科学基础及实践能力方面已经具有了较为明显的成效,而目前最为短缺的就是人文素养。针对此问题,我们在2013年全面修订了培养方案,在大幅度压缩学分的基础上,除了传统的思想政治类课程,独立设置了学分比高达8.6%的人文通识课程。

### (一) 对过去培养方案的分析

**科学基础方面**。在过去的培养方案中,我们在数学、自然科学及专业基础理论等方面,无论是学分比例还是学习内容均较一般计算机专业为重。以数学为例,本专业共设置了4学期的数学课程,分别学习数学分析(2学期)、高等代数和概率统计。在专业基础理论方面,本专业设置了2门离散数学,分2个学期分别学习数理逻辑和集合论图论。而国内很多计算机专业或者学习的基础理论课程偏少,或者内容偏弱,如学习高等代数而非数学分析。

**实践能力方面**。计算机专业自2006年首次通过国际工程教育专业认证以来,在国内率先实施了以本科生能自主开发"CPU、操作系统、编译器"为目标的"系统能力"教学研究与改革实践,以顶层规划通盘考虑的方式建设成了具有国内领先、部分达到国际水平的专业基础课程群,在学生"系统能力"培养方面达到国内领先水平,与清华、浙大、国防科大等一流大学共同引领并推动全国范围内的"系统能力"培养浪潮。

**人文素养方面**。在过去的培养方案中,除了思想政治、大学语文以及个别专业课程的少数内容,并未另行设置现在意义上的人文素养相关课程。由于课程定位及内容设置方面的局限性,思想政治及大学语文并不能承载人文素养培养的需求。

综上分析,我们不难看出,对于一流的计算机专业培养方案而言,其科学基础、实践能力这两个方面均已相对饱满,而恰恰在人文素养方面存在明显的短板。

## (二) 人文素养培养的定位

严格意义上说,人文素养的培养不应从大学起步,而更应追溯到中小学教育。但遗憾的是,由于应试教育的客观存在,当前中小学教育基本上不讲授或较少讲授这类知识。这种教育上的不平衡会进一步助长目前已经广泛存在的"专业至上"的片面认识。总体来看,当前教育体现了很强的功利性,即学习知识必须以解决某个具体问题为目标。如果所学的知识不能够解决非常具体的问题,我们往往会认为这个知识没用,而没用的就不必教也不必学。

虽然人文素养在中小学教育有所缺失,但这并不意味着要在本科教育阶段进行大规模弥补。与文科专业学习不同,计算机专业作为工科专业仍然必须以专业学习为主,人文通识课程的学习必须也必然是辅助性学习。

我们绝不会奢望通过大学期间的人文通识课程学习使学生完成人文素养的培养。我们更多的是希望通过此类课程学习让他们能更全面地了解和认识社会,获取更广博的知识面,经受更多样的思维训练,进一步锻炼其理解、思考与表达能力,使他们在未来面对复杂问题的挑战时能够更具批评与建设的能力,也更为从容与自信。

### (三) 2014 年新版培养方案中的人文通识课程

从计算机专业人文素养培养定位不难看出,计算机专业必须要求学生学习适量的人文通识课程。因此,计算机专业人文通识课程设置的根本出发点就在于,以刚性的要求带领工科学生踏入过去较少甚至从未踏入的人文之门,并通过多门课程的学习培养其学习兴趣,以期为今后的进一步学习和面对挑战奠定一定的前提基础。

在 2014 年的培养方案修订中,计算机专业实现了多个突破,其中,学分压缩与人文通识课程设置最为重大。

首个重大突破在于大幅度压缩总学分。新培养方案的总学分从原来 167.5 个学分下降为 140 个学分。由于 2 个学分的课程基本上就是学生学习的主力课程,因此如此大幅度压缩学分意味着剩下的每一个学分,亦即每门课程,都应具有很高的学习价值。

第 2 个重大突破在于设置了人文通识课程。我们在 140 个学分里面规划了 12 个学分为人文通识课程,其学分占比达到 8.6%。需要指出的是,12 个学分是不包括思想政治、语言类课程的。新培养方案对人文通识课程的具体要求如下:

- 学生至少完成 6 门人文通识课学习,涵盖哲学、艺术、历史、法律、科技文明等 5 个门类,并且每个门类至少 1 门。
- 为了达到较好的学习效果,学生每学期学习 1 门人文通识课程,总的学习历程从大一到大三。
- 所有人文通识课程必须为 2 学分课程,不允许用校公选课替代。

## 三、人文素养培养初步实践历程

### (一) 2012 年实验班小规模首次尝试

计算机学院近年来一直在思考如何弥补人文素养方面的缺失。2011 年,计算机专业入选了教育部的基础学科拔尖人才计划,并获学校批准在 2011 级新生中组建了 20 人的实验班。实验班使得我们具有实施更大力度教学改革的可能。2012 年，我们聘请了中国社科院的一个老师。由于当时对于如何开展人文教育并不很清晰，因此课程名为"哲学素养与思维训练"，即试图通过讲授东、西方哲学方面的知识来培养学生的思辨能力。但课程结束后，无论授课教师以及学生均对教学效果感到不理想。原因估计是多方面的，如内容设置、课堂教学经验、教学组织等。

### （二）2013 年教学交流促成合作

2013 年的校教学交流会上，高研院介绍了文科通识教育的做法及成效。这对我们是一个极大的鼓舞，虽然文科的通识教育未必全适合计算机专业，但其认识问题的新视角和解决问题的新方法，是以前北航各专业培养所未见的。

北航是理工科见长的学校，我们认为，在理工科专业做好人文通识教育对于北航实行人文通识教育具有决定性意义。计算机专业每届招生规模在二百二十余人，体量与北航整个文科专业相当。因此在学校的支持下，计算机专业与高研院决定开展理工科人文通识教育的合作，并以计算机专业作为工科专业人文通识教育的试点，从 2013 级新生开始即试行人文通识教育。

### （三）2013 级计算机专业的人文通识教育初步实践

我们及时调整了 2013 级培养方案的执行计划，即在 2013 级新生的课程体系中加入了人文通识课程，具体执行要求与前文所述的 2014 年新版培养方案中的相关要求完全相同。

为了做好试点工作，高研院联合了新媒体学院和外语学院实行跨学院联合授课。在 2013/2014 学年的第 1 学期为计算机专业开设了 7 门课，包括文学与人生、西方哲学、《论语》研读、《理想国》研读、西方美术与东方美术、中国美术史、博弈与社会。所有课程均为小班授课，每班不超过 35 人。学生在这 7 门课程中挑选一门课程进行学习。

我们认为，上述人文通识课的教学内容设置非常理想，并且教师教学水平高，投入力度大。特别值得一提的是，很多课都要求学生每周写小论文,并且教师逐篇批改。每篇小论文写作量约一千字甚至更多。这一模式在培养学生的表达能力和思维能力方面具有极高的价值。

在第一学期工作的基础上,学校于2013/2014学年的第二学期开出了多达近二十门人文通识课程,这使得学生的选择面更加宽泛。

## 四、一年实践的初步成效

通过2013/2014学年两个学期的实践,2013级学生完成了两门人文通识课程的学习。为了了解学生对于人文通识教育的反馈,我们分别在两个学期结束后对2013级学生各进行了一次匿名网上调查问卷。由于调查问卷内容较多,我仅介绍比较重要的调查项。

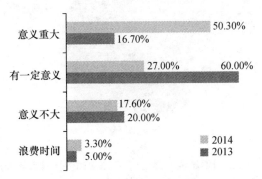

**Figure 1　对课程意义的调查对比**

我们设置了"课程意义"调查选项来宏观地了解学生对于此类课程的一般性看法。如figure 1所示,2013年即第一门人文通识课程学习结束后,认为"意义重大"的为16.70%,"有一定意义"的为60.00%,"意义不大"的为20.00%,"浪费时间"的为3.30%。而到了2014年即第二门人文通识课程学习结束后,我们发现"意义重大"的上升为50.30%,"有一定意义"的为27.00%,"意义不大"的为17.60%,"浪费时间"的为5.00%。

这一调查数据反映了极为有趣并且我们认为也是合理的现象。我们可以认为,"意义重大"与"有一定意义"均是积极的反馈。那么,我们可以看到,在两次调查中,这两者加起来的比例均为77%左右。这在一定程度上说明了支持人文通识教育的比例是固定的。我们认为,这是符合类聚基本规律的。但更值得关注的是,在这77%的支持者中,认为"意义重大"的学生在经过一整年的学习后,从前次的16.70%上升为50.30%。这不仅说明这是一个了不起的进步,更说明了这一调查数据的基本合理性,即33%左右(即总体的1/3)的学生在经过良好的学习后进一步增强了其认识。

在2014年的第二次调查问卷中,我们还增加一个调查选项,即:"如果不做必修要求,是否会自觉地选修这类课程?"之所以设置这个调查选项,是由于人文通识课程的学习远较一般校公选课难,因此如果这个比例高,则会进一步佐证前项调查数据的合理性。

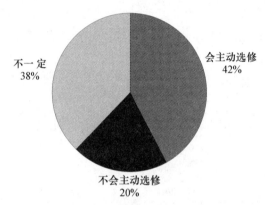

**Figure 2** 对自愿选课的调查(仅第二次调查问卷有此调查项)

我们发现,有42%的学生选择"会主动选修",38%的学生选择"不一定",剩余20%的学生则明确表示"不会主动选修"。首先,我们发现,80%的学生不对人文通识课程持反对态度,这与前项调查的77%是较为吻合的。剩余的20%则与前项调查的23%较为吻合。我们认为,这进一步说明调查问卷的数据具有整体合理性。其次,42%的学生明确表明会"主动选修"。这是极为令人振奋且积极的数字,因为不仅是其体量值,更在于其与前项调查中50.30%这一数据具有可比性。第三,选择"不一定"说明主观不反对,但肯定出于某些客观原因。我们分析,可能的主要原因在于课程体系的整体性学习压力而非课程学习兴趣。所以,未来应进一步优化课程体系的整体学习负担。

从这个初步调查数据,我们有一定的理由可以得出这样的结论:在经过两个学期的学习后,学生对课程的认识已经发生了根本性的改变。这一结论与我们同国外大学同行交流时得到的结论是相同的,即工科学生最初普遍不完全认同人文通识教育,但在接受人文通识教育后有更多的学生会选择接受并逐步热爱。

## 五、总　　结

在对当前人才培养需求、国际工程教育以及本专业培养方案进行了分析与判断后,我们认为,在计算机专业中设置相当比重的人文通识课程对于提升学生的人文素养及其全面发展是非常重要。

通过一年的人文通识课程教育的初步实践,我们认为,学生对于人文素养培养的认识发生了巨大变化,总体上持赞成态度。我们还认为,人文素养培养取得了初步成功。

虽然在短期内难以在广泛范围内达成共识,但我们坚信,人文通识教育终将成为本科核心教育之一。以此良好开端为基础,我们将坚定地坚持人文素养培养,使之逐步形成传统、形成历史,最终形成文化。

最后,谨以本文感谢所有为计算机专业人文通识教育付出大量辛劳的教师!

# 德性与智慧的养成

## ——"中国经典研读:《论语》"课程经验

### 李 静

从2012年起,北航高研院的任课老师开始为文科的大一新生开设"中国经典研读:《论语》"课程。作为北航通识教育改革惠及所有文科学子的核心课程,该课程具有重要的意义。

## 一、课程目的

在北航高研院中学组组长姚中秋教授主要负责撰写的课程大纲中,对于本课程的"教学目的"做了如下说明:

> 《论语》是中华文明演进过程中承先启后的重要典籍,为大一新生开设《论语》研读课程,希望可以达成以下两个目标:第一,亲近古典思想。通过对《论语》的研读,帮助学生理解中国古代贤人思考人生以及社会治理的核心概念、理念,并帮助学生培养借助于古代智慧,面对、理解并解决现实问题的能力。第二,塑造君子意识。孔子所关心的核心问题之一是君子之养成。通过对《论语》的研读,希望青年学子可以立下君子之志,并懂得成就君子之德的途径。

由此可知，在北航通识课程中，开设《论语》研读课程有两个方面的意义。

其一，以《论语》作为北航文科学生理解古典儒家思想的入门课程。任何一个国家的大学生都属于这个国家的精英阶层。而一个国家的精英阶层若对本民族的文化传统没有"理解之同情"，这个国家必将走向灭亡。在中国逐步崛起的今天，对"软实力"的强调成为中国实现大国崛起的必由之路。21世纪，中国的核心问题是要超越"民族—国家"的逻辑，从而自觉地走向重建中国作为一个"文明—国家"（civilization-state）的格局。而中国的儒学文明传统是中国最重要的"软实力"资源，因此应该成为莘莘学子继承的文化传统。在儒学的诸多典籍中，《论语》以其包容宏厚、语言浅显而成为我们的首选。

其二，通过研读《论语》，培养学生的"君子"品格。从20世纪50年代院系大调整以来，中国的高等教育就在专业化的道路上越走越远。所谓差之毫厘，谬以千里。一个人的一生，技术性的专业知识作为谋生的手段，当然非常重要。但是一个人能否获得德性与幸福，却不是单靠物质就能够解决和保障的。通识课程负有教育"全人"的责任，可以让大学生跳出专业的单一视野去理解自己的生活。在技术之外，重塑"德性"在生命中的意义，扩大学生的生命格局以及提升其人生境界，都是通识课程需要完成的任务。而《论语》恰恰可以承担这样的责任。

另外，当社会的专业化分工越来越琐碎的时候，人与人之间的沟通就会越来越困难，这是现代社会以及现代专业化的教育体系所导致的社会癌症。因此，大学教育有必要为受教育者提供，并进而为整个社会奠定一些基本可循的共同价值与理念。而能够超越现代社会的多元性甚至是离心性的力量，必将是来自于超越某个具体时代、构筑了历史文明共同体的那些思考。《论语》，作为中国人的"圣经"，无疑可以为塑造共同的"中国人"意识与价值观奠定基础。

## 二、教 材 选 择

众所周知,《论语》的各种注本可以说是汗牛充栋。那么,究竟应该选择哪一个版本作为我们的教学用书呢?

程树德的《论语集释》当然是最权威的版本。最开始,为文科实验班讲授《论语》的老师也曾选择使用这个版本作为教材。但是,试验了一个学期之后发现,对于大一的学生来说,这个版本太过专业。对一条章句的解读,老师和学生都会陷入诸多的解释中难以自拔,从而导致教学任务难以完成。

后来几经取舍,我们确定以中华书局版的《四书章句集注》(繁体竖排版)作为课程教材。选择这个版本主要是考虑朱子的注本有助于学生更多地从义理的角度理解《论语》中的章句,而且将"四书"放在一起,也可以方便学生参考另外三本典籍理解《论语》中一些核心概念(详下)。而且,这个版本有助于加强学生的古文阅读能力。在教学的过程中,我们发现,虽然北航的学生是高考中的佼佼者,但是他们的古文阅读能力仍然非常差。"古文"对大部分学生来说,只是应试的考题,很少有学生真正"使用"过。因此,提升古文阅读能力并打通大学生的文化血脉,是亟待在本课程中加以解决的。

当然,在字句的解读方面,我们还为学生推荐了杨伯峻先生以及李零先生的注本,在义理方面也推荐了钱穆先生以及李泽厚先生的注本。在备课的过程中,笔者对最近出版的查正贤的《论语讲读》也特别推崇。该书的特点是将章句的内容与先秦的其他典籍进行链接,非常有助于学生从时代背景以及文化背景中理解章句的含义。例如,在1.3"巧言令色,鲜矣仁"条,该书中此章句的"文学链接"给出了《诗·小雅·巧言》——所谓"乱之初生,僭始既涵;乱之又生,君子信谗"——从而为学生从"政治"的角度理解这条章句打开了思路。

## 三、课程设计

确定了以《论语》作为中学经典研读的入门课程后,下一步就需要考虑如何在一个学期 16 周、每周 2 课时的有限时间中有效地讲授这本经典了。北航高研院的中学团队曾为此试验过几种不同的方案。

最开始,我们是围绕着"核心概念"来结构这门课程的,这些核心概念包括:"学""孝""仁""君子""礼乐""为政",每一个概念为一个讲授单元,再加上"《论语》简介和孔子生平",共是 7 个单元。对应于每个单元,我们在 500 章句中挑选出 150 条左右的核心章句作为讲读和要求学生背诵的范围。也就是说,我们一开始的课程设计是打乱了原书的章句顺序,以"核心概念"来重新结构《论语》的。

试验了一个学期之后,我们几位老师发现了一个共同的问题,即打乱了原来的章句顺序后,即使是好学生也只会阅读我们挑出来的章句,从而没有了"读一本书"的感觉。而培养学生阅读经典的能力是通识课程非常重要的任务。为此,我们在第二个学期尝试了按照《论语》二十篇的顺序进行重点讲解的方式。从后来的效果来看,这种尝试是失败的。首先,如果想在有限的课时内讲完所有的章句是非常不现实的。另外,即使我们在一篇之中挑出一些章句进行重点讲读,也会发现,由于《论语》本身编排的问题,对核心概念的讲解是分散的。一个学期下来,学生对核心概念的理解较之于上个学期的学生差了很多。

最后,我们采取了折中的办法,即课堂教学仍然以"核心概念"为单位,但是作业的布置却以二十篇的顺序为原则,要求每周课下阅读两篇,并完成相应的作业(详下)。

## 四、授课要求

原有教学体系中的公选课之所以在任课教师和选课学生中失去名声,一个最主要的原因是,这些课程都是"水课"。所谓"水课",一个方面是老师讲得"水",天马行空,信口开河,教学无目的、无计划。针对此问题,北航通识课程在设计之初就确定了一些授课的基本原则,其中最重要的一条就是——尊重文本。

中国的学问特别讲求感悟,因此讲授《论语》非常容易就讲成了天马行空、无所收束的水课。为了避免此问题的出现,北航高研院《论语》教学小组,在确定了教材版本之后,在 500 章句中又挑选出重点讲授的 100～150 条章句,要求授课老师在此范围内,依据朱子的注本,结合自己的学术研究进行授课。

当然,这并不是说,在教学过程中完全摒弃教师从生活经验中举例以辅助学生对章句的理解。但是,《论语》课的授课老师尤其要警醒,**避免将课程上成一门说教的道德感化课**。现在的大学生都多多少少在中学阶段接触过《论语》,如何讲出大学老师的水平,如何从严谨的、科学的、义理的角度讲清楚儒家思想的内在理路,讲清楚这种思考的逻辑,讲清楚这种思考为什么对今天的生活仍然有意义,决定着这门课程的成败。

另外,通识课程的授课老师应该避免的另一种极端是太过专业、太过高深。我们都知道,对一个字的考证,对一条章句的解读都可以写成一篇洋洋洒洒的博士论文。但是,如果以这种态度来对大一学生进行授课则会面临失败的危险。大一的通识课程所应承担的一项任务就是重新激发学生的读书兴趣与思考兴趣。如果一上来就艰深晦涩、琐屑不堪,则会影响学生的求知热情。

## 五、作业设计与考试

所谓"水课"的另一个特点是可以"水过",即平时无作业,无要求,期末交一篇论文,学生随便在网上抄抄剪剪即可通过。针对此问题,经过多年的摸索,北航高研院在通识课程作业要求方面也总结出了一些基本的经验。

这里需要特别强调的是:通识课程是必修课,所以要有匹配于必修课的要求。一个合格的本科毕业生,无论其是文科生还是理工科学生,都要有最基本的阅读能力、思考能力、分析能力与写作能力。这些能力都需要通过课程的具体要求来养成和实现。北航的通识课程在作业要求上分为两个部分:一个是阅读作业,一个是书面作业。

阅读作业,要求教师根据每周的授课内容,为学生推荐二级(或三级)阅读材料:"核心阅读材料""基本阅读材料"(和"推荐阅读材料")。其中,"核心阅读材料"应要求学生课前读完,上课使用。根据以往的经验,任课教师最好将"核心阅读材料"整理成册,或上传到网络教学中心,供学生使用。"核心阅读材料"要与授课内容完全匹配,但每周阅读量不应大于10000字,不能将整本书作为"核心阅读材料"。因为根据学生的反馈,一般情况下,当看到阅读材料太多,觉得反正也读不完时,许多学生就会放弃阅读。具体到《论语》课程,我们每周的核心阅读材料为《论语集注》的两篇,大概在15～20页左右,如"学而第一""为政第二"就是这门课程第一周的阅读作业。

根据授课进度,通识课程中的人文素养类课程一学期要求最少要布置4篇平时作业,每学期总写作字数不能少于10000字。具体到《论语》课程,我们要求作业5～6篇(各班任课老师可以根据自己的教学计划进行小范围的调整),占期末总成绩的30%。至于写作作业布置什么内容,有什么要求,目前高研院的《论语》小组还存在着一些小小的分歧。

普遍被任课老师接受的作业形式是章句解读,即在当周需要阅读的两篇中各挑出一条章句进行解读。但是,对于如何写这篇作业,各位老师的要求则有些不同。有的老师认为应该要求学生在章句解读中结合生活实际进行理解,但是有的老师认为应该紧贴文本,主要从字、词、句的意义进行理解。第一种态度主要是从中国学问的特点入手,讲求培养学生知行合一的品质与能力。第二种做法是注重培养学生的良好读书态度,并适当纠正大一新生所习惯的高考作文体。例如,有一次,一个学生在作业中写道:"二十四孝的故事,对于中国人来说耳熟能详。"下次上课的时候,笔者就叫起这名学生,请她说一说二十四孝都有哪些故事。在她瞠目结舌之际,笔者则再一次强调了学术写作的严谨性问题。

无论作业如何布置,北航高研院的通识课程都强调认真批改作业的制度——任课教师需要在立意、行文,甚至是在遣词造句、标点符号的使用上对作业进行批改,并反馈给学生。根据以往的教学经验,当学生拿到满篇都是老师修改痕迹的作业后,人就会谦虚下来。当然,这样做的难度与成本是非常大的。目前高校教师的生存压力巨大,在教学上的热心投入除了良心的安宁与学生的爱戴之外,毫无回报可言。而较认真地批改一份作业的时间大概是 10 分钟,即使以 30 人的小班计算,批改一次作业的时间成本也高达 300 分钟,即 5 个小时。北航高研院的老师每学期至少承担了两门通识课程,也就是说,一周批改一次作业的时间成本是 10 小时。而留不留作业,批改得认真不认真,在教学评估中基本上是无区别的。

最后需要强调的是,与大部分课程以期末考试一次性考察作为成绩主要来源的考核模式不同,为了调动学生平时的学习热情,增加学生学习过程中的考核,在期末不与专业课程争夺学生的时间,加大平时作业占期末成绩的比重,减轻或取消期末考试的成绩比重,也成为北航高研院通识课程的经验与改革举措。上个学期《论语》课程的成绩组成包括平时 5~6 次小论文成绩总和 30 分,以及最后考试的 70 分。而最后考试基本上是两种题型,一道填空,即《论语》章句原文填空(古之帖括)40 题,40 分。另一道是章句解读,30 分。老师会给出几条章句,学生可任选一条进行解读。这道题其实仍然是基于平时的论文训练,所以平时的训练所占的学生成绩比重是非常大的。另外,在上学期期末的教学总结会上,《论语》教学组的老师经过讨论,决定下学期开始这门课的成绩改为 5 篇平时论文 50 分,期末考试只考填空 50 道 50 分,再一次加大了平时作业的占比。

## 六、团队教学

北航文科一年级新生大概在 300 人上下。为了推进小班化教学,以及经典研读课程的特殊需要,《论语》课程每学期至少需要开设 4 个班级才能满足需求。因此,这项教学任务就需要一个教学团队来完成。北航高研院为北航文科提供的通识课程,希望将来都可以惠及全部北航学子。因此,教学团队的建设也是通识教育改革中非常重要的一项内容。目前,以《论语》的教学经验而言,整个团队的协作已经基本完成。对这些经验的总结将有助于未来的通识课程向全校的辐射。

首先,团队教学一定要确定一些基本的教学原则,如讲授中尊重文本,确定统一的教材,确定最基本的教学单元,确定作业要求,确定评分标准,等等。这些措施可以很好地保证教学质量,同时也能为选课的同学提供相对公平一致的评分标准。

但是,落实到具体的执行,任课老师仍然可以根据自己的教学经验与特点做一些轻微的调整。比如在教学单元的设计上,最初的方案是一开始先讲"《论语》简介以及孔子生平",成为一个单元。但是,笔者在班级里将"孔子生平"的介绍放在了整个课程的最后一节。原初的方案有助于学生从一开始就进入状态,理解《论语》的思想背景以及孔子的生平。但是,笔者认为,只有在讲清楚《论语》中的核心概念,只有在学生理解了"学""孝""仁""君子"以及"为政"这些儒学思考之后,才能更好地理解孔子对中国文化的意义。此外,笔者的另一个小的调整是将"礼乐"并入到"为政"单元进行教授。

上文提到我们这个团队中的老师在作业布置中的不同策略。这里需要补充的是,在前面提到的章句解读作业之外,为了照顾一些勤于思考的学生,有些老师会按照讲授单元为学生提供一些更具有挑战性的题目,让他们进行写作和思考。如在"学"这一单元,给出的题目是:"今天我们的大学教育多为专业教育,学法律、学经济……《论语》开篇即捻出一'学'字,**请根据《论语》章句**思考,应该'学'什么?为什么?"这样一种两级难度作业的布置有助于对学生进行区别化教育。但是,这里又出现了一个小的分歧,即这样的作业是在老师讲授之前布置,还是在老师讲授之后布置。在老师讲授之前布置下去,通过提供参考资料,学生的思考会更加积极主动,但是当然也会面临信口开河的风险。如果在老师讲授之后布置下去,学生的思路则会被引向正轨,但是思考又常常会局限在老师提供的答案中。前一种情况是高考作文体的后遗症,而后一种情况则是受到应试教育训练的后遗症。如何在两者中取舍,一直是困扰我们的问题。目前的一个初步的解决方法是,无论是先留还是后留作业,在课堂上老师都需要将作业中的优秀范文提供给全体学生进行学习。大一新生往往不知道什么是大学要求的"好",范文则起到了很好的引导作用。

最后,在教学工作中,笔者自己的一个教授心得是,虽然笔者的讲授完全按照团队规定的几个教学单元、核心概念进行,但是笔者对学生的预设是,这门课程是他们在大学阶段唯一一次可能认真学习儒家典籍的机会。而且由于《论语》的"语录体"特征,对许多重要概念的论述是非常简单而概括的,所以就特别需要利用其他典籍进行补充。因此,笔者在讲述《论语》课程时,会大量使用"四书"乃至"十三经"的内容。例如,在讲述"学"这一单元时,笔者会带领学生阅读朱子的《大学章句序》,在讲授"孝"这一单元时,除了讲授其人伦的部分,还会借助于《孝经》,讨论"孝"在整个儒学政治体系中的位置。

总之,北航高研院开设的"中国经典研读:《论语》"是北航通识教育改革的成果,这项成果将逐渐惠及北航更多的学子。在教学的道路上,我们还有许多进步的空间。这份教学总结,希望能将我们的教学思考,以及我们遇到的困难展现出来,以便就教于方家,使我们能更好地完成"为祖国育人才"的责任。

最后,北航高研院的《论语》教学团队曾得到过人大国学院梁涛老师、陈壁生老师,人大国际关系学院任峰老师以及北京青年政治学院东方道德研究所任文利老师的大力支持,在此一并致谢!

## 附录一:《论语》教学团队教学大纲

### "中国经典研读:《论语》"教学大纲

**授课老师**

姚中秋,李静,罗旻,王玲,顾家宁

**授课目标**

《论语》是中华文明演进过程中承前启后的典籍,也是最为重要的典籍。因此,作为北航以经典研读为主的通识教育之核心课程,我们在新生入学之后开设《论语》研读课程。本课程追求两个目标:

第一,亲近古典思想。通过对《论语》的研读,让学生亲近儒家思想,理解中国人思考人生、社会治理的核心概念、理念。

第二,塑造君子意识。孔子所关心的核心问题是君子之养成,《论语》研读也围绕这一点展开,至关重要的是让学生立君子之志,修为己之学。

本课程以学生之立志、修身为主,兼顾学术性,授课集中于阐发《论语》相关各章有助于学生君子人格养成之意蕴。同时让学生对儒家之基本社会治理理念有所了解。

**教材**

朱子之《四书章句集注》(学生必须购买。为便于教学,由教材科统一购买中华书局出版的繁体竖排本《四书章句集注》)。

选择这一版本,有助于学生识读正体字。

参考书目:钱穆著《论语新解》《孔子传》

进一步阅读书目:十三经注疏本之《论语注疏》,刘宝楠著《论语正义》

**授课内容**

《论语》内容极为广博,而本课程教学时间有限,只能择其最重要、且有助于我们教学目标的内容。同时,《论语》论述比较分散,为便于教学,我们对《论语》进行分类编排。基于授课目标,分为七组:

圣人气象:体认孔子之生命气象,把握孔子的历史地位。

学:学为儒学之本。君子之养成,由学。通过相关章句,让学生了解学之重要性、学的内容、为学之道。

孝:陈壁生编选。体认孝道,尤其要注意讨论其社会治理意义,也可讨论其对当代的意义。

仁:陈壁生编选。了解孔子发明仁之用意:礼崩乐坏,孔子诉诸人之精神自觉,借仁以重建秩序。体认内在之仁,及其与礼的关系。

礼乐:复礼为孔子重建秩序之本,通过相关章句,让学生了解礼的性质、礼崩乐坏之情形,尤其是礼与仁之关系。

君子:塑造学生君子之自觉,体会君子之精神结构,掌握君子养成之道。

为政:理解孔子与儒家之社会治理理念。

上述各部分有一定逻辑关系,而以君子为枢纽:学以养成君子,孝为仁之本,仁为君子之本,而君子志在为政。

这些内容基本涵盖《论语》之核心理念,又切合于青年之人格成长。从中选择135章重点讲解(见附件),并作为考试内容。

教师在完成这些章句的教学任务之外,可自由发挥。

**授课形式**

1. 安排课前全体学生起立诵读。争取在全学期诵读《论语》全书一遍,老师尤其注意正音。

2. 依据朱子集注,精讲重点章句,以通大义为主,可适当联系现实,讨论儒家思想之现实意义。

3. 本课程旨在养成学生之君子意识,故授课过程中可组织讨论,让学生反思自己的人生成长之路,讨论成长之困惑,依托《论语》大义,思考解决方案。

**作业**

日常作业有两项:

1. 背诵,尤其是指定的135章。

2. 小论文,手写(打印不算成绩),5篇,每篇不少于1500字。在期末总成绩中占30分。

小论文内容大体为三部分:1. 依据注解解读一章或两章之字、句和章意。2. 分析其蕴含的理念。3. 以经义观察自身、社会等切己之事,予以思考、讨论。

对小论文,教师评阅,写出评语,发给学生。课堂上略作讲评,并让优秀学生口头表达论文提要、自己的写作思路等。

**考试**

不安排期中考试。期末闭卷考试,包括两种题型:

1. 默写50章(以填空方式),占50分。

2. 学、孝、仁、君子、为政中各出一道,学生任选其中一道,当堂手写一篇不少于1000字的小论文,占20分。

平日小论文成绩(30分)与考试成绩相加,即为课程总成绩。

## 2013年秋季学期授课计划(授课时间共14周)

| 教学周 | 时间 | 授课内容 |
|---|---|---|
| 第01周 | 9月20日 | 放假 |
| 第02周 | 9月27日 | 一、圣人气象<br>学习重点:简介孔子,认识孔子,通过孔子认识儒家,认识中国的人格典范;孔子活动的社会背景(礼崩乐坏,社会转型);简介《论语》。圣人气象。 |
| 第03周 | 10月4日 | 放假 |
| 第04周 | 10月11日 | 圣人气象 |
| 第05周 | 10月18日 | 二、学<br>学习重点:理解儒家之性质:学,文教(可与西方的宗教进行对比)。学之内涵与方法。学对中国文明的影响。 |
| 第06周 | 10月25日 | 学 |
| 第07周 | 11月01日 | 三、孝悌<br>学习重点:孝悌的社会价值;孝悌之道;孝悌的当代意义。 |
| 第08周 | 11月08日 | 孝悌 |
| 第09周 | 11月15日 | 四、仁<br>学习重点:仁之内涵;仁之方;全面认识智、仁、勇的关系。 |
| 第10周 | 11月22日 | 仁 |
| 第11周 | 11月29日 | 五、礼乐<br>学习重点:孔子时代之礼崩乐坏(可联系实际);礼乐之性质与功用;仁与礼的关系。 |
| 第12周 | 12月06日 | 六、君子<br>学习重点:君子的含义;孔子与君子内涵的变化(从身份到德行);君子之社会功能;君子与道;君子之德的构成;君子—小人之别;义利之辨;君子之养成。 |
| 第13周 | 12月13日 | 君子 |
| 第14周 | 12月20日 | 君子 |
| 第15周 | 12月27日 | 七、为政<br>学习重点:孔子时代政、刑之治的兴起;德、礼之治的构成;正身与正名;君、君子与民之关系;儒家为政之道的现代意义。 |
| 第16周 | 01月3日 | 为政 |
| 第17周 | 01月10日 | 复习 |
| 第18周 | 01月17日 | 考试 |

## 附录二:李静老师调整后的教学大纲(2014年春季学期)

**阅读书目:**

必读书目:朱熹:《论语集注》(中华书局《四书章句集注》本);陈来:《古代宗教与伦理》

参考书目:查正贤:《论语讲读》;杨伯峻:《论语译注》;钱穆:《孔子传》;荀子:《荀子》;李泽厚:《论语今读》;钱穆:《论语新解》

**作业与考试形式:**

平时作业:读书报告5篇,每篇1000字,满分10分,共50分,计入期末成绩。

期末闭卷考试:填空题:50章句,50分。

**授课进度:**

| 教学周 | 授课内容 |
| --- | --- |
| | 第一单元:《论语》简介 |
| 第1讲<br>09月25日 | 标题:《论语》简介<br>基本阅读材料:朱熹:《论语序说》《读〈论语〉〈孟子法〉》<br>梁涛:《论语》的结集与早期儒学的价值观<br>推荐阅读材料:陈来:《古代宗教与伦理》之第八章《师儒》<br>扩展阅读材料:王学泰:《经典是这样铸成的——〈论语〉编辑、流传小史》,载《文史知识》2009年第1—9期。 |
| 10月2日 | 放假 |
| | 第二单元:为学 |
| 第2讲<br>10月09日 | 标题:学之定义<br>基本阅读材料:1.6,1.7,1.14,6.26,7.6,7.19,7.25,15.30,17.8<br>陈来:《论儒家教育思想的基本理念》<br>推荐阅读材料:朱子:《大学章句序》《大学章句》<br>扩展阅读材料:余英时:《士与中国文化·道统与政统之间》 |
| 思考题:解读1.1"学而时习之"章句,并试图理解三个分句之间的逻辑关系。 | |

(续表)

| 教学周 | 授课内容 |
|---|---|
| 第3讲<br>10月16日 | **标题**:为学总结<br>基本阅读材料:1.1,2.17,4.17,6.3,6.11,6.20,7.15,7.18,7.21,14.25,19.22<br>推荐阅读材料:《荀子·劝学》<br>扩展阅读材料:许嘉璐:《〈论语〉"学而时习之"章解读》,载《文史知识》 |
| 作业1:(下面二题任选)<br>1. 阅读《学而第一》《为政第二》两篇,各挑出一章句进行解读。<br>2. 今天我们的大学教育多为专业教育,学法律、学经济……《论语》开篇即捻出一"学"字,**请根据《论语》章句思考,应该"学"什么?为什么?**(下周上课提交作业) ||
| 第三单元:孝悌 ||
| 第4讲<br>10月23日 | **标题**:孝悌在家庭之中<br>基本阅读材料:2.5—2.8,4.18—4.21,8.3<br>推荐阅读材料:陈来:《古代宗教与伦理》之第七章第三节《孝与三代的德行》<br>扩展阅读材料:纪录片《没有在深夜痛哭过的人,不足以谈人生》 |
| 思考题:1. "慎终追远"何以能"民德归厚"呢? 2. "三年无改于父之道,可谓孝矣"怎么理解? ||
| 第5讲<br>10月30日 | **标题**:孝悌的政治意义<br>基本阅读材料:1.2,1.9,1.11,4.20,19.18,2.21,2.23<br>推荐阅读材料:《孝经》<br>推荐阅读材料:费孝通:《乡土中国》之《差序格局》 |
| 作业2:(下面二题任选)<br>1. 阅读《八佾第三》《里仁第四》《公冶长第五》《雍也第六》,挑出两章句进行解读。<br>2.《论语》1.2章:"其为人也孝弟,而好犯上者,鲜矣;不好犯上,而好作乱者,未之有也。君子务本,本立而道生。孝弟也者,其为仁之本与!"有学者认为其中之"仁"字应理解为"人"字之假借,**请根据《论语》章句做出你的判断,并给出理由**。 ||
| 第四单元:仁 ||
| 第6讲<br>11月06日 | **标题**:仁之定义<br>基本阅读材料:12.1—12.3,12.22,19.6,14.16,14.17,3.22<br>李泽厚:《情本体与两种道德》<br>推荐阅读材料:《荀子·修身》 |
| 思考题:众弟子问"仁",夫子之回答均为"如何做才是仁",理解其中的意义。 ||

(续表)

| 教学周 | 授课内容 |
|---|---|
| 第7讲<br>机动周 | **标题**:仁之修习<br>基本阅读材料:4.1,4.5,4.6,5.8,6.7,7.29,8.7,15.10,1.3,13.27,17.6<br>陈来:《仁学本体论》<br>推荐阅读材料:段炼:《古代中国的自我认同——以"仁"为中心的考察》 |
| | 思考题:"仁"与"君子"是什么关系？ |
| 第8讲<br>11月13日 | **标题**:仁之践行——忠恕<br>基本阅读材料:3.19,4.2,4.3,4.15,5.12,6.30,13.19,14.34,15.6,15.24 |
| | 作业3:(下面三题任选)<br>1. 阅读《颜渊第十二》《子路第十三》两篇,各挑出一章句进行解读。<br>2. 子曰:"参乎! 吾道一以贯之。"曾子曰:"唯。"子出,门人问曰:"何谓也？"曾子曰:"夫子之道,忠恕而已矣!"(4.15)夫子之道是什么？何谓忠恕？曾子以"忠恕"概括夫子推行的"道",是否合适？为什么？<br>3. 樊迟问仁。子曰:"爱人。"如何理解这"爱人"？所"爱"之"人"包括自己吗？包括"敌人"吗？对所有人的"爱"是均等的吗？ |
| | **第五单元**:君子 |
| 第9讲<br>11月20日 | **标题**:君子之定义<br>基本阅读材料:4.5,4.9,4.11,4.16,7.15,14.23,14.28,9.29,15.2,17.23,8.6<br>扩展阅读材料:《孟子·梁惠王上》<br>推荐阅读材料:余英时:《士与中国文化·道统与政统之间》 |
| | 思考题:具有"三达德"(智、仁、勇)之"君子"还有"忧惧"么？ |
| 第10讲<br>11月27日 | **标题**:君子之修习——自省<br>基本阅读材料:1.4,16.7—16.11,20.3,9.5,7.4,5.27,19.21,15.30<br>扩展阅读材料:余英时:《士与中国文化·古代知识阶层的兴起与发展》 |
| | 思考题:在这个时代做一名"君子"会有怎样的生活？你会选择做一名"君子"么？ |
| 第11讲<br>机动周 | **标题**:君子之处世<br>基本阅读材料:《微子第十八》<br>11.2,2.13,5.10,4.26,15.8,16.6,4.10,17.3,6.27,14.13,19.3,19.9<br>阎步克:《儒·师·教——中国早期知识分子与"政统""道统"关系的来源》<br>推荐阅读材料:《荀子·荣辱》 |

(续表)

| 教学周 | 授课内容 |
|---|---|
| 作业 4:(下面二题任选):1. 阅读《卫灵公第十五》《季氏第十六》两篇,各挑出一章句进行解读。<br>2. **请根据《论语》**中相关章句,分析"君子"与"小人"之别。 | |
| **第六单元:为政** | |
| 第 12 讲<br>12 月 04 日 | 标题:王道政治<br>基本阅读材料:《礼记·乐记》+8.19<br>推荐阅读材料:郭沫若:《青铜时代》中的《先秦天道观之进展》<br>扩展阅读材料:赵汀阳:《天下体系的一个简要表述》 |
| 思考题:1. 什么是"八佾"?孔子为何如此严厉地批评季氏"八佾舞于庭"的做法?<br>2. 林放问"礼之本",孔子是怎么回答的?根据孔子的回答及其他相关章句,阐述原典儒学对"礼之本"的理解。 | |
| 第 13 讲<br>12 月 11 日 | 标题:礼乐教化<br>基本阅读材料:《八佾第三》+17.21,1.12,2.2,3.1,3.3,3.25,8.2,8.8,17.1<br>张灏:《政教一元还是政教二元?》<br>推荐阅读材料:陈来:《古代宗教与伦理》之第六章《礼乐》;陈来:《古代思想文化的世界》之第七章《礼治》<br>扩展阅读材料:《荀子·礼论》;《礼记·礼运》;王国维:《释礼》;何炳棣:《原礼》 |
| 思考题:中国目前的政策是"道之以政"还是"道之以德"?试分析其利弊。 | |
| 第 14 讲<br>12 月 18 日 | 标题:道之以政 or 道之以德<br>基本阅读材料:《子路第十三》+1.5,2.1,2.3,2.20,3.17,12.9,12.11,19.19<br>宋洪兵:《秩序与正义之间——略论先秦儒法之理想政治及其实现途径》<br>扩展阅读材料:《荀子·王制》;《尚书·康诰》 |
| 作业 5:(下面二题任选):1. 阅读《子张第十九》《尧曰第二十》两篇,各挑出一章句进行解读。<br>2. 子曰:"道之以政,齐之以刑,民免而无耻;道之以德,齐之以礼,有耻且格。"(2·3)**请根据《论语》**中相关章句分析,这两种治理思路有何不同,哪种更好,为什么? | |

(续表)

| 教学周 | 授课内容 |
|---|---|
| | 第七单元:孔子 |
| 第15讲<br>12月25日 | **标题**:孔子<br>基本阅读材料:《史记·孔子世家》《子罕第九》<br>1.10,2.4,3.15,7.3,7.19,14.38,15.2,18.6,19.22—19.25;<br>曾海军:《明先王之"所以迹"——为孔子手定六经备一说》<br>扩展阅读材料:钱穆:《孔子传》 |
| 思考题:阅读《史记·孔子世家》,写一篇读书报告,概述、分析并评价孔子的一生。 ||
| 01月01日 | 放假 |
| 01月08日:考试 ||

# 如何给大学新生讲通识课

## ——"西方古典研读:《理想国》"课程经验

泮伟江

时光流逝,自2010年秋季北航知行文科实验班开办以来,北航的通识教育已经走过了五年的探索历程。这五年中,我们经历了许多。五年来,通识教育逐渐从一个陌生的时髦词,变成了北航本科基础教育的核心内容,通识教育的受众范围,也从一个仅由三十人组成的文科实验班,逐渐扩大到全校的学生。北航的通识教育经验,甚至在全国范围内引起了重要的关注,被看做是中国理工科大学通识教育探索的代表性经验之一。对于北航通识教育改革的亲身经历者而言,这既是重要的肯定,也是继续前进的动力。

五年来,我主要负责参与设计、讲授和调整"西方古典研读:《理想国》"课程。"中国经典研读:《论语》"和"西方古典研读:《理想国》"这两门课程,是北航通识教育最核心的课程,也是北航的文科学生进入大学后遇到的首要通识课程。人们总是说,第一印象是最重要的。在某种程度上,这两门课程就是学生接触通识教育的第一印象,学生大学阶段对通识课程的理解,主要是由这门课程定义的。

正是由于这两门课程的重要性,因此它们也是北航人文与社会科学高等研究院重点建设的第一批课程。为了能够建设好这两门课程,我们采取了非常严格和慎重的做法。以《理想国》课程为例,首先,我们先于 2010 年创立了知行文科实验班，先在知行文科实验班讲授这门课程，一直等到 2012 年，才将这门课程推广到全校的文科。其次，为了使这门课程的讲授达到最好的效果，我们先后邀请了北京大学李猛、吴飞和吴增定等国内公认的极具学术水准和通识教育授课能力的名师进行授课，组织北航的教师观摩和学习，给这些老师做助教，前后经历了三年，一直到 2013 年春季学期，经过考核，认为条件成熟了，才代之以本校精英骨干教师讲授此门课程。

事实证明，我们对待这门课程的严肃态度和投入的大量努力，最后获得了丰厚的回报。高研院最近两年，一直组织专人对大学一年级学生的通识教育效果进行抽样的调查和总结，发现这门课程在学生的心目中具有很高的地位，被多数学生看做是大学一年级所经历过的最有趣，也是最重要的一门课，对学生的心性和理智都有重要的影响。可以说，这门课程的成功，很大程度上奠定了学生对通识教育的兴趣和信心。

通识教育是一项长期的经验，目前我们探索取得的一些经验和成绩仍然是很初步的，有待于今后实践的继续检验。尽管如此，我们觉得过去五年的探索仍然有探讨和总结的价值。北航的通识教育，无论是从广度和深度来讲，在国内理工科大学中都是罕见的。将我们的探索过程、经验教训总结出来，不但有利于我们更加清醒地继续我们的工作，同时对兄弟院校的类似改革也有些许的参考借鉴价值。因此，本人不揣浅陋，用此短文大致介绍和总结一下《西方古典研读》课程的经验和教训。

## 一、授课内容的选择

读者此时或许会感到疑惑——根据文章开头的交代，明明探讨的是"西方古典研读"，为何副标题却特别言明《理想国》的课程经验"？这就涉及我们探索"西方古典研读"时所面临的第一个问题，那就是授课内容的选择问题。也就是说，从 2012 年开始，"西方古典研读"的授课内容就大致固定下来，即将柏拉图的经典著作《理想国》文本作为授课的基本内容,而此前的授课内容,一直处在不断调整和试验过程中。例如,2010级的这门课,授课内容是柏拉图的《斐多篇》和《会饮篇》,2011年则是《理想国》。授课内容的探索,对于加深我们对这门课程的理解,起到了非常重要的作用。

从筹备北航知行文科实验班,开启北航通识教育改革的时候,我们就认识到,一定要将通识教育和此前教育部推行多年的素质教育,以及目前各高校流行的通选课程区别开来。我们要搞的通识教育,虽然包含文明史等通史类和文化类课程,但通识教育的核心,必须是经典文本的研读课程。关于这方面的说明和论证,无论是我们自己的,还是国内其他学者的,都已经很多了,在此不做展开论述。

正是基于对这一点的认识,我们创办知行文科实验班以后,初步的打算就是将第一门通识课定位为经典文本的研读课程。当然,古今中外经典文本很多,那该选择哪些文本呢?对此,我们也广泛征求了许多学界朋友的意见。北航是一个理工科为主的重点综合性大学,文科的力量相对比较薄弱。因此,我们学校对文科的定位是"小而精",走的是精品和特色的路线。目前,北航文科的几个主要学科主要是政治学、经济学和法学。因此,我们在设计通识教育时,也必须考虑北航文科的这个现状和特点。一方面,我们要在政经法之外,给学生提供基本的文史哲的素养和视野,同时,我们的通识教育,还必须考虑将来学生专业学习的出口。因此,我们的通识教育是"文史哲基础,政经法出口"。因此,我们的通识教育中,政治哲学和社会理论占据了更重要的地位。此外,我们又将西方经典文本的范围划定为德国古典哲学之前的,因为从德国古典哲学传统开始,经典文本就变得专业化了。此种专业化的文本,对于刚刚从中学出来的多数学生来说,实在太难了。对大一新生所接受的第一门西方古典的课程,内容不应该过深,而要考虑大一新生特定的知识状况和认知特点。如果讲授内容过深,超出了大一新生的理解能力和知识视野,则不但事倍功半,甚至还有可能使学生对"西方古典著作"失去兴趣,严重的还会产生恐惧和抗拒心理,起到完全相反的效果。所以,西方学术经典的文本,最后选定为柏拉图的对话。柏拉图的对话并没有如人们通常所理解的像陈旧的老古董那般枯燥和无味,而是包含了丰富的内容,并且具有强大的生命力,与当代的现实具有直接和直观的联系。因此,这些古典文本对于当代大学生理解力、判断力、良好趣味的训练,以及健康世界观和人生观的形成,都具有重要的价值。

柏拉图的对话那么多,究竟该选哪个对话文本作为这门课程的教材呢?是任何一个对话都可以,还是要有所选择和考虑呢?关于这个问题,我们也是反复地进行探索,不断地总结,才最后选定了《理想国》作为课程内容的。

一种意见认为,对大一第一学期的学生来说,《理想国》的内容过于厚重、丰富,可能超越了大学第一学期学生的接受能力。也许讲授柏拉图的两个较短的对话,更有利于学生的理解和吸收。根据这种意见,我们最初选定了柏拉图的两个对话,即《斐多篇》和《会饮篇》。《斐多篇》和《会饮篇》,一个涉及苏格拉底之死,场景令人震撼,另外一个涉及爱情,都是学生比较容易产生兴趣的。另外一种意见认为,《斐多篇》和《会饮篇》虽然篇幅更短小,但其实比《理想国》更难以被大学第一学期的新生接受。《斐多篇》的主题是死亡,《会饮篇》表面的主题虽然是爱情,但其实讨论的是爱欲(Eros),这是古典政治哲学里很深刻的主题,从日常理解的爱情过渡到爱欲(Eros),对于大学第一学期的学生来说,还是有些困难的。

我们对两种观点都进行了试验。经过试验和比较,我们最后还是比较认可第二种观点。例如,2010级学生学习《斐多篇》和《会饮篇》时,无论是老师还是学生,态度都是很认真的,学生自己也感觉上课的效果非常好,但他们对授课内容的理解,离老师的预期仍然有很大的距离。2010级学生第一学年课程结束之后,我一直在反思这个问题。也许主题过深,超过学生接受能力,确实是一个重要的原因。例如,学生对《斐多篇》的理解,很大程度上仍停留在对文本逻辑结构的梳理上,却很难对对话的主题"死亡"有切身的感觉,因此也很难通过对"死亡"问题的理解转换到对"美好生活"问题的切身理解。后来讲《会饮篇》时,对话的风格相对于《斐多篇》又发生了很大的变化,变得更加生动、灵活,但也因此没有《斐多篇》那样明显的层层递进的逻辑结构。因此,《会饮篇》刚开始的几次课程,学生普遍地缺少方向感,觉得很难把握文章推进的脉络,对这篇文章有些似懂非懂。其实,学生只有抓住 Eros 这个主题,有能力攀爬"爱的阶梯",方可对这个文本产生感觉。但就大学新生的人生阅历、阅读量和知识视野而言,他们与这些要求还是有较大距离的。

的确,相对于《会饮篇》和《斐多篇》而言,《理想国》的内容更加丰富,里面几乎包含了柏拉图所有对话里讨论过的主题,因此也几乎可以与柏拉图所有的其他单篇对话联系起来理解。因此,相对于体量更大、论述主题更多、层次更加丰富的《理想国》而言,《会饮篇》与《斐多篇》主题集中,重点突出,似乎更容易被学生把握。但《理想国》还有一个特点,就是既可以很深地讲,也可以深入浅出地讲。《理想国》的体系很完整,逻辑严密,层层递进,很便于训练大学一年级学生阅读经典文本的基本能力。一旦学生在老师带领下,把握住了《理想国》的论证脉络和文本结构,就能够克服对经典著作的畏惧心理,提高阅读经典文本的信心和能力。因此,给大学一年级学生讲授《理想国》,重点是要把整个文本的思想脉络显现出来,让学生拥有阅读经典文本的基本能力,在此基础上对《理想国》的核心主题形成初步的理解。此外,由于《理想国》内容的丰富性,教师又可以通过《理想国》带领学生了解古希腊的城邦制度、体育教育、音乐教育、古希腊的神话、悲剧等文化史的内容,从而帮助学生形成对古典文明更全面和系统的理解。

当然,以《理想国》作为大学新生通识教育的教材,还有一个更重要的考虑,就是看重《理想国》的主题与当下中国现实之间具有直观和深刻的关联性。《理想国》的主题是正义问题,由格劳孔和阿德曼托斯描述的"正义者吃亏,不正义者却占尽便宜"的现象,在转型期的中国表现得同样普遍和尖锐,对青少年的世界观和人生观的形成同样具有强烈的冲击和"教育"作用。对于日常生活中随处可见的这些现象,让大学新生们形成理解和评价这些现象的基本能力,从而形成一种健康的正义观和免疫能力,是大学通识教育必须解决的重要任务。因此,虽然《理想国》的体量相对庞大,但却更容易与学生的日常经验产生共鸣,从而也更容易让学生找到进入柏拉图世界的"入口"。一旦同学们进入了《柏拉图》的世界之中,形成了基本的理解力和判断力,则必然会对其中某些具体的主题,例如死亡、爱的阶梯、辩证法等问题产生进一步的探索兴趣,这个时候就可以进入《斐多篇》《会饮篇》《智者篇》

《巴门尼德篇》等单一主题的对话的钻研中,从而对柏拉图的哲学与政治哲学形成更加深入和细致的理解。从这个角度看,《理想国》既可以看做是对柏拉图其他单篇对话的综合,同时也可以看做是柏拉图其他单篇对话的"导论"。

## 二、授课计划

课程的指定教材,选用了郭斌和与张竹明翻译的商务版《理想国》译本①。此译本的译者郭斌和先生是民国学衡派大家,学贯中西,20世纪40年代曾根据希腊文原文翻译《理想国》,晚年又与其学生张竹明应商务印书馆邀请重译《理想国》。我们选择的这个版本就是郭斌和与张竹明先生重译的版本。该版译本采用现代白话文,语言简练又不失典雅,翻译的可信度在目前的《理想国》译本中也是最高的,是目前国内流传最广的《理想国》版本。

此外,又选择了布鲁姆的英文译本②作为指定教材的补充。布鲁姆以"信"为翻译的最高追求,为英译本提供了许多高质量的译者注,同时在该译本的篇首做了一篇很长的研究性论文,对于读者更深入地理解《理想国》很有帮助。

除了这两个版本的《理想国》教材,大纲也提供了课外阅读的参考材料《〈王制〉要义》③。与目前市面流行的许多参考文献相比,《〈王制〉要义》的一个突出特点是强调形式、结构与内容、主题之间的对应,因此对于学生通过对《理想国》结构的把握来理解其中的核心思想,提供了重要的帮助。

此外,根据每学期的授课时间,我们设计了详细的授课大纲,在授课大纲中又详细地规定了每次讲授的主题和内容。从授课大纲来看,除了第一次和最后一次课基本脱离《理想国》的具体文本讲授外,其他

---

① 《理想国》,郭斌和、张竹明译,商务印书馆,1986年8月第1版。
② The Republic of Plato, translated, with notes, an interpretive essay, and a new introduction by Allan Bloom, Basic Books, 1968.
③ 《〈王制〉要义》,张映伟译,华夏出版社,2006年7月第1版。

各次课程都是紧贴文本讲授的。因此,中间十几次课程的设计,实际上将《理想国》的文本分成十个相对独立的单元,并且通过标题为每个单元概括出了主题。这非常有利于学生对每次课程内容主题的把握,同时也有利于学生在学完整个课程后更清晰地把握各个主题之间的联系和过渡,从而掌握全书的主题和论证的脉络。

## 三、教学经验

这几年,我多次参加全国范围内的通识教育经验交流会,也到中山大学等国内高校进行过调研,并且北航高研院从事通识教育工作的许多同事之间也经常就教学问题进行交流。许多老师早已经走出通识教育就是公共选修课的误区,认识到通识教育与经典著作阅读之间的重要联系。但该读哪些经典著作,如何读经典著作,我们往往缺乏认真严肃的思考。对于经典名著,我们往往有一种高高在上的感觉,无形之中将深刻与晦涩画上等号,因此在讲课过程中,总怕自己讲得不够深刻,于是越讲越深,却忽略了大学新生在阅历、知识积累方面的局限。如此一来,往往很难达到效果。在这方面,通过"走出去,请进来",我们进行了许多有益的尝试,也积累了不少经验教训。

首先是要消除经典名著的神秘感,经典名著其实就是古典时期"大学新生"采用的初级教材,应该是最适合大学新生掌握的。其次,经典名著既可以给博士生和硕士生讲,也可以给本科生的高年级和低年级学生讲,给不同程度的学生讲同一本经典名著,对学生的要求不同,对讲课内容的设计安排也不同,讲法也不同。其中,给大学新生讲经典名著,最重要的是带领学生掌握经典名著文本的基本含义、逻辑线索,并且将经典名著与学生日常生活中熟悉的问题联系起来进行理解。名著之所以经典,就在于它是与个人的生活息息相关,能够对个人的日常生活提供指导。一旦学生掌握了阅读经典名著的基本能力、方法,拥有阅读经典名著的基本经验,并对经典名著产生了进一步阅读的兴趣,就可以在此基础上逐渐加大难度,带领学生探讨其中的一些细节问题和疑难问题。其实,这个时候学生自己就可能会提出一些更深入和更疑难的问题，自发地产生向更深层次跃迁的需要。如果大一新生的通识教育课讲得过深，最后很可能会适得其反，即不但无法达到预期的效果，反而会打击学生学习经典名著的信心和热情，从而使学生对通识教育课程产生心理障碍，最后反而不利于通识教育改革的推进。

我们在授课的过程中，非常重视引导学生将文本中所讨论的主题与学生的日常生活经验联系起来，进行启发式的教学。例如，在讲授"正义的三个定义"这个主题时，其中的一个内容是苏格拉底与克法洛斯的对话。为了让同学们理解苏格拉底与克法洛斯对话时所采用的语言策略，我们让同学们想象，当大家去某位同学家参加 party 时，却发现同学的父亲也在场的情景。同学们很快就体会到，一旦克法洛斯在场，苏格拉底和年轻人之间的对话就很难坦率和无拘束地展开。因此苏格拉底与克法洛斯的对话，有将克法洛斯支走的意图，克法洛斯也很快明白了苏格拉底的意图，很知趣地找了个理由离开了。又例如，《理想国》里有一个很重要的道理，就是"好"是分等级的，只"明白"较低等级的"好"的人无法理解较高等级的"好"，但"知道"了较高等级的"好"的人，却对较低等级的"好"看得一目了然。为了让大家明白这一点，我们举了一个例子，就是学生们比较熟悉的学习数学的例子：掌握了小学数学的小学生，很难理解高中数学，但等这些小学生成长为高中生，掌握了高中数学后，便很清楚小学数学是怎么回事。因此，当你只有小学数学程度时，无论如何向你讲授高中数学多么好，你都是不可能明白的。如此一类比，学生对这个道理就有了清晰的领会了。在此基础上，我们也经常劝大家保持耐心，不要过多追问哲学究竟有什么用、阅读这些古书究竟有什么用等问题。这些问题很可能在你读懂这些古书，拥有了哲学生活方式之后，就自动消失了。

课堂讲授更注重引导性，不能讲得过于深涩，但这并不意味着低估学生的智力和潜力，也不意味着一味地迁就学生。良好的教学效果有赖于课堂与课外之间的配合与互动。毕竟，每次课堂授课仅仅只有两个学时，时间有限，因此要深刻与细致地掌握学习内容，仍然有赖于学生课外的预习和复习。因为有了完整的授课大纲，并且授课大纲事先规定了每次授课的内容和阅读材料，因此学生需要在每次上课之前预先阅读授课大纲所规定的阅读材料,熟悉授课的内容。在授课结束后,学生还必须花费必要的时间进行复习和拓展学习。在这方面,不同老师的做法不同。例如,有的老师的做法是:在每次授课开始时,留出大约十分钟的时间进行提问,提问的方式是让学生复述上次授课的核心内容。这样做既能够有效地检验上次授课的效果,同时也对学生课后的复习形成一种激励。北大吴增定老师就是采取这种做法。我们的做法则是留作业:每次上完课后,都布置一个作业。作业的内容是就本次授课的内容做一个一千字以内的转述。这种方式的好处是能使激励机制更全面地覆盖到每个学生,并且能通过批改作业的方式,形成对每个同学的有针对性的课外辅导。

　　经过一学期的实践,我们对课外作业的效果非常满意。首先,课外作业的形式是复述,要求学生用一千字左右复述文本的内容,这既能检验学生对文本的掌握程度,也能考验学生的概括能力和语言表达能力,另外也对课堂讲授做了非常必要的补充。由于授课时间非常有限,授课时对文本中的一些重要细节,无法一一覆盖,只能对文本最核心的内容进行重点阐述,而转述则要求学生在掌握这些核心内容的基础上,比较细致地概括出文本中所有重要的细节内容。这对学生的阅读能力提出了更高的要求。

　　起初几次作业,多数学生要么过于概括地转述了文本的内容,漏过了文本中许多关键的细节,要么又过于详细地转述了文本中相对不那么重要的内容,没有抓住重点。此外,学生在转述过程中,往往过多地停留在某个知识点上,导致无法有效地分配字数转述其他同样重要,甚至更加重要的知识点。这说明学生无法有效地掌控写作的结构,同时也表明学生对文本的理解不够精确,存在重要的偏差。

　　另外,学生用什么样的概念、词汇来概括文本的内容,也很容易看出学生在多大程度上确实已经理解了文本的核心内容。有些学生甚至缺乏必要的概括能力,只能复制文本中的句子和段落,将其拼接成一篇作业。这些问题既反映了这些学生缺乏基本的阅读和写作能力,同时也反映了学生课外复习工作做得很不好——或者没有花费必要的时间和精力进行复习,或者缺乏如何做好课程复习的必要方法和能力。而这些能力和方法,以及正确复习的习惯,对于学生进行有效的大学学习,甚至今后的工作,都是必要的和重要的。这些能力和方法很难通过讲授的方法传授给学生,但通过这种以转述为重点的课后作业的方式,以及通过教师对这些课后作业的批改,却能够形成"手把手教"的效果。

经过一学期的训练,学生的基本阅读和写作能力,以及课后复习的能力,都有了实质性的提高。后来我们总结作业的成功经验时,也注意到,《理想国》精密和完美的结构,其深思熟虑的用词和丰富的内涵,是"转述"型作业获得成功的基础。另外,虽然相对于课堂听课,课后作业对学生提出了更高和更细致的要求,但仍然不能布置得过难。许多从事通识教育的老师往往更强调对本文深层含义的挖掘,却忽视了学生的基本能力的局限。他们布置的课外作业,往往要求学生围绕某个特定的主题,课外查阅资料,写作专题性论文。但这往往超出了大学新生的能力,尤其是当这些新生还没有形成基本的阅读和写作能力时,更是如此。相对于之前照本宣科的教育模式,这种思路实际上从一个极端到了另外一个极端。写作专题论文型的作业,更适合布置给三年级和四年级的学生,而大学一年级和二年级阶段的通识教育,更适合采用类似"转述"这种以训练学生基本阅读和写作能力为目标的作业类型。一旦学生形成了良好的阅读和写作习惯,就可以跃升到新的阶段,可以在课外围绕某一特定主题,通过独立的资料搜查、阅读、讨论和独立思考,写作论文,训练更高阶段的能力。因此,课后"转述"这种作业方式很值得作为大学新生通识教育的经验进行推广。

除了课堂讲授和作业,期末考试也是教学环节中不可忽略的重要一环。在我看来,期末考试不仅仅是一次考核,同时也是一次重要的授课。通过期末考试题目的设计,学生在分数的激励下围绕期末考试所展开的复习,以及期末考试后学生围绕期末考试内容的讨论和交流,我们可以有效地提升学生对整个学期课程的理解。

然而,通识教育如何进行期末考试,向来是一个很难解决的问题。学生所熟悉的那种闭卷考试,似乎很难考察学生的能力。但开卷考试也有许多弊病,例如学生可以通过互联网的搜索工具进行抄袭,而老师往往很难对此进行监督。如果抄袭很普遍的话,老师也往往很难进行处罚。我们的做法是,考试仍然采取闭卷考试的方式,但考试的内容则与我们通常熟悉的闭卷考试不同——考题只有五道题,要求学生在这五道题目中选取一道,然后在两个小时内写一篇独立的论文。另外,针对大学新生的特点,在设计题目时,在难度方面也做了一些调整,每个题目与《理想国》的文本都有紧密联系,并且与学生平时的作业也是有联系的——要求学生在回答每道题目时,都要先复述文本中的相关内容,然后在此基础上阐述自己的理解。例如,2013 年春季学期《理想国》期末考试设计的题目如下:

1. 请谈谈你对《理想国》第 5—7 卷中"三个浪头"的具体内容及其内在联系的理解。

2. 简要地说明"洞穴"比喻的含义,并由此谈谈你对"可知世界"的理解与看法。

3. 结合《理想国》的相关内容,谈谈你对"僭主的生活"的认识。

4. 结合《理想国》的内容,谈谈你对幸福与"好生活"关系的认识。

5. 结合《理想国》中的"太阳喻",谈谈你对真理的认识。

在这五道题目中,其中第二道与第三道是相对容易回答的题目,而其他三道要难些,需要学生基于课内的学习进行课外的拓展阅读和思考,因而更能考察学生的综合能力。通过考题难度的这种区分,我们希望能够加强考试的区分度,从而更好地将优秀的学生标识出来。

## 四、总　　结

北航五年的通识教育改革,目前最成熟的,可能就是大学新生通识教育模式的实践。大学新生通识教育模式的成功,不但提升了学生进行通识教育学习的兴趣,也提升了我们对通识教育改革的信心,进而提升了我们探讨高年级学生通识教育内容与方法的兴趣与决心。对于大学一年级通识教育阶段该讲什么,怎么讲,如何布置课后作业,如何考试这四个问题,我们的探索与实践,无论是对北航知行文科实验班还是对整个中国大学的通识教育改革,都具有很大的启发意义,因为里面包含了一些普遍性的东西,是可以不断进行总结和推广的。

# 公民意识的"经典"练习

## ——"政治学原理"课程经验

### 康子兴

一

　　2010年秋季,北航"知行文科试验班"成立,正式开启了北航这所工科名校在社会科学领域实施通识教育的实验旅程。第一届实验班学生共30人。按照最初的计划,他们要在前两年接受大文科通识教育,集中研习中、西方的人文社科经典。到大三时,他们将会分入北航目前较为成熟的三个社会科学专业:法学、行政管理、经济学。在最初的培养方案和课程设计中,试验班应开设一些过渡性课程,将大一的人文通识课程和古典学研读课程与专业学习连接起来。也就是说,这类课程应该兼具"通识教育"与"专业教育"的特点:一方面仍然采取经典研读的教学方式;另一方面则应让学生借以理解到专业学科的问题意识、基本原理和经典理论,为将来的专业学习打下基础。在高研院最初的培养方案中,这类课程被冠名为"学科原理课"。"学科原理课"系列一共三门,依学科分为"经济学原理""政治学原理""社会学原理"。实行两年后,由于学校调整课时方案和进行通识教育改革,这三门课程合并为一门,即"西方古典研读(3)",这已经是2013年的事情了。

在学术源流中,现代早期的学问和经典著作最具有此类特点,既确立了现代专业学科的基本问题、概念和思考方式,但又没有专业局限。比如,亚当·斯密的《国富论》被视为现代经济学的奠基之作,但在斯密的理论体系中,《国富论》却属于"立法者科学",是法理学的一个部分。《国富论》所讨论的问题也并不限于今日学科理解中的经济现象或者"利益",而是包括了"正义""国家""教育"等核心问题。按照今日的学科谱系,《国富论》既是一部经济学著作,也是政治学、法理学、伦理学作品。

所以,在最早的教学方案中,此类"学科经典课"应专门讲授一本现代早期的经典:经济学原理讲授《国富论》,社会学原理讲授《新教伦理与资本主义精神》,政治学原理则讲授《政府论》。当然,这只是第一学年的状况,后来有所调整,但总体指导思想没有偏离。

第一学年,政治学原理由外校专家讲授,授课方式以教师讲授英国现代早期政治思想(以洛克为核心,同时扩展到霍布斯等思想家)为主,结合学生的自我阅读。第二学年(2012年秋季学期),由于种种原因,校外专家不再讲授这门课程,我接手"政治学原理"的授课任务,授课对象为2011级知行文科试验班。2014年春季学期,我再一次讲授这门课程,授课对象为2012级文科试验班学生,此时课程更名为"西方古典研读(3)"。接下来,我将简要总结讲授这门课的感受和体会。

## 二

在准备这门课程的时候,首先要考虑的问题是授课目的、课程的结构框架,以及讲授的方式。这三个问题并非彼此独立,第一个问题决定了后面的两个。

自然,这门课程的功能应该放到整个课程体系中来考虑。在时间上,这门课安排在大二开设。开课的时间其实也决定了它的功能,即要连接起大一的经典课程与大三(甚至大二)的专业课程。当学科原理课程合并为一门之后,这门课同时还要承担另一功能:打通政治学、法学、经济学之间的壁垒,展现专业分科之前的学术面貌,也展示出现代社会科学专业间的内在联系。既然这门课的功能之一是为专业学习做些许准备,那就不应该把它变成纯粹的经典研读。考虑到学生的专业知识相对有限,总体的知识面也较为狭窄,因此就需要讲解专业学科的基本问题、学科的基础逻辑,并对学科的知识谱系进行介绍。这门课程应当扮演"引导者"的角色,激发学生的学习兴趣,并介绍一些最为基础、最为重要又富有活力的问题,将他们引导到专业学习的道路上来。但是,这门课程又并非纯粹的专业课,同时应该致力于扩展其知识视野,不忘通识教育的初衷。

所以,一开始,我将这门课定位为"经典研读"与"学科导论"的结合。当然,这一结合是功能上的,而非形式上的。更准确的表达或许可以是:我致力于用"经典研读"的方式来讲授"学科导论"课;它既要有经典研读的深度与细致,又需要具备学科导论的体系性。

既如此,我将这门课设计成三个部分:政治学的邀请(三个课时)、学科经典(九个课时)、学科谱系(四个课时)。政治学的邀请部分相当于导论,主要讲解三个问题:政治的概念、学科的历史、政治学与现代社会。但是,与一般的导论不同,我为每一部分都指定了经典文本作为阅读材料,讲解也主要围绕这些文本展开。这一部分的阅读材料包括:柏拉图的《政治家》、亚里士多德《政治学》的第一卷,以及汉娜·阿伦特《极权主义的起源》第三卷。按照我的设想,这一部分想要实现的目的是:让学生通过对经典文本的阅读理解政治问题的永恒性、公共生活与个人生活之间密不可分的联系,以及政治学在现代社会的使命。"导论"最大的危险是没有实在内容,陷入空洞和陈词滥调的窠臼。由于有了坚实的文本支撑,同学们并不觉得这一部分的内容缺乏实在性。思想与历史的结合让学生更能理解政治学的基本问题。关于现代政治的讨论充满了现实感,更能使他们感受到这门学问与自身的切实关系。综合这两年的授课经验,在这三个课时中,尤其是极权主义的问题能够激发出广泛而深入的讨论,许多同学会因此通读阿伦特的著作并旁及其他现代政治理论作品。

这三节课其实也织就了一个内在的体系,对政治和政治学有一个总体的介绍。可能大家也已经注意到,在文本选择上,这一部分更加偏重于古典政治。这是因为,古典作品对政治有更为宏观和整体性的把握,而非像现代分科一样把政治学划分为与经济学、法学等并列的社会科学门类。在古典哲人看来,政治涉及对人性及人类生存最根本问题的理解,是君王之学,是最高的学问。他们的作品更能引导学生去思考政治本身,并最大可能地打开他们的思维与心灵。当然,我之所以这样安排,还有一重考虑。由于"学科经典"选取的是现代政治哲人托马斯·霍布斯的《论公民》,为了在古典与现代之间取得平衡,并展现出学科的古今之变,让学生感受到古典与现代之间的同与不同,所以第一部分的材料更重视古典学者。在第一部分的授课结束后,我会布置一篇作业,让学生根据上课的讲授和阅读材料论述古典时代政治的概念。目的有二:一者让他们更好地梳理已经阅读的文本和课堂内容,从而获得更深刻的理解;二者为即将开始的第二部分课程做准备。

第二部分为"学科经典",选取的研读文本为《论公民》。在文本选择上,我并没有沿用第一年的做法,而是有所调整。与洛克的《政府论》相比,霍布斯的作品更具有原创性,更为坚实地奠定了现代政治哲学的基础。因此,通过霍布斯的作品,我们能够更好地理解现代政治的思维方式和现代政治的基本问题。不仅如此,霍布斯在其著作中与古典政治学展开对话或对其提出较为系统的批评,于是通过霍布斯的作品,我们也能更好地理解现代政治学与古典政治学之间的分野。在一定程度上,我们可以说,我们不能离开霍布斯来讨论洛克。既然如此,我们为何不直接讨论霍布斯的学说呢?

当然,霍布斯最享有盛誉的作品是《利维坦》,但《利维坦》篇幅较长,很难在一个学期内细致读完。实际上,《利维坦》中阐述的政治理论基本上在《论公民》中得到了阐述。在篇幅上,后者则要短小许多。在征求了一些老师的建议后,我最终确定讲读的文本为《论公民》。篇幅较短则意味着思路更为凝练清晰,而且能够更为从容地加以讲解和讨论。

现代政治哲学著作与古典作品之间有一个明显的差异:前者更为生动,具有故事性和戏剧性(如《理想国》),而现代作品则都是论理性的,更注重逻辑,读起来相对较枯燥,也更为费力。霍布斯的作品尤其如此,他从几何学获得启发,非常注重法则和论述之间的推理,以求理论的确定性。根据这种特点,我的讲授更注重梳理文本的结构和思路,讲解其中的关节点及其意义。当然,所有的讲解都紧紧围绕文本进行,我甚至会将重要又难以理解的段落抄录在 ppt 上,与同学一起讨论。我希望对点和线的讲解呈现整体论述和整部作品的全貌。也就是说,教师的讲解只是一个"导读";而对文本的细致研读则是学生的任务——这也是学问研究过程中必须下的工夫。这样的方式能够将知识讲解与学术训练结合起来。

《论公民》这一文本的选择是成功的。在这门课结束一年之后,我在学生中做过一个小调查。大家反映,在通识课上读过的那么多作品中,他们最喜欢的是《理想国》和《论公民》。一开始我感到些许惊讶,因为霍布斯的论述相对艰涩,不是那么讨人喜欢。不过,他们的回答也更加坚定了我对经典的信心,以及对细读经典的信心。当然,还有对学生的信心。我们要相信,只要有好的引导,下实在的工夫,学生们就能领略到思想的魅力。

通过第一部分和第二部分的学习,大家对政治学的基础理论及其古今谱系已经有了较为丰满的理解。所以,第三部分致力于呈现政治理论自身的分化,即集中最为重要的政治思想流派:共和主义、自由主义、保守主义。当然,政治学发展至今,各个流派都已经积累了众多具有代表性的文章和作品。考虑到时间和任务量,这一部分的研读文本不再选取大部头的著作,仅限于论文。比如要理解保守主义,我们就可以选取奥克肖特的《政治中的理性主义》《论保守》;共和主义则可用昆汀·斯金纳的《自由主义之前的自由》。由于它们的重要性,这些文章也在一定程度上具备了"经典"之地位。通过对这些文章的研读和讨论,学生对诸流派的思想便有了基本的理解。再加上这几位学者都是著名的霍布斯研究专家,这一部分的讨论也能够促进大家融会贯通地理解前一部分的内容,也更能领略理论的持久生命力。不仅如此,阅读论文还有一重好处:它能够起到一个模范的作用,告诉学生一篇优秀的文章应该是什么模样。

## 三

好的课程设计还需要适当的作业与之配合。在高研院,关于作业的重要性以及对作业的严格要求,教师之间也在一定程度上达成了共识。比如,在我们的培养方案上,我们规定每一门通识课程的作业数不应少于四次。作业的数量与要求其实是一个技术问题,其目的在于帮助学生整理知识与思想,并促使他们更细致地研读著作。所以,作业过多则会造成太重的负担,让学生疲于应付,过犹不及。作业太少则不能起到督促之效。

根据课程内容和结构,考虑到学生的负担,我为这门课程设计了五次作业。

第一次作业要求学生根据《政治家》《政治学》第一卷,以及课堂内容撰写一篇小论文,讨论古典时代政治的概念。这篇作业要求相对较低,篇幅在 1000—2000 字即可,关键是促进学生的思考,提高兴趣,让他们带着问题进入下一阶段的学习。

第二到第五次作业均集中在"学科经典"部分,作业形式为读书报告。《论公民》全书共分为四个部分:前言、自由、政府、宗教。因此,这一部分的课程也相应地划分为四部分,学生需要为每一部分撰写一篇读书报告,篇幅为每篇 2500 字左右。

在"政治学原理"之外,我还给大一学生开设了《理想国》研读课程。这门课是所有北航文科学生的必修课。它的作业有一个通行的模式,也就是说,不管你上哪个老师的课,都必须这样写作业。这个作业模式其实是"舶来品"。2011 年、2012 年,北京大学哲学系吴增定教授连续两次到北航高研院讲授《理想国》,同时推行其"复述作业法"。为了使授课达到最优效果,高研院为吴增定老师配备了助教(由高研院自己的老师担任)。每节课讲完后,吴老师会要求学生课后深入阅读相关章节并复述相关内容;助教负责批改作业。一学期下来,学生的作业在十二次左右。也就是说,学生通过作业的方式,在一学期中分十二次将整本《理想国》重新书写了一变。在后来的授课中,我们基本上沿用了这一方法。这样的作业方式既有利于敦促学生细读经典,也有助于促进读者深入理解著作。当然,无论对老师还是学生而言,工作量都非常大。就最后的效果而言,认真写作业的学生当然进步很大;但并不排除大多数学生采取了相对容易的应对办法。也就是说,绝大多数学生停留在最简单的讲述,他们尚不能精炼地归纳和提炼论点,细致而合乎逻辑地加以分析和论述。通过写作业,他们加强了对文本的熟悉程度,但在理解和学术写作上还缺少系统的训练。他们还没有学会如何研究式地进行阅读。

很明显,这样布置作业的方式并不适合"政治学原理"课。首先,由于没有助教,教师没有精力同时给两门课布置十篇以上的作业并加以批改。另外,这门课程的结构和目的不同于《理想国》。再次,到二年级后,学术训练不能仍然停留在"复述"上。更准确地说,复述是一种读书和自我检验的方法:反复琢磨,不停吟咏,终得真知。但是,就学术写作而言,复述欠缺相对完整的结构。所以,我重新设计了作业的形式:一方面大幅削减作业的数量;另一方面在注重文本理解的同时也强调"论文"的形式。读书报告要求学生就《论公民》中的重要问题提出融会贯通的理解,著述成文。报告应有一个完备的结构:提出问题—展开论述—归纳总结。比如,我常常要求学生思考:"自然状态对霍布斯国家理论的意义是什么?"这样的问题就不仅仅需要他们复述霍布斯对自然状态的论述,还要求他们对这部作品有更加深刻、更加整全的理解。我期望以作业的方式引导学生去进行研究,至少在阅读的时候融入研究意识。

从实际情况来看,一开始,学生的作业仍然有明显的"复述"色彩。在这时候,教师应该指出写作和理解中的问题,并重申要求。两三次训练之后,学生的作业会有明显的改进,教师基本上能够实现预期的教学要求。

## 四

"政治学原理"这门课已经反复讲授了两次,在激发学生思考、兴趣,培养其学术能力,以及拓展其理论视野、思维等方面取得了良好的效果。总体来看,这门课能得到认可,主要有如下原因。

1. 目标明确。教师在设计课程的时候对课程的定位和功能有清晰的理解,依此设计出合理的课程结构和内容。

2. 课程的体系性较强。课程具有内在逻辑,有助于为学生构建一个合理的知识框架。

3. 授课方式较为灵活。教师的引导性讲授、学生的自主阅读与讨论课相结合。

4. 作业的有效配合。作业应该依据课程的功能加以设计,在数量、内容、篇幅方面应有明确、合时的要求。

## 附录:教学大纲

**内容简介:**

本门课程隶属于高研院通识课程,为西方古典研读系列的第三部分,在第二学年第一学期开设。西方古典研读(3)所讲授的主体内容应为西方近代早期的学术经典。在思想史和学术史上,西方近代早期横跨近三个世纪(16—18世纪)。在这一时期,西方兴起了宗教改革、启蒙运动等影响重大的政治、思想运动,并且奠定了现代社会的文化、制度和社会基础。在这一时期,西方社会完成了古典向现代的转变,教权向王权的过渡,农业社会向商业社会的过渡,以及等级制的不平等精神向自然平等的社会原则的过渡。这一时期的伟大著作和经典思想家奠定了现代学问的基本问题、框架和原则。更重要的是,这一时期的学问尚未分科化,既与现代学术(分科日益细密的社会科学)有着极为密切的联系,又具有更加整全、深刻的理论视野。因此,如要正确地理解现代社会科学的原初问题和核心关切,打通政经法之间的学科壁垒,实现社会科学意义上的通识教育,我们就有必要细致研读相关经典著作——这正是西方古典研读(3)的目的所在。

西方古典(3)围绕早期现代的学术经典进行设计和讲授。其核心文本包括:霍布斯的《论公民》《利维坦》;洛克的《政府论》;亚当·斯密的《国富论》;孟德斯鸠的《论法的精神》;卢梭的《爱弥儿》《社会契约论》;等等。

**课程简介与基本要求**

本课程意在让学生掌握现代政治、法律的基本理论、原则、概念、核心问题,以及政治思考的基本逻辑。希望通过本课程的学习,同学们在掌握知识的同时,也能够对政治与人生间密不可分的关系有所体悟,培养一种积极、正确的公民意识。

本课程共分为三部分:导论、经典研读,以及现代政治流派述略。本课程采取讲授与课堂讨论相结合的教学方式,并将学科引论与文本研读冶为一炉,致力于为学生确立现代政治理论的基本谱系,以及培养其政治学的思维方式、理性的思考能力与写作能力。

本课程要求学生能细致深入地理解政治学经典文本,并在理解的基础上写作规范的论述文章。在经典研读部分,本课程共有六篇课程作业,要求学生就课程内容和主题写作论文。

**考试**

通过平时作业考核,平时论文成绩加权为最终成绩。本课程共六次作业,前两次各10分,后四次各20分,总计100分。

**课程阅读文献**

柏拉图:《政治家》,洪涛译,上海人民出版社,2006年。

亚里士多德:《政治学》,吴寿彭译,商务印书馆,2009年。

Thomas Hobbes, *On the Citizen*, Cambridge University Press, 1998.

托马斯·霍布斯:《论公民》,应星译,贵州人民出版社,2003年。

托马斯·霍布斯:《利维坦》,商务印书馆,1985年。(扩展阅读,仅作参考)

约翰·密尔:《论自由》,商务印书馆,2006年。

贡斯当:"古代人的自由与现代人的自由之比较",《古代人的自由与现代人的自由》,商务印书馆,1999年。

奥克肖特:"代议制民主中的大众""政治中的理性主义""论保守",《政治中的理性主义》,上海译文出版社,2003年。

昆廷·斯金纳:"自由主义之前的自由",《自由主义之前的自由》,上海三联书店,2003年。

汉娜·阿伦特:"极权主义",《极权主义的起源》,三联书店,2008年。

**课程进程与阅读**

第一部分:导论

第1讲

主题:政治的概念与政治学的核心问题

阅读:柏拉图,《政治家》

第2讲

主题:政治学的邀请——学科体系及简史

阅读:亚里士多德,《政治学》第一卷

(本次课结束后要求交作业一篇:论城邦时代的政治与政治学)

第3讲

主题:政治学与现代社会

贡斯当,"古代人的自由与现代人的自由之比较"

奥克肖特,"代议制民主中的大众"

第二部分:经典研读

(霍布斯,《论公民》,应星译,贵州人民出版社,2003年

Thomas Hobbes, *On the Citizen*, Cambridge University Press, 1998.)

第4讲

主题:霍布斯及其"政治科学"

阅读:《论公民》献辞、致读者的前言

(本次课结束后要求交作业一篇,概述霍布斯"政治科学"的新精神)

第5讲

主题:自然人与公民社会的起源

阅读:《论公民》,章一、章二(第3—25页)

第6讲

主题:自然法与人的义务

阅读:《论公民》章三、章四(第26—52页)

(本次课结束后要求交作业一篇:自然法的基本原理)

第7讲

主题:利维坦之诞生

阅读:《论公民》章五、章六(第53—75页)

第8讲

主题:政体学说:国家的三种类型

阅读:《论公民》章七、八、九、十(第76—114页)

第9讲

主题:主权者及其义务

阅读:《论公民》章十一、十二、十三(第115—143页)

第10讲

主题:论罪与法律

阅读:《论公民》章十四(第144—162页)

(本次课结束后交作业一篇:霍布斯的政府理论)

第11讲

主题:自然形成与按旧约建立的上帝之国

阅读:《论公民》章十五、十六(第163—195页)

第12讲

主题:基督徒的义务

阅读:《论公民》章十七、十八(第196—242页)

(本次课程结束后交作业一篇:霍布斯论宗教)

第三部分:政治学流派述略

(本部分为讨论课,学生分为四组,每组负责一个主题,撰写论文,并作主题发言)

第13讲

主题:政治自由主义

阅读:密尔,《论自由》

第14讲

主题:保守主义

阅读:奥克肖特,"政治中的理性主义""论保守"

第15讲

主题:共和主义

阅读:斯金纳,"自由主义之前的自由"

第16讲

主题:极权主义

阅读:汉娜·阿伦特,"极权主义"

(期末作业:阐述一种政治学流派的基本原理、内容、精神,结合课堂讨论加以考察)

# 共同理性、共同参与
## ——"博弈与社会"课程经验

段 颀

## 一、课程背景及基本情况

从2013—2014学年第一学期开始,北京航空航天大学将始于人文社会科学学科的通识教育向作为学校主体的理工科专业学生推广。作为第一批7门试点通识课程之一,笔者承担的"博弈与社会"课程,沿用了笔者导师张维迎教授在北京大学为全校本科生开设的公选课课程名称。① 课程在每一学年的秋季学期和春季学期连续循环开课,目前已经完成两个学期,主要面向北航大学一年级本科生。

2013—2014学年第一学期,通识课程试点首先在北航计算机学院展开。② 经过初选、试听和补退选,最终有45名同学选择"博弈与社

---

① 张维迎教授在北京大学的同名课程已经开设多年,被评为国家和北京市示范课程,每年选课学生接近200人,来自于北京大学几乎所有院系。笔者在北京大学光华管理学院攻读博士研究生期间,曾于2009年和2010年两次担任张维迎教授"博弈与社会"课程的助教,协助他编辑课件、批改作业和进行答疑。考虑到课程性质、学生构成和课时要求的不同,笔者在设计课程结构及内容时有所调整。

② 计算机学院2013级大约220名本科新生被要求每人在7门试点通识课程之中任选1门(且限选1门)。

会"课程。2013—2014 学年第二学期,面向北航理工科专业本科生的通识课程增加到四十余门,选课学生来源也从计算机学院增加到理工科 5 个重点学院,但是"博弈与社会"课程而言,最终的 46 名选课同学之中有 43 人仍然来自于计算机学院(据笔者了解,这可能是由于课程时间安排与其他各院同学的必修课时间冲突)。

经过两个学期的实践、反馈和改进,《博弈与社会》课程的基础建设(包括讲义、作业题库和讨论案例)已经基本完成,学生课堂表现和最终成绩总体上达到预期,反馈意见总体良好。根据之前两个学期选课学生的表现,笔者正在对课程作进一步的丰富和改进。

## 二、课程设计及实施效果

### (一) 课程目标与定位

课程定位既依据课程内容本身,又要考虑课程的性质和课时的要求。"博弈与社会"既是作为通识课程开设,课时也十分有限(32 学时),因此主要介绍作为分析方法的博弈论,既要求学生了解现代博弈论的基本框架和分析方法,掌握现代博弈理论的重要概念和基本理论,更强调让学生在学习基本理论的基础上,学会运用理论去认识和分析人的策略、人们之间的策略性相互依存,以及建立在人们之间策略性相互依存基础之上的社会观念、社会传统、社会规范和社会组织的形成。

概括而言,本课程希望实现的目标是,让学生"明晰基本概念、建立基本(知识)结构、学会基本应用和形成进一步学习的兴趣"。

### (二) 知识性—趣味性—应用性

笔者认为,一门成功的课程应该是知识性、趣味性和应用性三者的结合与平衡——用知识性让学生学习到充实的内容,用趣味性增进学生学习的兴趣,以应用性让学生看到所学知识在世界中的位置。根据课程性质的不同,知识性、趣味性和应用性的相对分量和作用会有所不同。"博弈与社会"的课程性质,恰好使得知识性、趣味性和应用性具有相对均衡的重要性,能够并且应该在教学环节中得到充分体现。

博弈论丰富的理论内容保证了课程的知识性。从1994年瑞典皇家科学院第一次将诺贝尔经济学奖授予博弈理论研究开始,[①]在至今全部21次诺贝尔经济学奖中,博弈论获得了6次(15人)。[②] 从最简单的、寓言故事型的示例,到最尖深的、诺贝尔奖级别的理论模型,博弈论和博弈论的应用,一直是研究者最感兴趣的领域。尽管不对复杂应用做要求,但课程仍然尽可能地保证了相对完整的知识框架,让学生比较全面地了解最基本的概念和最重要的理论,包括:博弈的基本表述方法,最基本的静态、动态、对称信息和不对称信息博弈的均衡概念,逆向选择、道德风险与委托代理理论,以及契约理论初步。

甚至只从名字就可以看出博弈的趣味性:博弈的中文原意是下棋,而博弈论的英文直译则是"游戏理论"(Game Theory)——下棋也好,更一般的游戏也好,都反映了博弈的实质,也就是参与人之间的互动与共同参与。课程中的趣味性来自于两个方面:首先,博弈论的几乎每一知识板块,都可以结合大量有趣的例子,既有著名的历史事件和故事(例如,所罗门王甄别真假母亲的故事、"千金买马骨"的故事、"将相和"的故事,等等),又可以结合同学的日常生活(例如是否参加一次班级春游、与宿舍同学的相处,等等);其次,关于"人与人之间策略互动"(用更加专业的说法是"策略性相互依存")的博弈论,在许多时候都可以引导学生通过参与和体会来理解相关知识,也就是"在博弈中学习博弈",这些参与环节也能激发学

---

[①] John Charles Harsanyi、John Forbes Nash 和 Reinhard Selten 成了第一批获奖的博弈论研究者。

[②] 除第一次获奖的3人外,后五次分别是:James Mirrlees 和 William Spencer Vickrey (1996年)、George Arthur Akerlof、Andrew Michael Spence 和 Joseph Eugene Stiglitz (2001年)、Robert John Aumann 和 Thomas Crombie Schelling (2005年)、Leonid Hurwicz、Eric S. Maskin 和 Roger B. Myerson (2007年)、Alvin Eliot Roth 和 Lloyd Stowell Shapley (2012年)。

生的兴趣。①

最后,课程名称叫做"博弈与社会"而不是"博弈论",本就是在强调应用性。本课程的一个重要目标,是通过介绍博弈论,让学生更好地理解社会。社会不只是"许多个人",社会的基本问题在于人与人之间怎样相互联系、相互影响和彼此协调——这正是博弈论的方法和视角。博弈论得到的广泛应用,几乎涉及人类文明社会的所有时代和领域——无论是在(博弈论诞生之前的)中外历史上还是在当代,无论是在政治、经济、军事、外交、法律、教育、医疗、社会保障等领域,还是在体育竞技领域。正因为如此,"博弈"也许是在现实世界各行各业及各种畅销作品中被最频繁使用的词汇之一(尽管解读质量良莠不齐)。在本课程的每个章节,笔者都会介绍现实社会中的大量例子,来加深学生对于相关知识点的理解,其中既包括经典示例(例如保险合同的设计、文凭的信号作用),也包括笔者自己的举例(例如Willem Barents的事迹与荷兰商人信誉的建立)。课程的期末考试试题也着重考查学生应用所学知识分析实际问题能力,例如2013—2014学年第一学期期末考试中关于"罗马元老院审判程序"和"要挟诉讼"的试题,②以及2013—2014学年第二学期期末考试中关于"美洲杯帆船赛上的策略选择"和"李尔王的抉择"的试题。

### (三) 课程实施效果

从学生课堂表现、作业质量和期末考试成绩三个方面来看,笔者在两个学期开设的"博弈与社会"课程总体上取得了比较好的效果;通过选课学生院系组织学生对两个学期通识课程的意见反馈,学生们对于本门课程也给出了积极的评价。

学生课堂表现方面,在每个学期开始时都会有一部分学生对于这门课程是什么、为什么要向他们开设这门课程,甚至什么是通识课、为

---

① 例如,始于德克萨斯A&M大学的经典课堂选数字实验——根据一定的规则,一般认为全班所有同学选择数字(在0~100之间)的平均值越接近于0,表示平均智商越高。2013—2014学年第二学期,笔者在课堂上做了这一实验,得到的平均数是26.33。

② 要挟诉讼是指那些原告几乎不可能胜诉,而其威胁起诉的唯一目的可能是希望通过私了得到一笔赔偿的诉讼。

什么要向他们开设通识课，表现出迷茫甚至怀疑。① 经过大约三分之一学期的课程教学，主要是通过向学生展现课程丰富而有趣的内容，大部分学生开始表现出学习的兴趣，② 一些学生开始在课下主动思考和提出问题。

从作业完成质量上看，每次作业大约有三分之二的同学能够比较顺利地独立完成。考虑到作业题具有一定难度，以及本课程并非与选课同学的专业学习直接相关，这样的表现已经达到预期。期末考试试题从内容到形式都与平时作业有很大差别（但是难度有所降低），但两个学期期末考试成绩达到90分或以上的同学仍然分别有8人和6人。

需要强调的是，北航在理工科专业推广通识课程以来，之所以总体上取得比较好的效果，是与学校的重视、相关理工科院系的充分动员和积极配合，以及每门课程负责教师的认真准备分不开的。当然了，总体上的良好效果不能掩盖存在的问题：学生在通识课程学习上存在比较明显的分化——笔者了解到，那些在本课程中表现出色的学生，基本也是在专业学习上态度最认真和成绩最好的学生。

# 三、若干经验

## （一）知识与兴趣

笔者始终认为，引起学生的兴趣、引发学生的思考，是比讲授具体知识更加重要、更加有意义的目标——在一定的时间内，教师能够通

---

① 在这一阶段，对学生进行单纯的解释和说教，效果往往并不理想。
② 在这一阶段，向同学介绍一些在相关领域做出重要贡献的人物生平和事迹，往往能起到比较好的激励效果。一个适合在本课程上介绍给学生的是纳什（John F. Nash）的传奇故事。纳什不到22岁就在非合作博弈理论上做出重要贡献，并因此获得1994年的诺贝尔经济学奖，同时在不到30岁时因为在抛物和椭圆型方程方面的工作而几乎获得菲尔兹奖（Fields Medal，全名 The International Medals for Outstanding Discoveries in Mathematics，每4年由国际数学联盟的国际数学家大会颁奖一次，授予2~4位在当年元旦前未满40岁的数学家。Fields奖被认为是全世界年轻数学家的最高荣誉，和Abel奖称为数学界的诺贝尔奖）。就在那时，纳什开始陷入长达三十余年的精神失常，直到70岁左右才开始恢复正常——纳什的真实故事在2001年被改编成电影《美丽心灵》（A Beautiful Mind），并在2002年获得了包括最佳影片、最佳导演、最佳男主角和最佳女配角在内的8项奥斯卡提名。

过一门课程向学生传授的知识十分有限,但只要能够引起学生自身对于知识的兴趣,使其在未来寻找时间主动学习,学生得到的知识会多得多。①

本质上,学习知识和引起兴趣之间应该是互相促进的关系——知识越丰富,就越能感受到知识的价值,学习兴趣也就越强。但在实际的教育过程中,如果处理不当,就容易将这两者对立起来——学生学到了一些知识,但是一方面,学习这些知识的价值尚不明确,②另一方面,学习过程使其感到痛苦,导致学习兴趣一再受到伤害,直至对知识、真相和真理彻底失去探寻的欲望。

引起学生的学习兴趣,不仅要依靠内容的趣味性,更要依靠刺激和挑战学生的思维,引导他们体会求知和发现过程中的乐趣。这也意味着,总是将最简单的东西展现给学生,未必是引起学生学习兴趣的好方法。Ariel Rubinstein(1982)基于序贯讨价还价模型分析议价能力的决定的工作,被许多顶尖理论家誉为"诺贝尔奖级别的理论贡献"和"微观理论研究领域最辉煌的成就之一"。③ 由于读懂其原文的工作对于逻辑能力有一定的要求,一般教材只是介绍一个简化的例子。不过,当笔者将其原文中的一般性工作略加整理后介绍给选课的学生时,许多学生都表现出极大的兴奋。

### (二) 方法与应用

如前所述:一方面,从课程目标上,本课程并非培养从事理论创新工作的研究者,而是要让学生了解博弈论的分析方法,培养学生从人与人的策略互动的角度去认识社会和分析问题的能力;另一方面,课

---

① 就北航正在本科学生中推行的通识课程而言,在这方面同时面临有利因素和不利因素。有利因素是:课程主要面向大学一年级学生,这部分学生刚刚进入大学,学习动力比较强。不利因素是:尽管有着诸多动员,许多原本志在专业学习而进入大学的学生对于通识课程的性质还不十分理解,对于其作用也还不十分认同。

② 教育工作者对于学生的一种短期激励方法,是以虚构的价值目标保证学生的学习动力,这在一些阶段能够收到效果,而一旦这种虚构的价值在不久之后破灭,学生的学习动力会受到极大伤害。

③ 详见 Ariel Rubinstein (1982), "Perfect Equilibrium in a Bargaining Model", *Econometrica*, 50, 97—110. Rubinstein 本人尚未获得诺贝尔奖,但其一直被认为是博弈论领域未来最有希望获奖的几位研究者之一。

程本身的性质也让笔者得以比较顺畅地向学生介绍相关知识在现实世界的应用。

培养学生掌握分析实际问题的方法,主要依靠在介绍知识点时结合实际的社会现象和社会问题,在考查知识点时要求学生分析实际的社会现象和社会问题。在向学生解释相关知识点在分析现实问题中的应用时,需要大量地引征和解释事例,在选择引征事例时需要突出典型性和体现创新性——典型性保证事例紧扣知识点,创新性能够让学生感受到知识的广阔应用潜力,持续地保持新鲜感,刺激他们的学习兴趣;在解释事例时则需要兼顾知识性和通俗性——知识性使得事例体现出的见解免于流于似是而非的市井浅见,通俗性则保证事例体现出的见解贴近于现实社会和生活直观,让学生看到理论并非理论家无事时的凭空创造,从而使联系事例起到加深理解的作用。

### (三) 文科?理科?

最后是通识课程的专业取向问题。笔者承担的"博弈与社会"课程的主要选课同学来自于北航理工科专业,且尤其集中于计算机科学学院(也有少数来自知行文科实验班)。无论是在笔者承担的课程中,还是在其他通识课程中,一个常常被问到的问题是:选修课同学来自不同的专业背景,授课内容和方法是否应该有所不同(例如对来自理科的同学多使用一些数学工具,对来自于文科的同学多使用一些人文典故)?甚至选择的课程是否应该有所不同(例如面向理科生多开一些诸如自然史、宇宙史等自然科学类的课程,面向文科生则多开一些人文及艺术鉴赏类课程)?

通识教育旨在打通专业偏见,培养和提升学生的认知能力、分析能力和学习能力。本着这样的出发点,笔者以为,文理科学生之间的区分不应过分强调——既然是通识课程,在课程体系假设上对文理科学生本不应有所偏见,就每门课程而言,只要是课程本身需要的,至少不应该将语言表达能力和数学能力定义为"只有文科生或者理科生才需要具有的能力"。① 与一些大体确实可以被定义为专业的知识不同,语言表达能力和数学能力是所有人都应该具有的基本能力——前者代表理解人和与人沟通的能力,后者代表逻辑能力——一个人无论做什么工作,都不能不与人沟通(况且还要生活),都不能不讲逻辑。就"博弈与社会"课程而言,这一点尤其重要。讲授博弈论课程,固然要向学生介绍一些基本概念和知识,但是其最终目标是向学生展现一种视角,通过研究人与人之间的博弈,理解人与人之间的策略性相互依存,进而理解人的需要和人的理性,理解建立在人们之间策略性相互依存基础之上的社会观念、社会传统、社会规范和社会组织的形成。对于人与社会的最基本问题,无论学生来自什么专业,都应该学习和理解。

在讲授"博弈与社会"课程的实践过程中,笔者力争淡化文理界限,提倡学生同时具备人文关怀和逻辑素养。从出发点上,如欲树立爱人之心,培养人文关怀,首先需要理解人的内心世界,要透过社会中人们的行为现象看到人们的内心欲求,要求具有逻辑能力。从方法上,在讲解许多内容时同时使用文字说明、图形演示和代数推理三种方式,一方面加深学生对于内容的理解,另一方面也使他们能体会文字的通俗、图形的直观和代数的精确。

如果将对学生能力的培养进一步上升到对于学生品质的塑造,那么说文科生就有理由无逻辑一些、是非观念淡漠一些,理科生就有理由少关心人一些、少理解人一些,显然是站不住脚的。实践表明,文科同学并不一定害怕和抵触数学和逻辑,理科同学也未必缺少人文素养——恰好相反,所有同学都应该并且能够理解自己在专业学习中接触较少的知识,都愿意兼顾人文关怀和逻辑素养。

---

① 用笔者在课堂上的话讲:同学们可能是学习数学的、计算机的、飞机发动机的,而我可能是学习经济学的、法学的、文学的,但是,无论是大家不懂数学、计算机、飞机发动机,还是我不懂经济学、法学、文学,都不是最糟糕的 —— 我们不懂人,才是最糟糕的。

# 四、有待改进之处

## （一）增加课堂互动

博弈的实质，在于人与人之间的"策略性相互依存"——简单地说，就是人们在做决策时必定要考虑周围人的动机和反应，不能一厢情愿。然而令人遗憾的是，尽管也有过一些尝试，笔者仍然深感课堂互动的不足，未来在这方面努力的空间还很大。

在课程的一开始，笔者会对所有选课同学们讲："通过学习博弈论，我们能够更好地理解：作为社会中的人，并不是'我选择着我的结果，你选择着你的结果'，而是'我们共同地选择着我们共同的结果'。"将这一理念运用到教学工作本身，无论是一门课程还是一堂课，要想取得好的效果，教师必须充分理解学生的动机，充分考虑学生的反应。课堂互动环节是对教学形式的丰富，既有利于教师了解学生的状态，也有利于活跃课堂气氛和帮助学生保持注意力。笔者正在考虑和设计适合"博弈与社会"的课堂互动单元，这些单元需要与课程内容结合紧密、简明（一个互动单元的持续时间一般不超过 1—2 分钟）而又具有启发性，同时需要具有较大的覆盖能力。

## （二）改进和丰富评价环节

在已经结束的两个学期，课程采用了相对传统的评价方式：平时作业和期末考试分别占总成绩的 40% 和 60%。尽管这样的设计相对稳妥，但笔者感到未必十分适合作为本课程的评价。

改进评价环节，首先可以进一步增加平时作业的难度和在总评成绩中的比重。① 这样做的好处是，鼓励学生在平时更多地投入，增加覆盖面，减少评价结果的随机性，以及学生在考试周的心理负担。值得强调的是，由于课堂讲授内容、作业内容和考试内容的难度一般是递

---

① 例如，将平时作业和期末考试占总成绩的比重改为 60% 和 40%。

降的,增加平时作业在总评成绩中的比重本身也意味着课程负担的加重。

更丰富的评价环节,来自于课程实施的过程之中,也就是过程评价——笔者以为,在通识课程的实施过程中,尤其应该强调过程评价。一方面,在知识传授之外,通识教育更加强调方法的培养,对培养环节也提出了特殊的要求——通过考查学生对于具体知识的掌握情况,较难反映学生学习理解通识课程的情况。另一方面,通识教育的考试/考查环节设计的本身也不同于专业课程——即使不考虑是否适合作为考试内容,照搬传统的专业教育课程评价体系,本身亦不具备可行性。

就"博弈与社会"课程而言,课上的小测试和小组合作作业都是值得尝试引入的评价方式,但需要良好的设计。从2013—2014学年第二学期开始,笔者尝试引入课堂小测试环节,①但效果并不理想,主要问题是极少有学生能够顺利完成小测试,如此一来,测试便失去了评价和识别的功能,久而久之也抑制了学生的参与积极性——针对这一问题,笔者正在着手设计一些新的课堂小测试。

最后回到这篇简短总结的题目:共同理性与共同参与。博弈之中所说的"共同理性"(common rationality),是指一个博弈中的每个参与人都是理性的,②并且每个参与人都知道每个参与人是理性的,并且每个参与人都知道每个参与人都知道每个参与人是理性的……③引用张维迎老师在北京大学"博弈与社会"课堂上解释共同理性时所用的比喻,共同理性好比相对放置的两面镜子,彼此之间能够无穷次地呈象。这里实际上是把人心比做镜子,清澈而诚实地面对世界和反映世界——倘能如此,一人心当若明镜高悬,两人心当若镜镜相映,众人心

---

① 具体做法是:上课时随时就一个问题做一个简单测试,完成时间一般不超过1分钟,所有同学可以选择上交或者不上交自己的答案,答错或者不交者不扣分,每次答对者期末总评成绩加1分。

② "理性"一词,一直都承受着众多的曲解和非议,笔者在此处不想做过多解释乃至争论——此处所说的"理性",意指人的选择行为缘于其自身的意志和动机,亦即"偏好决定着选择,选择显示着偏好"(preference decide choices, choices reveal preference)。

③ 博弈不仅要求所有参与人满足共同理性,还假设所有参与人对于博弈的规则拥有"共同知识"(common knowledge):每个参与人都知道博弈的规则,每个参与人都知道每个参与人知道博弈的规则,每个参与人都知道每个参与人都知道每个参与人知道博弈的规则……

当若万变花筒。

　　作为社会中的人,只有知道自己知道什么和不知道什么,知道自己的对方知道什么和不知道什么,知道对方知道自己知道什么和不知道什么,才能算是(接近)真正的知道;人与人之间,只有理解了对方(的需要),理解了对方对自己的理解(和不理解),才能算是真正的彼此理解。作为面对着众多学生的教师,怎样才算做到这样的"心如镜"? 我想,在设计课程的具体内容和进行每个部分的组织时,至少应该做到尽量去了解学生知道什么、不知道什么(而不是主观任意或者照本宣科);在希望对学生的心智施加某种引导时,至少应该做到尽量去了解学生需要什么、不需要什么(而不是居高临下地给出若干先验定义)。要实现这样的目标,需要的是教师和学生的共同参与(教师需要采取主动步骤),在互动中理解彼此的所知和所想,进而理解一般的人与人之间的共同理性和相互依存,进而理解更加复杂的社会关系和社会规则。

## 附:"博弈与社会"教学大纲及参考书目

| 授课内容 | | 作业 |
| --- | --- | --- |
| 基本板块及主要知识点 | 预习、复习及阅读建议 | |
| **第1讲 导论及预备知识(含课程要求)**<br>1. 什么是博弈<br>2. 博弈论与博弈论的应用<br>3. 社会基本问题<br>4. 博弈与社会<br>5. 作为通识课程的博弈论 | 预习及课前阅读:<br>参考书目(6)第1章,参考书目(9)第1、3、10章。<br>复习及课后阅读:<br>指定教材第1章,参考书目(7)第1章。 | 作业1 |
| **第2讲 博弈的类型与表述**<br>1. 博弈的构成要素<br>2. 博弈的"均衡"<br>3. 博弈的标准式与延展式表述<br>4. 静态博弈与动态博弈<br>5. 博弈与信息<br>6. 共同理性与共同知识 | 预习及课前阅读:<br>参考书目(6)第2章。<br>复习及课后阅读:<br>指定教材第2章第1—3节,参考书目(6)第1章,参考书目(7)第2章。 | |

(续表)

| 授课内容 | | 作业 |
|---|---|---|
| 基本板块及主要知识点 | 预习、复习及阅读建议 | |
| **第3讲 静态博弈**<br>1. 最优反应与"策略性相互依存"<br>2. 占优策略与占优策略均衡<br>3. (严格)劣策略与重复剔除(严格)劣策略均衡 | 预习及课前阅读：<br>参考书目(3)第1章，参考书目(8)第6—7章。<br>复习及课后阅读：<br>参考书目(6)第4章、第5章第1节，参考书目(10)第4章。 | 作业2 |
| **第4讲 Nash 均衡与一致预期**<br>1. Nash 均衡<br>2. 若干例子<br>3. 一致预期<br>4. 串谋与防串谋 Nash 均衡 | 预习及课前阅读：<br>指定教材第2章第4节、第3章第1—3节，参考书目(9)第8章。<br>复习及课后阅读：<br>指定教材第5章第1—2节，参考书目(6)第5章第2—3节，参考书目(7)第3章。 | |
| **第5讲 完美及完备信息动态博弈**<br>1. 动态博弈<br>2. 子博弈、逆向归纳与子博弈完美 Nash 均衡<br>3. 若干例子<br>4. 重复博弈与无名氏定理 | 预习及课前阅读：<br>指定教材第4章第2节、第6章第1—2节。<br>复习及课后阅读：<br>指定教材第5章第3—4节、第6章第3节，参考书目(4)第5章、第11章。 | |
| **第6讲 承诺机制及其作用**<br>1. 承诺的作用<br>2. 承诺的机制<br>3. 承诺的成本 | 预习及课前阅读：<br>参考书目(8)第6章、第6章、第10章第1—4节。<br>复习及课后阅读：<br>指定教材第4章第1、3、4节，参考书目(8)第10章第5—8节。 | |
| **第7讲 不完美信息与不完全信息**<br>1. 你是谁?——不完美信息博弈<br>2. 你做了什么?——不完全信息博弈<br>3. 不完美信息与不完全信息的同一性 | 预习及课前阅读：<br>参考书目(8)第9章第1—2节。<br>复习及课后阅读：<br>参考书目(4)第2章第2、4、5节、第3章。 | 作业3 |
| **第8讲 "声誉":不完美信息条件下的博弈**<br>1. 不完美信息条件下的"声誉"<br>2. 声誉的作用:再看合作解<br>3. 一个经典例子 | 预习及课前阅读：<br>参考书目(4)第2章第4节。<br>复习及课后阅读：<br>参考书目(6)第12章。 | |

(续表)

| 授课内容 | | 作业 |
|---|---|---|
| 基本板块及主要知识点 | 预习、复习及阅读建议 | |
| 第9讲 信念与行为的一致：不完全信息条件下的博弈与Bayesian均衡<br>1. 不完全信息条件下的"信念"<br>2. 基于信念的逆向归纳<br>3. 行为策略与信念体系<br>4. Bayesian均衡<br>5. 序贯理性与序贯均衡 | 预习及课前阅读：<br>参考书目(7)第9章第1—3节。<br>复习及课后阅读：<br>参考书目(4)第3章第1节、第4章第1节、第3节，参考书目(6)第15章。 | 作业3 |
| 第10讲 不可观测类型、"柠檬"市场与逆向选择<br>1. 不可观测类型<br>2. Akerlof的"Lemmon市场"<br>3. 分离均衡与混同均衡<br>4. 逆向选择问题 | 预习及课前阅读：<br>指定教材第8章第1节，第10章第1节。<br>复习及课后阅读：<br>参考书目(9)第8章。 | |
| 第11讲 证明你自己：发送信号<br>1. 从徙木立信到千金买马首<br>2. Spence的"劳动市场"模型<br>3. 怎样才是信号：评价 | 预习及课前阅读：<br>参考书目(4)第4章第2节。<br>复习及课后阅读：<br>指定教材第8章第2—3节、第9章，参考书目(9)第9章。 | |
| 第12讲 辨别对方：甄别与机制设计<br>1. 如何辨别对方：所罗门王的智慧<br>2. 甄别与机制设计问题<br>3. 参与约束与激励相容约束<br>4. 若干例子 | 预习及课前阅读：<br>指定教材第10章第1—3节。<br>复习及课后阅读：<br>指定教材第10章第4—5节，参考书目(6)第20章第1—2节。 | 作业4 |
| 第13讲 不可观测行为、道德风险与最优激励问题<br>1. 不可观测行为<br>2. 委托代理问题<br>3. 道德风险<br>4. 最优激励合同：一个最简单的例子<br>5. 对于委托—代理问题的进一步讨论 | 预习及课前阅读：<br>指定教材第11章第1—3节。<br>复习及课后阅读：<br>指定教材第11章第4节，参考书目(6)第20章第3节，参考书目(8)第12章，参考书目(9)第13章。 | |
| 第14讲 实现总体长期利益：契约的达成<br>1. 权利与契约<br>2. 契约理论的基本问题<br>3. 三代契约理论：简介<br>4. 契约与产权：简评与总结 | 预习及课前阅读：<br>参考书目(10)第11章。<br>复习及课后阅读：<br>参考书目(9)第11章，课程讲义第14讲。 | |

**参考书目**(不要求购买,加星号[ * ]者表示有一定难度)

1. 经济学背景与基础

(1) * Kreps, D. M. (1990), *A Course in Microeconomics*, 1st edition, Princeton University Press.

(2) H. R. 范里安,《微观经济学:现代观点》(第八版),格致出版社、上海三联书店、上海人民出版社2011年2月。(Varian, H. R. [2006], *Intermediate Microeconomics: A Modern Approach*, 8th edition, W. W. Norton & Company, Inc.)

2. 博弈论基本理论(仅限初级)

(3) R. 吉本斯,《博弈论基础》(第一版),中国社会科学出版社1999年3月。(Robert Gibbons [1992], *A Primer in Game Theory*, 1st edition, Pearson Educational Limited.)

(4) * K. 宾默尔,《博弈论教程》(第一版),格致出版社、上海三联书店、上海人民出版社2010年11月。(Ken Binmore [2007], *Playing for Real—A Text on Game Theory*, 1st edition, Oxford University Press, Inc.)

(5) * 张维迎,《博弈论与信息经济学》(第一版),上海三联书店、上海人民出版社2004年11月。

(6) A. 迪克西特,S. 斯克丝,D. 赖利,《策略博弈》(第一版),中国人民大学出版社2012年12月。(Avinash Dixit, Susan Skeath and David Reiley [2009], *Games of Strategy*, 3rd edition, W. W. Norton & Company, Inc.)

3. 博弈论的运用

(7) A. 迪克西特,B. J. 奈尔伯夫,《策略思维——商界、政界及日常生活中的策略竞争》(第一版),中国人民大学出版社2002年12月。(Avinash Dixit and Barry J. Nalebuff [1993], *Thinking Strategically: The Competitive Edge in Business, Politics, and Everyday Life*, 1st edition, W. W. Norton & Company, Inc.)

(8) J. 米勒,《活学活用博弈论——如何利用博弈论在竞争中获胜》(第一版),中国财政经济出版社2006年1月。(James Miller

[2003], *Game Theory at Work*, 1st edition, McGraw-Hill Companies.)

(9) H. 金迪斯,《理性的边界:博弈论与各门行为科学的统一》(第一版),格致出版社、上海三联书店、上海人民出版社2011年4月。(Herbert Gintis [2009], *The Bounds of Reason: Game Theory and the Unification of the Behavioral Sciences*, 1st edition, Princeton University Press.)

4. 经典原文阅读(仅向对于相关理论确有兴趣的同学推荐,可做有选择的阅读)

(10) * T. 齐格弗里德,《纳什均衡与博弈论:纳什,博弈论,及对于自然法的研究》(第一版),化学工业出版社2012年9月。(Tom Siegfried [2009], *A Beautiful Math: John Nash, Game Theory, and the Modern Quest for a Code of Nature*, 1st edition, Joseph Henry Press.)

(11) * J. F. 纳什,L. S. 沙普利,J. C. 海萨尼,R. 泽尔腾,R. J. 奥曼,H. W. 库恩,《博弈论经典》(第一版),中国人民大学出版社2013年1月。(John F. Nash, Lloyd S. Shapley, John C. Harsanyi, Reinhard Selten, Robert J. Aumann, and Harold W. Kuhn, *Classics in Game Theory*, 1st edition, 1997 by Princeton University Press.)

(12) * J. F. 纳什,《博弈论论文集》,首都经济贸易大学出版社2000年11月。(John F. Nash, *Essays on Game Theory*, 1st edition, 1996 by Edward Elgar Press Company.)

# 如何给新生讲专业导论
## ——"电子信息工程导论"课程经验

张有光　赵　恒　王梦醒

## 一、课程背景及基本情况

2012年的毕业季,大学毕业感言"遗憾体"引起热议,"大学最遗憾的事就是逃了太多课""大学最遗憾的事就是做的工作太少,玩的游戏太多"……这些遗憾的背后,透露出当下大学教育还有待完善的现况。如何从教育者的角度引导学生,让学生更快地完成由高中教育到大学教育的过渡,唤醒学生内在的学习热情和动力,成为一个亟待解决的问题。

早在2003年,北航就开设了"电子信息工程导论",由每个学科的责任教授主讲,介绍各自的研究方向及相应成果,每次讲座后要求学生写一篇学习总结,由班主任负责评定成绩。2007年我(本文中"我"均指张有光)担任本科教学副院长后,开始负责集成电路、电子信息类专业培养的主讲工作。在调阅了每年的所有作业,与一年级新生座谈之后,我了解到课程中存在的问题与学生诉求,包括主讲教师与课后作业评价分离、教师得不到学生反馈、学科前沿介绍缺乏科普性、对于新生来说多数内容听不懂,等等。

2010年,我在多年实践的基础上,同时对相关大学的电子工程、自动控制、计算机等多个专业导论课程进行调研,将我校《电子信息工程导论》课程内容、讲授方法做了大幅度调整。2013年,又组织了王梦醒、赵恒等十几位研究生、本科生,共同编写《电子信息专业导论》教材,对教学内容进行大幅度的修订。2014年,则根据国家精品视频公开课要求,以智能手机为主线逐步展开专业内容,进一步改善专业内容的科普性。

## 二、课程目标与定位

电子信息工程导论是电子信息工程学院大一新生的必修课,是一门旨在培养学生专业兴趣,引导学生积极思考、勇于实践的基础性课程,主要内容如下:其一、学习什么?——课程以智能手机为背景,介绍移动通信、计算之芯、信息存储、集成电路、摄影摄像、液晶显示、人机交互、移动互联、移动应用等,涵盖了电子信息大类专业。其二、为什么学?——课程的目的是诠释培养目标,以及未来工程师所需的知识、能力与素质。三、为何这样学习?——课程中对东西方大学教育思想进行探讨,这是理解大学教育、进一步理解当前大学正在进行的工程教育改革的理论基础。四、如何学习?——课程从大学面临的问题开始,讨论了课程学习、科技实现与生活实践中的心态与方法。

为了能够走进学生心灵,实现"有温度的教育",课程力图用通俗的语言来诠释专业知识和教育理念。对于专业知识的诠释,一方面追溯科学技术概念到产业化的历程,一方面展望未来发展趋势,并将著名科学家、工程师、企业家的人物故事、产业案例等自然融合在一起,让学生初步感受到未来工程师的能力与素质。这些故事在网络上流传广泛,学生比较熟悉,由此追问智能手机背后的技术、人文、艺术、社科等背景,容易激发学生的兴趣,符合建构主义教育思想。课程内容突出介绍我国科学家及其科技成就,培养学生的民族自信心,但是也不避讳存在的差距,因而可以增加学生的紧迫感。课程对于东西方教育理念的解读,以教育理念发展史为主,辅以翔实的人物故事和经典案例,增强了趣味性和可读性,便于学生从中体悟教育的内涵。内容方面,将拓展阅读自然地嵌入进去,让学生可以进一步阅读思考。

本课程可以引导学生认识大学、认识教育,探索适合自己的成长道路,使他们初步体验探究未知世界的乐趣和方法;激发学生的研究兴趣和动机,初步培养他们提出问题、独立思考和合作交流的意识,实现学习阶段的顺利转换。

## 三、课程内容设计

### (一) 专业知识引入——追溯历史,展望未来

选择智能手机作为范例,是因为其产业重要性、社会普及性、技术综合性。2007 年乔布斯发布的第一款苹果手机突破了人机交互的局限,计算机、移动电话、互联网三者有机结合,打破了手机属于通信产业的界限。由此,IT 产业发生了巨大变化,比如,摩托罗拉被谷歌收购,诺基亚、黑莓从此开始衰落,半导体霸主英特尔面临挑战,个人计算机、笔记本销量呈现萎缩状态。智能手机已经成为信息产业变革的新引擎,苹果公司成为全球市值最高的企业,高通公司市值逐步超越半导体霸主英特尔[1-3]。

课程首先回顾移动通信的发展历史。20 世纪 80 年代初,商用化的模拟移动通信采用蜂窝网络系统与频分多址(FDM),蜂窝思想可大幅度提升系统容量、降低发射功率,从而使公众移动通信成为可能。90 年代初,商用化的数字移动通信(GSM)采用数字调制与纠错编码,进一步提升了话音质量与系统容量。纠错编码起源于香农 1948 年发表的《通信的数学理论》,首次提出"信息熵"(借用热力学"熵"概念)与"信道容量"概念,随后信源编码、信道编码的快速发展为多媒体宽带通信奠定了基础。第 3 代移动通信核心技术是"码分为多址"(CDMA),其最初的想法出乎意料地是由好莱坞影星海蒂·拉玛提出的。CDMA 技术的商用化是由高通公司最先完成的,在第二代移动通信中虽然不及 GSM 应用范围广,但是在第三代移动通信中,3 个标准都是

基于 CDMA 技术，由此造就了高通公司的辉煌。值得赞扬的是 TD-SCDMA 标准，它是百年电信史上第一次由我国主导制定的国际标准。此后，再让同学们发挥想象力，探讨第四代移动通信，畅想第五代移动通信的魅力。

智能手机的核心是移动处理器。与计算机类似，智能手机有通用处理器、图形处理器，此外，手机还有负责通信的基带处理器。回顾计算机发展史，逻辑计算可以追溯到图灵与图灵机，而可实现的计算机框架则是冯·诺依曼提出的存储程序控制。微处理器由英特尔发明，随着个人计算机的普及，在 20 世纪 90 年代初成就了英特尔半导体霸主的地位。图像处理器是由加速卡发展而来，华裔企业家黄仁勋创办的英伟达公司脱颖而出，成为图像处理器领域的主导者。在智能手机的发展方面，英国的 ARM 公司借助低功耗设计的优势、先进的 IP 模式，成为智能手机处理器架构的首选。高通凭借其移动通信技术的优势，成为移动处理器领导者。可喜的是，我国的华为海思、上海展讯、联芯科技在移动处理器领域发展迅速。未来的移动处理器，探索基于非易失性存储、碳纳米管的计算体系，类脑计算、生物计算、量子计算等发展很快，其中一些技术将很快应用到智能手机。

智能手机另一大部件就是信息存储，根据存储程序控制思想，计算中需要保存程序与过程中的数据。同样，拍摄的精彩图片也需要保存。通常我们可以看到一些智能手机配置，如 RAM 1Gbit、ROM 128Gbit。由于存储速度要求不同，智能手机中的存储器分为静态随机存储 SRAM、动态随机存储 DRAM、还有闪存。在计算机中，常见的还有硬盘。人类的信息存储有漫长的发展历史，结绳计数之后，图案或文字可写在石壁、竹简、羊皮和纸上实现信息存储。从计算机角度，外存储器经历了穿孔卡、穿孔纸带、硬盘、软盘、光盘、闪存等阶段。智能手机中的 ROM 就是闪存，而计算机流行的是硬盘，也有用闪存作为固态硬盘。闪存的发明，可以追溯到 20 世纪 60 年代华裔科学家施敏博士发明的浮栅结构，而我国工程师邓国顺最先发明了闪存盘产品，为闪存提供了巨大的应用市场，此后，加速软盘、光盘退出市场。未来存储器的发展方向之一是赛道存储，有望在容量、读写速度等方面超越闪存。计算内存是处理器非常重要的组成部分，冯诺依曼结构的核心。内存的容量、读写速度直接影响处理器的能力。1964年发明了静态随机存储SRAM,也即6个CMOS管存储1比特,读写速度最快,但面积、功耗代价较高,SRAM通常集成在处理器内。随后,IBM的登纳德博士在研究简化方案中,发明了1个CMOS管加1个电容就能存储1比特,由于电容会有放电效应,需要不断充电,因此容量可以提高,但是读写速度相对慢一些,这就是动态随机存储DRAM。巨磁阻效应GMR的发现不仅为硬盘的高速发展奠定了基础,同时也打开了一扇通向新技术世界的大门,也即自旋电子学,2007年该项发明获得诺贝尔物理奖。1994年,科学家常温条件下观察到的遂穿磁阻效应TMR,以及1996年预测、在2004年实验证实的自旋转移力矩效应STT,都为磁性存储器奠定了物理基础。2006年推出了16Mb第一代磁性随机存储MRAM,因其天然的抗辐射、高可靠性,很快被应用于航空航天领域。2013年11月,美日二十多家企业组建联盟,宣布未来5年内将MRAM全面代替DRAM。未来20年,计算逻辑与数据存储全部基于自旋电子有可能实现。大数据时代,存储介质与存储体系极其重要。

打开智能手机,不仅可以看到处理器、内存、闪存,还能看到图像传感器等集成电路。集成电路在我国单品贸易中逆差最大,是信息产业的基石。集成电路的历史可以追溯到1958年德州仪器的基尔比博士,同时诺伊斯用平面工艺也实现了集成电路构想。随后集成电路迅速发展,1965年摩尔提出了"摩尔定律",也即每18个月集成度提高一倍,到现在为止近50年,它还一直成立。摩尔定律有多快? 15年增长超过1000倍,看处理器速度、存储器容量就可以感受到其速度。发展快速既是机遇也是挑战,如果跟不上发展速度就被淘汰,同时也带来了新的机遇,包括智能手机的发展中集成了如此多的功能。回顾集成电路发展史,我们将发现,其产业模式,初期如德州仪器、英特尔,设计、制造、封装、测试都是自己完成,被称为集成器件制造模式IDM,20世纪80年代中期张忠谋在台北创建了代工模式,促进了无生产线模式Fabless的发展。随后封装、测试产业分离出来,并逐渐形成IP模式,也称无芯片模式Chipless。如今22纳米FinFET 3D工艺成为主流,其发明者是华裔科学家胡正明博士。近年来,我国在集成电路领域发展速度很快,2013年,在物理新机理方面,清华大学首次观察到量子反常霍尔效应；在新器件方面，复旦大学发明了半浮栅晶体管；在工艺方面，中科院微电子所成功研制了22纳米先导工艺平台。展望未来，基于碳纳米管、石墨烯等新材料的晶体管，基于自旋的新器件等将成为主流。

从2007年开始，乔布斯逐渐使智能手机流行起来，其最大贡献在于突破了人机交互的瓶颈，当然时尚的设计也是功不可没的。智能手机采用全屏显示、多点触摸、手指操作、动态虚拟键盘等技术，加以对人性的充分理解，实现了人机交互的简洁性。支持多点触摸的技术有电阻式、电容式触摸屏技术，未来还有悬浮触控——可以更加方便灵活，触觉反馈——具有接触实际物体一样的感觉，移动网络——可以传递更多情感信息，等等。传感器的加入使得智能手机在操控性能方面甚至优于笔记本、台式机。运动传感器有：多轴陀螺仪、加速度计、电子罗盘（磁力计）等，如用于游戏机操控、微信中的摇一摇、摄影中的防抖等；环境感知传感器，如接近传感器、环境光强度传感器，温度、气压、嗅觉传感器等，可以增强环境感知能力。人体监测传感器，如血压计、心跳、体温等传感器，可以用于移动医疗保健等。传感器之所以能够装到智能手机中，核心就是小型化，也即微电子微机械技术MEMS。此外，MEMS技术还应用于微镜头——微光电机系统（MOEMS）、晶振、天线。未来，人机的自然交互，生物识别、语音识别、手势控制、意念控制等，将逐步进入智能手机的设计。

摄影，初期仅仅是手机的一种辅助功能，然而随着微镜头、图像传感器等技术的发展，其性能已经达到可以取代数码照相机的地步。由于MEMS与微光学技术的发展，原本属于照相机的广角镜头、自动对焦等已经逐渐小型化，装备到了智能手机上。图像传感器CCD起源于1969年，它开启了数字影像的大门，历经四十多年的发展，尤其是CMOS图像传感器的发展，目前最高图像分辨率达到5000万像素。它重新定义了照相行业，加速了胶卷产业的没落。2009年，CCD的发明者波义耳、史密斯获得了诺贝尔物理奖。图像处理，如防抖处理，与运动传感器结合，可以实现运动中拍摄清晰图像，可以采用全景模式、高清模式，以及对已经拍摄图像进行后期处理，如魔术棒、美容、去雾处理等。液晶涉及物理、化学、材料、生物多个领域，是典型的跨学科交叉创新,德热纳为此于 1991 年获诺贝尔奖。目前,显示技术薄膜晶体管、有源矩阵有机发光二极体面板、受蝴蝶的启示发明了 MEMS 显示器等。未来将发展柔性显示、裸眼 3D 显示、3D 触觉反馈、3D 显示等,获得更多的视觉、触觉效果,同时实现低能耗、可回收等效果。

根据权威机构的统计,移动互联网的流量快速增长,已经超越固定网络流量,表明了移动的重要性与发展趋势。互联网的发展史,包括 TCP/IP 协议、HTTP 协议、浏览器、搜索引擎的发明。图形化浏览器的诞生,加速了互联网发展,催生了网络新经济,随后是网景与微软的浏览器之争,门户网站雅虎的诞生与快速发展,搜索引擎谷歌与百度之争,等等。微信,其朋友圈、摇一摇、附近的人等社交网络功能,充分利用移动互联网的特点,用户体验受到追捧,被认为是移动互联领域的重大创新,也是我国互联网领域的第一个重大创新。腾讯的市值从 2013 年 9 月首次突破 1000 亿美元,到 2014 年 3 月份突破了 1500 亿美元。社会网络与六度分割、弱关系的力量,从社会学现象发展成为社会学原理,它启发了网络搜索算法,并成为复杂网络新科学的重要内容,也成为社交网的社会科学的依据。移动互联有 3 个维度(SoLoMo),也即社会、位置、移动。位置服务,如今与云计算、移动网络结合,其价值越来越大。移动的方便性带给我们更多的想象空间。

苹果 2013 年 10 月份应用软件累计下载量 600 亿次。另一份权威机构监测表明,人们花在移动应用上的时间要比花在网络页面上的时间多,并且增长趋势更快,这表明了应用生态链的成功。从 iTunes 到 AppStore,苹果内部经历了一番争论:开放与用户体验之间如何取得平衡?这一争论逐步完善了 AppStore 平台发展战略,今天整个平台及生态链也让开发者和苹果公司都因而受益,现在回头来看真的颇具戏剧性。在安卓与苹果平台之争中,开放与封闭都是一种可选的战略,它们根据自身特点选择合适的策略。苹果是封闭中的开放,而谷歌是开放中的封闭。苹果严格的测试监管能确保用户的安全、用户体验,而谷歌突出的快速上线能够容纳更多开发者。在移动应用领域获得快速成功的典型案例,如愤怒的小鸟、智龙迷城——移动在线游戏的领跑,再如微博微信、图片社交网、移动办公等。也有偶然灵机一动的创新,如越南少年的像素鸟等短期作品,也受到疯狂的追捧。技术虽然重要,但是创新是灵魂,AppStore 网聚了全球优秀的开发者,这些开发者的多样性、规模性不是一个企业的研发部所能容纳的。随着智能手机所拥有的传感器越来越多,智能手机可以创造出更多更精彩的应用,如移动保健、移动医疗等。

上文从智能手机的"有用"出发,逐步探索其背后的技术,以及它们的演变历史,内容涉及电子、计算机、应用软件、光电等电子信息大类专业内容。

### (二) 诠释培养目标——多元价值,未来挑战

在专业知识之外,课程首先诠释大学的培养目标。哈佛大学心理学教授加德纳在 1983 年提出多元智能理论[2],将多元智能划分成七种,分别是音乐智能、身体智能、逻辑智能、语言智能、空间智能、人际智能、自我认知智能。如果从多元智能的角度来看,现行的评价体系对其中一些方面的关注程度还有所欠缺。从教育者的角度出发,应该承认学生具有不同的天赋和潜力,保护和鼓励学生多进行实践,多做尝试,勇敢做唯一的自己。另外,教育者还应该认识到,人的能力素质是立体的,木桶理论形象地指出了一个人的能力受到其短板的制约。因此,要鼓励学生在课下去发展一些在评价体系中没有明确规定的能力与素质。

众所周知,人才培养要面向未来。可是,未来趋势是什么？未来工程师需要具备什么必要的能力呢？伴随着社会发展,不断涌现出新的问题:自然环境的恶化、全球化、政治格局变迁等。这些对未来工程师而言,都是巨大的挑战,他们需要在不断的实践中提高应对挑战的能力。当然,这些问题也伴随着机遇,科学技术的进步可以一定程度上帮助人类克服这些阻碍社会进步发展的问题。由此看来,未来工程师的核心素质可以归纳为:学习能力、实践能力、创造能力和伦理道德。

为了适应这个每一分钟都在发生巨变的时代(尤其是在摩尔定律驱动下的 IT 产业的变化更是迅速),未来工程师必须坚持学习,不断更新自己的知识库,跟上时代的脚步。另一方面,工程师要能够适应不同的环境,具备快速学习的能力,因为智慧城市、智慧地球的构建,

可不仅仅需要IT技术。实践能力是工程师的看家本领,是把知识转化为成果的前提,它要求工程师在面对具体问题时,能够快速、恰当地选择合适的理论,而不仅仅是"知道"。具体来说,实践能力要求工程师具备分析、判断、解决问题的能力,交流合作、创业及领导能力,等等。创造能力则是工程师走向卓越的必备武器,批判性思维的养成是培养创造能力的重要途径。而伦理道德的修养,保证了工程师不会用自身的能力和知识对社会造成危害。

在课程知识体系方面,智能手机的全景模式、高清模式、智能防抖等摄影功能引导出图像处理、随机过程、信号处理、信号与系统等信号类课程;从图像处理实现角度来看,学生需要学习编程语言、程序设计、软件工程等编程系列课程。从处理器谈起,课程知识体系涉及计算架构、EDA、数字电路、模拟电路,更为基础的是电路分析,与中学所学的电路相比,电路分析课程中的电路规模变大,电流从直流、交流电延伸到周期信号、非周期信号。从天线门事件中我们可认识到天线的重要性,相关的课程有天线技术、微波技术、电波传播、电磁兼容、微波电路、计算电磁学等。从微信出发,课程知识体系涉及信息的压缩、纠错编码、通信原理等课程,电路实现方面还有通信电路等,相关专业知识涉及移动互联、人文社科等。

因此核心课程可以分为信号、电路、场类、编程4大类。其共性基础是数学物理,相关课程有机械、自动控制原理,与产品吸引力相关的有人文艺术类课程,与成本控制相关的有经济管理,等等。而面向通信工程、光电工程、集成电路等专业,还有相应的专业课程。为了培养实践能力、创新能力,多数课程都配有实验,此外还有科技竞赛、科研训练、课程设计、毕业设计等。

导论课程着重揭示各科目之间内在的逻辑和联系,对具体专业知识只进行概括性的描述,其主要目的是引导读者对课程的设置有一些整体性的认识,思考课程之间的关系,促进课程学习。

### (三) 探讨大学理念——东西互鉴,沿袭拓展

探讨大学教育理念,可以帮助新生更好地理解大学,尽早地完成从中学到大学的过渡。把大学理念的演变历史展现给读者,让读者把

握现代大学教育理念的来龙去脉、教育思想的多样性,从中领悟教育的精髓。

高等教育在东西方都有着悠久的历史。西方高等教育理念可以追溯到古希腊三哲:苏格拉底、柏拉图、亚里士多德[3],他们的哲学思想深刻地影响了后世的教育理念。苏格拉底认为"美德即知识",提倡对话式教学,在不断提问的过程中启发思考,让学生自己领悟,教师扮演知识的助产婆角色。柏拉图指出,应依据学生的心理特点划分年龄阶段,每阶段授以不同的教育。亚里士多德倡导理性和逻辑,如今这两点已经融入西方文明,成为其文化性格之一。在古老的东方,以孔子、老子为代表的思想家们,同样进行了高等教育的思索与实践。孔子创办了私学,这是中国高等教育的源头。孔子"不愤不启,不悱不发"的启发式教育思想和因材施教的教育理念到今天依然为人们津津乐道。老子"处无为之事,行不言之教"的思想指出,教师应顺从学生的身心发展规律,将学习的主动权交给学生。这些古老的教育理念直到今天依然是高等教育的核心价值导向,指导着高等教育努力改进的方向。比如,老子的思想启发了美国人本主义心理学家卡尔·罗杰斯,罗杰斯先是在心理学中倡导"非指导性疗法",然后扩展到教育,提出"非指导性教学",也即"自由学习"。佛教"自觉觉他""迷者自悟""机锋棒喝""空杯心态"等,也都蕴含着深刻的教育思想[1]。

现代大学起源于中世纪欧洲,到近代开始激烈迸发出智慧的火花。19世纪初德国的洪堡、费希特等人在德国推行教学与科研相统一的大学理念[4],把科学研究列为大学的主要任务之一,并且把科研放到和教学相近甚至更高的地位上。洪堡认为,在大学中,学生是"受指导的研究者",他们朝气蓬勃、思维活跃而又勇于探索;而教师是"独立的研究者",他们只有从科研中取得创造性的成果,才能在教学中有所传授,同时他们也有能力妥善协调教学与科研之间的关系。为了实现"教学与科研相统一",柏林洪堡大学将哲学院由边缘地带拉回到核心位置,并创造出了"习明纳"(seminar),也即讨论班等一系列教学形式。19世纪20年代,德国化学家李比希在吉森大学组建实验室,邀请学生共同完成实验项目。摆脱了单枪匹马的境地后,李比希在科技前沿迅速占领一席之地;另一方面,学生的能力与兴趣也在科研当中得以显著提升。吉森实验室不仅造就了数量惊人的化学家,也将世界化学的中心由法国迁移到了德国,因而被誉为"现代化学的圣地"。由此,柏林洪堡大学又将实验室纳入了学生培养计划之列。

19世纪,工业革命降临,专业教育悄然兴起,并冲击了自由教育的主导地位。1851年纽曼应邀出任都柏林天主教大学校长一职,而后他发表一系列演讲与论文,对大学的性质、目的、职能、原则与学科等进行探讨,进而在1873年出版《大学的理念》[5]。他认为"大学是一个传授普遍知识的地方",学者、教师与学生在这里共同展开对真理的追求。通过掌握普遍知识,学生将学会思考、辨析与判断,形成理性并发展智力,进而能够自由从事任何职业。大学教育不具功利色彩,知识本身就是目的,因此,大学提供的不应该是学以致用的专业教育,而是更广阔的自由教育。他还认为,大学人才培养的目标是绅士。绅士以掌握普遍知识为前提,"情趣高雅、判断力强、视野开阔",以自己的智力与能力"从容、优雅、成功地从事任何一种科学或行业",也可以很好地适应社会。纽曼对师生互动与学生交流十分重视,他认为:"对学生而言,导师并不仅是学术的指导者,还是道德与宗教的守护者、心灵的引路人。"另一方面,他认为:"年轻人敏锐、心胸开阔、有同情心、善于观察,他们在自由密切交往时,即使没人教育他们,他们必定也能互相学习;所有人的谈话,对每个人来说就是一系列的讲课,他们可以从中学到簇新的概念和观点,以及判断事物与决定行动的各种不同原则。"耶鲁大学历史学教授雅罗斯拉夫·帕利坎把纽曼的大学理念用数学公式加以概括:$1/3 + 1/3 + 1/3 = 1$。三个$1/3$分别表示教师对学生的教育、学生对学生的影响以及学生独自学习所占比例,只有三者达到和谐统一,才能造就完整而健康的大学教育[6]。

洪堡的柏林大学办学理念,后来被美国大学所学习。弗莱克斯纳在之前"德国经验"的基础上论证了大学与社会的关系,他指出:"大学也不是风向标,不能什么流行就追随什么。大学是有意识地致力于追求知识、解决问题、审慎评价成果和培养真正的高层次人才的机构。"他还对专业教育与职业教育做出了区分,不含学问的专业便不能被称为"专业",而只能看做是"职业",专业则拥有普遍的基础、高深的学术以及崇高的目标。他还发表了著名的演讲"无用知识的有用性",并创办了普林斯顿高等研究院。

"二战"后,德国存在主义哲学大师、高等教育家雅斯贝尔斯对高等教育进行了深刻反思,把高等教育的理念带到了新的境界[7]。他认为:"大学是研究和传授科学的殿堂,是教育新人成长的世界,是个体之间富有生命的交往,是学术勃发的世界。""教育活动关注的是如何最大限度地调动并实现人的潜力,以及如何充分生成人的内部灵性与可能性。也就是说,教育是人的灵魂的教育,而非理智知识和认识的堆集。"通俗地讲,教育不仅包括知识的传授,还涉及生命体验的交换以及内在自我的唤醒,帮助受教育者搭建起自己的灵魂。因此,"大学任务的完成还要依靠交往的工作——学者之间、研究者之间、师生之间、学生之间以及在个别情况下校际之间"。而师生之间的交往作为重点,包括了平等、自由与爱三个前提。

现代高等教育在我国始于清末,北大、清华无疑是我国现代高等教育的先行者,其大学理念的形成,经历了中西理念的碰撞融合,也给当下我国高等教育打下了深深的烙印。蔡元培在北大担任校长时,提出了"思想自由,兼容并包"的办学方针,这为中国现代大学融合东西方经典教育理念提供了思想前提。梅贻琦就任清华大学校长后,提出了"大师论""通才论""从游论"等观点,把传统文化中优秀的教育思想注入清华的教育理念。梅贻琦将"知类通达"作为教育目标,认为教育的重心"应在通而不在专",因为"社会所需要者,通才为大,而专家次之,以无通才为基础之专家临民,其结果不为新民,而为扰民"。一名卓越的工业组织人才,只有同时理解工程与行业之间、理论与技术之间,甚至物与人之间的彼此关联,方能一叶知秋、不偏不倚,在错综复杂的情景当中做出顾全大局的决策。他在继承优秀传统的同时,推行通识教育,倡导学术自由,对当代中国工程人才的培养进行了初步探索。

现代大学教育理念还有一些新的发展,例如芝加哥大学、哈佛大学的通识教育,斯坦福的创业教育,欧林工学院的广义工程教育等。这些都是在过去教育理念基础之上为了更好地实现大学理念所追求的价值目标,对已有教学模式进行的改造,扩充了大学理念的内涵。这些大学教育新的发展,引导读者领悟到其中所蕴含的教育思想。

以上为理解当前正在进行的工程教育改革奠定了基础。目前,大学正推行通识教育、书院制、导师制、个性化、小班化与国际化等教学活动,还包括学生科研训练计划(SRTP)、学科竞赛、走进科研实验室等活动。

### (四)初入大学引导——启发思考,解读困惑

大学对于新生而言是一个几乎完全陌生的环境,不同于高中,新生在大学中拥有相对自由的时间和生活空间,远离了家庭呵护的新生面临全新的独立生活的环境,从心态到习惯各方面都有可能不适应,这些不适应可能就会演变成影响学习生活的身心问题。

大学怎么读,就是要从学生的角度切入,探讨大学可能遇到的问题,再从学生的角度,寻找可行的解决问题的途径。这里解决的主要是思想上的问题,包括一些最基本的,如:我为什么要上大学;高中的成功在大学难以复制,该如何调整心态;该如何设定目标;如何培养专业兴趣等。以往学生的这些切身经历,剥离了说教成分,用贴近学生的语言表达出来,能引起学生的共鸣,激发思考。

关于课程学习的问题,一方面从学习理论的角度入手,介绍了科学的学习方法。例如教育家、数学家波利亚的《怎样解题》一书[8],把解题方法归纳为4个步骤,分别是弄清问题、拟定计划、实现计划和回顾。其中,回顾往往是被同学忽略的步骤,而这个步骤恰恰是整个做题过程当中提高最大的环节。波利亚的解题方法与李晓榕[9]所倡导的研究方法有着共通之处,强调通过独立思考来提出、解决问题,这种探究式的解题方法和科学研究的方法非常相似。除此之外,课程学习还必须培养良好的习惯,包括预习、听课、复习等必要环节如何科学地开展,其目的与意义如何。

除了学习,科学研究也是大学的重要内容,科技实践作为本科生参与科学研究的主要方式,在各大高校得到广泛开展。本课程从走进实验室、科技竞赛和科研训练三个方面对科技实践的主要内容进行了概括介绍,为新生参与科技实践提供了指引。

大学给新生提供了一个广阔的舞台。中国古人有所谓"读万卷

书,行万里路",因此应该鼓励同学走出去,开阔视野,也不妨利用假期去外面走走,看看世界,领略不同的文化,提高自身的文化包容性。学习之余,社团生活、读书、讲座,课余的活动丰富多彩,选择一些适合自己的来参与,丰富生活,也锻炼能力。

新生大学还有一个不得不面对的问题,就是面对挫折,该如何调整心态?课程结合前面介绍的杰出人物的经历,启发读者从另外的角度看待这些逆境,正是战胜这些挑战和逆境构建了一个人由平庸到杰出的向上的阶梯。另外,当个人发展和学校评价体系产生冲突时,如何选择?任何评价体系都只能覆盖一个侧面,大学的评价体系主要是针对学习成绩,或者可以测试、检验的部分进行评价。其实,许多只可意会的"软技能"很难位列其中。确实,学习成绩是大学学习成果的重要体现,但不是唯一的,也不是非要每门功课都要优秀。对评价体系的认识要辩证,要重视,更要超越。台大郭瑞祥教授认为:"大学应该教给学生,如何为自己找寻答案?甚至是,能不能在犯错后,鼓起勇气选择补考,而不是沮丧放弃,勇敢地做唯一的自己。"在实践中,敢于尝试,在挫折中认识自我,倾听内心的真正需求。

# 四、授课形式与考核方式

## (一)授课形式

授课形式分为大课和讨论课。

作为两三百人的大课,每次课前设计几个问题,主要以自问自答的方式进行,每次课后让学生反思总结,教师批改作业,并借助学校课程中心网站互动讨论。

作为30人的讨论课,课前可以先看精品公开视频课程,并阅读教材、查阅资料、深入思考,提出自己的问题与观点,然后回到课堂讨论。教师仅仅是课堂的主持人,重点是引导学生并调控课堂局面,将表达不同观点的机会留给学生。法国教育家第斯多惠说:"教育的艺术不在于传授本领,而在于唤醒与鼓舞。"因此,在师生讨论时,可以分成小组,每次课准备1个问题,由他们来主持。针对学生的观点、结论,采取苏格拉底式的教育方式,让同学们自己在思考、辩论中加深对问题的理解,过程中要加以适当的鼓励,尤其是对"异想天开"的观点,对问题的回答是开放的,没有标准答案,肯定观点的多样性,并继续深入探讨和思考,形成课后的总结报告。

研讨课上,学生的构成要有多样性,至少有部分学生来自其他专业,也有部分来自高年级。其他专业学生的重要性在于角度上的差异,而高年级同学可以作为"同辈群体",他们对专业的理解、对大学的理解有实际经验为基础,有利于讨论气氛的活跃和问题的深入。

本课程建议多位教师组成教学团队,团队成员需要进行"协商课程"教学模式的研究与训练,尤其是"学会关心""学会学习""自由学习"等教育思想和教学实践的研究与训练。

### (二) 考核方式及成绩评定

大班课,由教师主讲,课程成绩的评定主要看课后的总结报告,也可依据学生参与讨论的活跃程度。

研讨课,可以采取教师主讲、教师主持研讨、学生主持研讨三种模式,其中学生主持研讨,可以有几名同学一起主持。研讨课的成绩评定,可以按照教学案例、课堂组织实施、课后总结报告、参与讨论、全课程总结报告等几个方面来评定,具体比例可以灵活掌握。

**教学案例设计**:每个小组负责一堂课程的教案设计,在教师指导下,自己查阅资料,设计课堂中研讨的问题,教学活动的组织等形成教学案例。

**课堂组织实施**:课堂中指定的小组主持讨论,它是教学案例设计的展示部分,包含教学内容、教学过程的理解程度。

**课后总结报告**:对自己设计的教学案例及其实施过程的总结分析。自我反省与总结是一种很好的习惯,也是一种能力。

**课堂参与讨论**:研讨课中的表现,包括出勤情况、参与程度、所提出问题的数量与质量。

**全课程总结报告**:关于其他小组同学主持教学案例课课程内容及其课堂组织过程的点评分析。

[附]

电子信息专业导论——从智能手机谈起,共计 16 学时,分为 8 次讲座,内容安排如下:

| 序号 | 讲座题目 | 内容简介 |
|---|---|---|
| 1 | 移动通信 | 概述:智能手机——IT 产业变革的新引擎<br>信息与编码——香农的通信数学理论、蜂窝网思想与第一代模拟移动通信,第二代全球数字移动通信 GSM、码分多址 CDAM 的诞生与第二代窄带 CDMA,第三代移动通信系统——宽带 CDMA,中国标准的故事,第四代中国与欧盟主导标准制定;畅想未来第五代移动通信 |
| 2 | 计算与存储 | 处理器:通用处理器、图形处理器、基带处理器;ARM 架构及其 IP 商业模式,该领域霸主为高通;华为海思、上海展讯、大唐联芯发展迅速<br>外存:硬盘、闪存、未来存储:赛道存储<br>内存:SRAM、DRAM 的历史、未来存储:自旋电子、DNA 存储 |
| 3 | 集成电路 | 晶体管、集成电路的发明故事,摩尔定律<br>产业模式:IDM、设计与制造分离,封装与测试分离;Chipless 的 IP 模式、EDA——电子设计自动化<br>中国的进展:清华发现量子反常霍尔效应,复旦发明半浮栅晶体管、中科院研制成功 22nm 先导工艺 |
| 4 | 人机交互摄影显示 | 人机交互:全屏显示、多点触摸、动态键盘,传感器——多轴陀螺仪、加速度计、电子罗盘等,实现技术——微电子微机械 MEMS<br>人机自然交互:身份识别、语音识别、意念控制<br>图像获取:微镜头、3D 成像、图像传感器<br>图像处理:高清模式、全景模式、防抖处理等<br>图像显示:薄膜液晶、MEMS 显示、显示技术 |
| 5 | 移动互联应用软件 | 互联网发展历史:TCP/IP、HTTP、浏览器、门户网站、搜索引擎等<br>移动互联:微信——移动互联的重大创新<br>背后科学:人性的需求、社会网络、复杂网络科学<br>三个维度:社会、位置、移动 SoLoMo<br>应用软件商店:平台化发展战略,体现系统思维,创新与创业机会<br>未来:移动医疗、保健等 |
| 6 | 培养目标 | 工程社会环境:全球化、老龄化、环境恶化,生物、微纳米科技发展迅速,工程系统规模巨大等<br>能力素质:学习、实践、创新、伦理道德四大类<br>课程体系:信号、电路、场类、编程四大类,数理基础、人文社科、艺术等 |

(续表)

| 序号 | 讲座题目 | 内容简介 |
|---|---|---|
| 7 | 大学教育 | 西方大学教育理念:自由教育、通识教育、苏格拉底式教学法,纽曼、洪堡、怀特海、雅斯贝尔斯、弗莱克斯纳教育思想。哈佛通识教育、斯坦福创业教育、欧工学院的广义工程教育<br>中国大学教育理念:儒道佛教育理念,强调学生内在的自觉;蔡元培的学术自由、兼容并包,梅贻琦的"大师轮、通才论、从游论"等<br>工程教育改革实践:通识教育、书院制、导师制、个性化、小班化、国际化等 |
| 8 | 大学怎么读 | 新生面临的问题:中学与大学教育的差异,大学培养目标?<br>课程学习:波利亚的探究性解题,李晓榕的科研四步骤;预习、复习;教材与课外参考书;等等<br>科技实践:走进实验室,科研训练计划、科技竞赛等<br>生活实践:跳出专业,书院学习、讲座、博物馆、展览会、社团活动等<br>未决问题:在评价体系方面,如何追求优秀与保持个性?在挫折教育方面,如何寻求适合自我成长的道路? |

# 参考文献:

1. 张有光,王梦醒,赵恒. 电子信息类专业导论. 电子工业出版社,2013.

2. 〔美〕霍华德·加德纳. 重构多元智能. 沈致襄译. 中国人民大学出版社,2008.

3. 苏振兴. 古希腊时代教育思想研究. 天津人民出版社,2011.

4. 陈洪捷. 德国古典大学观及其对中国的影响. 北京大学出版社,2006.

5. 〔英〕约翰·亨利·纽曼. 大学的理念. 中国人民大学出版社,2012.

6. 〔美〕雅罗斯拉夫·帕利坎. 大学理念重审:与纽曼对话. 杨德友译. 中国人民大学出版社,2008.

7. 〔德〕卡尔·雅斯贝尔斯. 教育是什么. 邱立波译. 生活·读书·新知三联书店,1991.

8. 〔美〕G. 波利亚. 怎样解题:数学思维新方法. 涂泓,冯承天译. 上海科技教育出版社,2007.

9. 李晓榕. 科学网博客:http://blog.sciencenet.cn/home.php?mod=space&uid=687793

# 感悟历史，启迪智慧
## ——"仪器科学与科技文明"课程经验

钱 政

## 一、课程历史沿革

2003年,北京航空航天大学仪器科学与光电工程学院成立伊始,其2004版本科生培养计划中就列入了"专业导论"课程,当时学院四个专业方向各自开设了自己的导论课程。"测控技术与仪器专业导论"即由我来负责,安排在大三下学期开设,受益学生每年有50名。经过几年的教学实践,我发现,如果能够在大学一年级即对学生进行专业介绍,对于激发学生的专业兴趣及合理安排大学四年的生活更有帮助。恰逢2010年开始,学校按照大类专业招生,因此新版培养计划中在大学一年级安排了"仪器类专业导论"课程,继续由我来负责建设和讲授,迄今为止,该课程已讲授4年,每年受益学生175名。在大类专业导论课程的讲授过程中,我慢慢意识到,如果能够从仪器科学和科技文明的发展历史角度介绍专业的内涵、外延、地位及重要性,学生更能把握专业的发展脉络,对于关键概念和技术的理解也更为清楚和透彻,因此每年的专业导论课程都随着对这个问题认识的逐步深入而不断完善和修改。2012年开始,北京航空航天大学率先在文科生中开始通识教育的改革与实践，并于 2013 年面向全校选聘通识课程核心课，因而触发了依托专业导论课程开设通识教育核心课的想法，课程名称为"仪器科学与科技文明"，出发点就是总结和归纳科学仪器的发展历史以及与科技文明的互动作用，面向非仪器类专业的理工科学生和文科生，全面解读科学仪器发展中的关键事件、对科技文明和科技革命的推动作用以及科学仪器研究过程中的创新思维方法，力求普及知识、拓展视野及转变思维。

## 二、课程建设目标与定位

课程旨在从普及科学知识、拓展学术视野及启发创新思维三方面阐述仪器科学的地位和重要作用。课程主线是以科技文明的发展历史为牵引，以物理学、化学及医学三个学科为典型代表，以三次科技革命作为归纳总结，以仪器研究中的创新思维作为内涵延伸，解读"仪器源于科学，并推动科学发展"的核心思想，从而达到学习科学文化知识、提高科学文化素质的目的。

课程定位明确，重点突出，既兼顾了从宏观上阐述仪器科学与科技文明的相互作用，也兼顾了物理学、化学、医学等具体学科中仪器科学的推动作用，同时在对航空航天、智慧城市等热点问题的探讨中展示了仪器科学与它们之间的互动作用，期望能面向不同受众，达到通识教育核心课程的教学目标。

本课程期望能够使不同的受众都有所收获。全国近 300 所高校设有测控技术与仪器专业，这说明它本身是一个普及面比较广的专业。本课程有助于仪器专业大学生了解历史，启迪思维；对于非仪器类专业的大学生，则可起到普及知识、拓展视野的作用；对于高中高年级学生，能起到科学普及、提高素养的作用；对于社会大众，则能够起到宣传仪器科学与测控专业的作用。课程的切入点和课程安排都将保证课程的受众面，具有普遍性和广泛性。

## 三、课程内容设计

课程分为 8 讲。在课程讲授过程中需要特别注意的是,作为一门通识核心课程,面向的授课对象千差万别,因此必须避免专业性过强的介绍,要以最通俗的语言解释相关的概念和实例,达到让大众受益的目标。

**第 1 讲:仪器科学与科技文明的关系**

**教学目标**:明白仪器和仪器科学的概念,明确文明和科技文明的内涵,通过科技发展历史过程中几次科技中心的转移,来解读仪器科学对科技文明的推动作用,循序渐进地引出仪器科学和科技文明的互动关系。

**教学内容简介:**

首先简要介绍仪器和仪器科学的基本概念,强调仪器科学实质上是感觉、思维和体能器官得以延伸的科学技术学科;之后结合信息流动的过程,强调仪器科学与技术学科重点从事的是信息流动的前端——信息获取的工作,并结合计时仪器、度量衡、天文地理仪器、显微镜等仪器的发展历史,强调仪器的地位和重要性;最后通过科技发展史上几个标志性人物的名言,突出测量的重要性以及对科技发展的推动作用。

其次介绍文明与科技文明的基本概念,强调科技文明的内涵包括两方面,一个是科学技术发展的历史与文化,另外一个就是科学技术的发展对人类文明的推动;之后选取古玛雅文明、古埃及文明和中国文明为代表,简要介绍这几个文明当中的标志性科技文明成就;最后落脚到古希腊文明,简要介绍古希腊文明的科学精神以及古希腊科学诞生的三个条件,帮助大家了解古希腊文明为什么能够成为西方科技文明的起源。

在最后一部分内容讲解中,先简要介绍科技文明的发展历史,对比中外科技文明的发展概况;之后就落脚到科技中心的转移,以 5 次科技中心的转移为主线,分析每次科技中心的发展及转移过程中仪器科学与技术起到的作用;最后简单介绍美国作为第 5 次科技中心,为我们国家的科学技术发展培养了大量的人才,鼓励大家努力把我们国家也建设成为世界科技发展大潮中的一个重要支点。

**第 2 讲:仪器科学与物理学发展**

**教学目标:** 通过对物理学发展史的介绍,明晰自然科学之母——物理学的发展对科技文明的推动作用;之后通过对经典物理学和现代物理学发展的简单回顾,进一步了解仪器科学对物理学发展的推动作用。

**教学内容简介:**

首先简要介绍"物理"一词的来源及其基本概念与内涵,总结出物理学的基本特点;之后简要介绍物理学的发展史,明确经典物理学和现代物理学的界限;接下来主要以经典光学的发展为例,概述经典物理学发展过程中仪器科学的作用;最后落脚到 19 世纪末两个著名的物理实验,由此带来了经典物理学的两朵乌云,乌云背后蕴含了现代物理学的两个支柱理论——量子论和相对论。

接下来从两方面介绍仪器科学对物理学发展的推动作用。在经典物理学方面,以经典力学和电磁学为例,介绍仪器科学的推动作用。牛顿的万有引力定律之前的工作基础是什么,仪器起到了什么样的作用?万有引力常数的测定又必须依赖于仪器的发展与进步。电磁学发展过程中的几个关键事件,每一个都离不开仪器的重要支撑。没有仪器和测量,就不会有奥斯特、安培和法拉第的发现,电磁学就不会逐步完善。最后,麦克斯韦方程组的建立及其对电磁波的预言,得到了赫兹的实验验证后,才真正将经典电磁学推向了顶峰。而在现代物理学方面,则从现代物理学革命的序幕讲起,分析 3 个经典的物理实验如何揭开了现代物理学革命的序幕;之后围绕量子论发展的黄金 30 年,介绍仪器科学的推动作用,理论和实验的相互结合,最终奠定了量子论的基础;接下来,以基本粒子的发展为例,解读在这个过程中仪器以及实验的重要作用,揭示出标志性的事件及发现都离不开仪器的支撑;最后,介绍几个典型仪器与物理效应的发现过程。通过对这些典型仪器及经典实验的介绍,让大家更深入地感悟仪器科学对物理学发展的推动作用。

**第3讲:仪器科学与化学发展**

**教学目标:**本讲仍然以自然科学为例,通过对化学发展史的介绍,更加深刻地揭示化学发展对科技和生活的重要作用;之后通过对近代化学和现代化学发展的简单回顾,揭示仪器科学对化学发展的推动作用。

**教学内容简介:**

首先简要介绍"化学"的来历及其基本概念,明确化学史的发展可以给人带来智慧。之后从化学的萌芽期、化学的形成期、近代化学及现代化学四个阶段,分别简要介绍各阶段化学发展的基本历程及主要特点,期望学生逐步体会,化学内涵的不断拓展与研究内容的不断深入,迫切需要仪器科学的紧密配合。特别是现代化学从宏观进入微观,分析测试仪器的发展决定了化学发展的水平。

接下来从两方面介绍仪器科学对化学发展的推动作用。对于近代化学,以波义耳作为起点,介绍其对化学学科发展的重要奠基作用,并强调波义耳对化学实验的贡献,气泵实验及石蕊试纸实验对化学发展带来的革命性变化;以拉瓦锡作为里程碑式的节点,介绍拉瓦锡对于定量化学发展的重要贡献,强调测量对近代化学带来了翻天覆地的变化;之后围绕气体的发现、原子—分子学说及原子量测定、元素的发现及有机化学、电化学的发展历史,逐步揭示出仪器科学对近代化学的发展与完善起到的重要作用。对于现代化学,以化学促进了现代文明的发展为切入点,重点揭示分析测试仪器对现代化学发展的重要支撑作用。以 X 射线衍射仪、质谱仪、色谱仪、氨基酸分析仪、核磁共振仪、飞秒激光成像等分析测试仪器为例,通过鲜活的例子展示出仪器科学的重要作用。最后简要介绍了现代有机化学的发展,以及在有机化学中仪器科学所起的作用。希望通过对这些典型仪器及经典实验的介绍,让大家更全面地了解仪器科学对化学发展的推动作用。

### 第 4 讲:仪器科学与医学发展

**教学目标**:本讲将落脚点转移到人,通过对医学发展史的简要介绍,准确把握医学发展的历史脉络,并逐步过渡到本讲的主题:医学发展历史中仪器科学起到了什么样的推动作用?之后即从近代医学和现代医学的角度对此问题进行分析。

**教学内容简介**:

首先简要介绍"医"字的来历及医学的基本概念与内涵,之后从远古医学、古代医学、近代医学和现代医学四个阶段简要介绍了医学的发展历史,提出了仪器科学的作用问题。

接下来从两方面介绍仪器科学对医学发展的推动作用。在近代医学方面,以西方医学革命为切入点,先简要介绍维萨里和哈维的工作,特别强调哈维的血液循环学说,其验证实验本身就是一个设计非常精巧和完善的测量过程;之后介绍桑克托留斯,第一个将定量概念引入医学的人,简要介绍体温计、脉搏仪、称量椅在其医学工作中的作用;接下来以显微镜、听诊器和内窥镜为例,介绍这些仪器在近代医学发展中的作用。在现代医学方面,先简要介绍典型医疗仪器的发明及作用,如心电图、医学超声、CT、医学核磁共振仪等;之后概括出显微镜在诺贝尔生理或医学奖获得者中的重要作用,让学生更加深入地体会仪器对医学发展的推动作用;接下来选取现代医学中的两个重要组成部分——放射医学和医学遗传学,介绍在其发展过程中仪器科学起到的重要支撑作用;最后,以仿生仪器中的电子耳蜗、电子鼻和电子眼为例,展示其发展对改善残疾人生活水平和生活质量的重要作用。介绍这些典型仪器,仍然是希望让大家更全面地了解仪器科学对医学发展的重要推动作用。

### 第 5 讲:仪器科学与航空航天

**教学目标**:本讲将落脚点放在航空航天这个自古以来激励无数人前行的领域。首先简要回顾航空航天的发展历史,启迪学生思索该领域仪器科学起到的推动作用。接下来,分别以航空和航天为主题,深入细致地介绍仪器科学的重要应用。期望通过本讲内容的介绍,让学生领悟仪器科学与航空航天这个工程应用领域的结合点，并深入了解结合之后所发挥的巨大作用。

**教学内容简介：**

自古以来，人们对航空、航天的渴望与日俱增。从中国古代的嫦娥奔月、万户飞天，到国外达·芬奇、乔治凯利的理性思索，航空、航天一直是驱动人们不断挑战自我的原动力。因此，分别以航空器、航天器为对象，简要阐述人类航空、航天的发展历史，旨在通过不同阶段的发展目标，深入思考为什么会有新的技术进步推动其发展，特别是要思考仪器科学在推动过程中起到了什么样的作用。接下来，分别以航空、航天发展过程中的关键节点为例，重点展示仪器科学对航空、航天的推动作用，从航空与航天器的加工、制造、运行、维护全寿命周期的管理，到航空航天器的发射与回收，各个环节都离不开仪器的重要支撑。这些介绍，重点是启发学生去思考，仪器科学与航空、航天之间存在什么样的关系？

### 第6讲：仪器科学与智慧城市

**教学目标：** 智慧城市是当前信息化快速发展情况下衍生出来的概念，也是日益影响人类生活的一个新的领域。因此，本讲首先简要介绍智慧城市概念的诞生与发展历程，以及智慧城市的基本内涵。之后选取智慧城市中的几个重点组成部分，如智慧交通、智慧气象、智慧环保、智能电网、智慧建筑及智能家居等，分别介绍仪器科学在其中所起的作用。其落脚点还是思考仪器科学与智慧城市的相互关系，以及两者之间的相互作用问题。

**教学内容简介：**

本讲的出发点是围绕人的生活展开介绍，也就是我们身边发生的事情中仪器起到了什么样的作用。2008年，IBM公司首先提出了"智慧地球"的概念，并在2010年正式提出了"智慧城市"的想法，智慧城市是智慧地球从理论到实际的一个重要落脚点，也是把新一代信息技术充分运用在城市各行各业中的城市信息化高级形态，因而得到了广泛关注。本讲首先简要介绍智慧城市概念的由来，以及智慧城市的内涵与外延，重在让学生全面了解其基本特征。之后，基于"大城市、小环境"的思路,重点介绍了智慧交通、智慧气象、智慧环保、智能电网、智慧建筑及智能家居等几方面的内容,特别是重点介绍在这几个领域发展过程中仪器科学所起的作用,旨在让学生在深入了解发展现状的基础上,独立思考仪器科学与智慧城市的互动关系。

### 第7讲:仪器科学与科技革命

**教学目标**:前面5讲分别从三个学科和两个应用领域的角度阐述了仪器科学的重要作用,本讲试图从科技革命这个宏观的角度解读仪器科学的地位和作用,结合第一、第二和第三次科技革命,分别解读"技术源于科学"和"技术推动科学"的内涵。

**教学内容简介**:

从普遍意义上讲,人们把迄今为止所发生的三次工业革命也叫做三次科技革命,本讲内容就是基于这个概念展开的。本讲内容分为三部分,分别对应了第一次科技革命、第二次科技革命和第三次科技革命。

对于第一次科技革命,首先简要介绍其特征与标志,然后从技术源于科学和技术推动科学两个方面展开分析。技术源于科学,主要是通过托里拆利、帕斯卡、格里克和波义耳的实验,证明了大气压力和真空的存在,并诞生了帕斯卡定律、波义耳—马略特定律等科学理论,这些科学理论的出现最终导致瓦特发明蒸汽机,所以蒸汽机技术源于大气压力及真空相关定律的建立。技术推动科学则主要揭示的是:蒸汽机的出现带来新的问题,即如何提高其效率。这就推动了热力学的快速发展,也就促进了热力学相关实验的快速发展,例如焦耳热当量实验。在把握清楚"技术"和"科学"的互动关系后,如何理解仪器科学在互动过程中的重要作用?我们可以从两个角度来理解:一个角度是互动过程中均开展了大量实验,另一个角度就是互动孕育出的第一次科技革命诞生了一批典型仪器,如温度计、压力计等。

对于第二次科技革命,其介绍思路和第一次科技革命相同,从基本特征和标志性事件入手,分技术源于科学和技术推动科学两个方面进行分析。之所以说技术推动科学,是因为第二次科技革命的特点是电气化,所以以第二讲经典电磁学当中没有讲到的欧姆定律和基尔霍夫电流、电压定律为例,阐述实验技术如何奠定了相关科学理论;技术源于科学,则是以电动机和发电机的发明为例进行说明,其中一个例子就是电磁学的基本理论实现了电动机和发电机的快速发展;另外一个例子就是电磁波的发现完善了电磁学理论,而理论的完善进而又推动了意大利科学家马可尼和美国科学家贝尔德分别实现了无线电通讯和发明了电视。最后,也简要介绍了一些第二次科技革命当中的典型仪器,如电流表、电压表、电功率表、惠斯登电桥等。

对于第三次科技革命,首先以简短的篇幅介绍其基本特征和标志性事件;之后切入现代科学技术的发展大潮。受毛主席诗词"可上九天揽月,可下五洋捉鳖"的启发,课程中先简要介绍天文学和海洋学发展过程中仪器科学的重要作用;接下来从航空、航天、航海三个领域,分别介绍一下仪器科学无所不在的应用,选取的案例都很典型,如航天飞机、神舟飞船、嫦娥工程、卫星导航等;随后进入量子计量,主要是让学生体会最高水平的测量对于科技进步的支撑作用;最后介绍一个日常生活中仪器科学的重要应用——智能手机,简要分析一下仪器科学对于智能手机功能实现与完善的重要支持作用。

通过三次科技革命的简要介绍与分析,重点是体会在三次科技革命的发展过程中仪器科学如何发挥了重要作用!而随着科技革命的不断深入,不仅对仪器研制提出了更新、更高的要求,而且科学理论的完善也为仪器的研制奠定了坚实基础,这两者之间的良性循环既保障了科技革命的不断深入,又促进了仪器科学的飞速发展。因此,课程中一定要让学生体会到两者相辅相成、共同发展与进步的互动关系。

**第 8 讲:仪器科学研究中的创新思维**

**教学目标**:前面 7 讲的重点在于揭示仪器科学与科技文明的互动作用,本讲则旨在介绍仪器科学研究中的创新思维,作为仪器科学内涵的延伸,出发点是希望从仪器科学研究的角度总结一些创新思维的经典案例,以启发学生的思维。

**教学内容简介**:

在介绍创新思维之前,本讲首先介绍两个问题,一个是科学精神的变迁,一个是创新文化的传承。对于前者而言,因为创新思维主要是科学研究工作中应当秉持的思维方式,因此要清晰科学精神的变迁史。对于后者来说,一个国家、一个大学和一个科研机构都会有自己的创新文化,而创新文化对于研究人员是有潜移默化的作用的。

科学精神的变迁还是要先从古希腊的科学精神讲起,这里的重点是强调古典科学精神当中的数学分析精神,而到了19世纪,培根科学的实验哲学精神逐步完善,古典科学与培根科学实现了综合和统一,才逐步形成了现代科学精神的框架。之后将焦点聚焦到科学家身上,简要介绍科学、技术与科学家这三个词的来历与发展历史,从而引出现代大学与实验室在科技创新当中的重要支撑作用;最后的落脚点是科学家的科学精神——实证、怀疑、探索和理性。把握了科学精神的变迁之后,应当对创新文化的传承有所了解。在这部分内容中,首先简单解释创新的基本概念和关键环节;之后解释创新文化是什么,其基本特征是什么;接下来就从物理学、化学和现代工业的角度,选取在创新文化传承方面做得比较好的三个科研机构,即物理学的卡文迪许实验室、化学的李比希学派和工业界的贝尔实验室,通过对这三个创新文化传承的典型代表的介绍,让大家加深对创新文化传承的理解,以及创新文化传承对相关领域科研工作推动的作用。本讲最后的落脚点就是创新思维方式,以两个实例来阐述科学研究中思维定式的问题与不足以及创新思维方式的基本特点;最后,分别以质疑思维、求异思维、直觉思维、想象思维、顿悟思维和超前思维这六种创新思维方式为例,列举出一些实例,帮助大家理解仪器科学研究中创新思维方式的重要作用。

本讲内容,从科学精神到创新文化,直至创新思维,这种由大到小的介绍方式,主要是想帮助大家理解创新思维的起源及主体是什么,创新文化的传承对于创新思维方式的形成有什么作用,创新思维方式的应用会带来什么样的革命性变化。希望通过对这些问题的解答帮助学生转变思维方式,激发科研兴趣,感悟科研乐趣。

# 四、授课形式与考核方式

## （一）授课形式

本课程中两种授课形式并存，一种是面向普通学生的大课，另外一种是面向小班教学的研讨课，研讨课授课对象通过报名和选拔的方式确定。

面向普通学生的大课，在新生入学的第一个学期进行，其授课对象主要以文科生为主；面向小班教学的研讨课，学生年级不限，主要以理工科学生为主，仪器类专业的学生比例不超过20%，高年级文科生的比例不低于20%。

1. 作为200～300人的大课，课堂教学以讲授为主，每次课可以设计2～3个问题，让学生以递交作业的形式完成，教师与学生之间的互动可以依托学校的课程中心网站，也可以利用课下课余时间进行。

2. 作为20～30人左右的研讨课，课堂教学以讨论为主，采用分组的形式进行。每个小组4～5名学生，确定组长1名，负责小组的各项工作。上课之前要求每个小组的学生观看完课程视频文件，搜集相关资料，然后总结出自己的问题与观点，拿到课堂讨论。在课堂教学过程中，第1小节课，各个小组介绍自己的问题与观点，展示自己对课堂内容的理解；第2小节课则是讨论环节，讨论过程中鼓励学生充分论述自己的观点，特别是独特的观点，鼓励学生多方位、全方面地展示自己的观点，并对观点中的正能量进行宣扬。每一次课完成后，每个小组将形成一个总结报告。在授课过程中，教师的角色是主持人，把握课堂研讨的节奏，并引导学生继续深入探讨和思考。

作为研讨课，学生的构成要有多样性，选拔和确定名单时要考虑到专业、年级等差异。而在课堂教学的分组过程中，也要考虑到将不同性质的专业、不同年级的学生分到一起，便于每个同学都能够发挥自己的作用，充分调动起学习的积极性。每次课的组长和总结报告的负责人由小组成员轮流承担，便于小组的所有成员都能够得到全面的锻炼和提高。

(二) 考核方式

依据授课形式的不同,考核的方式和内容也有所不同。针对大班课的考核,主要依据每次课的课堂作业,以及整个课程结束后的课程总结报告。而对于研讨课的考核,主要是根据每个学生的课堂表现,包括每次研讨的作用、总结问题和分析问题的深度、总结报告的撰写等,各部分所占成绩的比例,每年可以根据实际情况进行灵活调整。

# "中国文明文化史"小班讨论课程经验

顾家宁

2012年秋季学年,笔者担任北京航空航天大学2012级文科新生"中国文明文化史"课程助教。除随堂听课、批改作业外,助教最主要的工作就是组织大课后的小班研讨课。由于"文明文化史"大课授课时间较短(每周仅两课时)、听课学生多(所有2012级文科新生,约220人),十分有必要在课后安排研讨课来对课程内容做进一步消化,同时与学生交流探讨课程中涉及的重要问题。事实上,为类似的大规模通识课程配备同步进行的小班研讨课,也是国内外知名学府的通行经验。以下仅从助教团队、课程形式、效果反馈等方面对该课程教学经验略作说明,亦对其得失略作检讨,以期在未来教学中改进。

## 一、课程规划与助教团队

"中国文明文化史"为北航文科新生通识教育必修课程。本课程的整体宗旨,首先在于以"同情之理解"讲解中国历史,培养学生对于中国文明、文化的理解与认同。为此,务必使学生准确、全面理解中国文明演变之历史,同时为其未来在中国文明文化的各个领域展开深入研究打下基础。要达成上述目标,一方面需要建立一套结构完整、贯通古今的中国文明史叙事框架,另一方面,也需要培养学生初步建立起独立阅读历史典籍、展开学术思考的能力。既要授人以鱼,提供历史知识,亦要授人以渔,训练学术思想方法。因此,"文明文化史"课程的教学难度主要来自以下两方面。首先,就课程本身而言,内容上起尧舜禹三代下至现代中国,时间跨度四千余年,而"文明史"概念本身所涉及的领域又十分丰富,包含思想史、政治史、经济史、社会史等诸方面,知识密度大,讲授难度高。其次,就听众而言,本课程的授课对象为刚入学的全体大一文科新生,尚未完成从中学学习到大学学习的转换,知识基础和学习能力均比较薄弱。因此,小班化的研讨课教学,无论在授课形式还是授课时间上,都恰能形成对大课的一种有效配合与补充,以便进一步深化讲授重点、训练思考方法、提升学生的综合能力。

"中国文明文化史"大课修读人数超过两百人,由姚中秋教授统一讲授。而在研讨课中,所有学生被分为八个小班,每班配置一名助教。助教团队主要由两部分构成,一是北航高研院自身的青年教师,二是挑选相关专业,且对该课程体系有一定了解的博士生。笔者时为人大国学院博士二年级在读学生,同时加入助教团队的还有人大哲学系、清华法学院的博士生。上述助教人选的安排有其结构性优势:首先,青年教师可以为博士生传授教学经验,而在读博士生对于本科生的知识结构、学习心理有着更加切身的把握,更易于与学生沟通。再者,各位助教来自法学、文学、历史学、哲学等不同专业,也有利于相互交流,从不同学科视角把握这样一门综合性的通识课程。不过,由于助教来自不同院校,加之上课地点远在沙河,无形中增加了沟通难度与时间成本。为此,学院也进行了相应的准备。首先,协调确定大家一致接受的上课时间,为外校助教配发乘车证,方便大家到北航本部统一乘坐通勤班车前往沙河校区授课。当日课程结束后,再统一乘班车返回。这样,不仅解决了通勤问题,客观上也为助教团队创造了一个每周一次当面交流讨论教学心得的机会。其次,在学期前、期中与期末,分别召集助教团队统一商讨教学计划,听取课程反馈。平时,则通过邮件往来,随时交流课程中遇到的相关问题。

## 二、课堂环节

"文明文化史"大课的时间设定在每周二上午第一、二节,研讨课即紧随其后安排在上午第三、四节,以利学生趁热打铁进入研讨状态。研讨课采取"重点讲解——分组讨论——主题发言"三环节结合的课堂形式。每节研讨课,首先由助教选择大课中涉及的一些重点问题做进一步讲解,时间约四十分钟。讲解环节的主要目的,在于弥补大课因授课时间之客观限制而难以就重点问题深入展开学理分析的问题。如果说大课讲授重在"面"的贯通,展现一套连贯的中国文明发展框架,那么研讨课的讲解则重在"点"的深化,进一步深入到对关键制度、事件、概念的分析,形成一种点面结合的知识结构。由于授课对象均为大一新生,不仅知识储备较弱,且深受高中应试教育影响,对于中国历史普遍存有一种先入为主的意识形态化认知,因此大课的讲授,在提供一套崭新的中国历史叙事的同时,也冲击着学生固有的认知结构,难免造成一种知识、思想上的困惑、不适甚至抗拒,需要助教在研讨课中通过学理性的讲授、探讨来逐步化解。

因此,研讨课的讲解,主要目的并不是向学生灌输"更多"的历史知识,而是紧贴大课程所奠定的中国文明史框架,精选其中涉及的一些核心观念、命题做进一步分析讲解,起到的是一种知识上的深化、补充作用。举例而言,比如"唐宋之变",是文明史课程体系中关于中国历史分期的一个重要概念,但多数学生对这一源自日本京都学派的史学概念相当陌生,对于其中所涉及的具体历史表现亦不甚了了。因为时间限制,大课讲授中无法对该问题展开详细解说。因此在"唐宋之变与宋儒兴起"一节的研讨课中,笔者即首先介绍"唐宋变革论"这一学术概念的背景、起源与内涵,再逐项罗列唐所代表的"中古"与宋所代表的"近世"社会在君权、选官、门阀、党争、经济、学术、艺术等政治社会生活各层面的差异变化,并配以相应的图表,以便学生能更加直观地理解。

另一个典型例子,是对"封建社会"概念的纠谬。虽然姚教授在大课讲授中已经反复强调这一概念的谬误性,但通过作业反馈,我们发现"两千年封建社会"这一概念仍然自觉不自觉地存留于学生脑海中,可以说是反复出现、屡见不鲜,个别学生甚至将中学历史教科书的结论奉为真理而对课程内容产生抗拒心理。因此在研讨课中,助教就有必要对此问题展开学理上的进一步解释。在第六讲"封建君臣关系"研讨课的讲授环节中,笔者一方面搜集中国历史上有关"封建"一词的各种古典原始文献,以及瞿同祖、萧公权等权威学者关于中国历史上"封建时代"的界定与研究,以正本清源,展示"封建"一词在汉语语境中的原意。同时,作为比较参考的对象,也对近代以来与传统"封建"概念对译的"feudalism"一词在西方历史中的来龙去脉略作说明。最后,再通过对20世纪30年代"社会史论战"的介绍,向学生解释"封建专制"概念之所以产生的特定社会政治背景。上述几个层次的讲授,目的在于让学生经过思考、比较而认识到:对于中国历史、文明的解释而言,一种源自中国历史文献与文明发展自身的概念系统,与一套基于西方理论框架、激于特定时代政治需要而产生的历史理论,究竟何者更加合理,更具说服力? 在这里,教师所扮演的角色并不是一个理论或意识形态的灌输者,而是作为一个引导者,引导学生通过学术方式来严谨地思考问题,通过具体问题初步培养其独立思考力与学术判断力。此节讲授之后,可以发现学生在这一问题上所犯错误明显减少。

其次是分组讨论环节。研讨课中,教师讲授只是一种必要的补充,更重要的是要在学生与课程之间形成一种有效互动。为尽可能扩大讨论的参与面,小班的二十多名学生按照自愿组合原则分成六个小组,每组四到五人。讨论环节中,首先进行小组内部的交流讨论。讨论主题由助教负责设定,务必紧贴大纲,按照每次课程的具体内容展开。议题的设定,对于讨论的有效展开具有关键意义。一方面,议题须紧贴课程内容,避免流为大而化之的空泛议论;另一方面,议题本身亦须具有足够的讨论空间与思想容量,不宜拘泥于太过细碎专门的问题。简言之,议题的设置应既与课程内容紧密联系,具有一定学术品质,又能对学生产生思想刺激,使其有话可说。因此,我们尝试从具体的中国历史讲授中抽象出一些兼具理论深度与现实感的问题,作为讨论题材,引导学生透过历史情境、历史现象,思考其背后蕴含的一些关于社会政治秩序的永恒问题。

举例而言,如在"战国王权制"一课中,即以战国王权制之评价为中心展开讨论,引导学生思考秩序变迁的社会动力问题。课堂讲授中已经指出,在由封建制向王权制转化的历史过程中,秩序转变的根本动力在于国王之权力与平民之智、力的联手,来摧毁作为旧秩序核心的封建贵族阶层。由此,绝对君权之下的"众民平等"代替了封建结构中的等级自由。在此基础上,笔者尝试以王权制之历史评价为中心,进一步引导学生思考不同语境中自由、平等概念的内涵(封建礼制下的自由/现代政治自由,与专制王权相结合的平等/现代法律平等),以及二者在历史演进过程中所表现出的张力,并引入西方历史过程作为参照、比较的对象。又如在"佛教传入与中国化"一章中,以"文化思想之传播与融合"为议题,以魏晋隋唐数百年间佛教思想、组织形态的中国化转型为历史案例,引导学生思考成功的文化融合所需要的内在、外在条件。由此引出的现实思考,则是在全球化趋势不可逆转,"文明冲突"愈演愈烈的当今世界,中国文明兼容并蓄的特质能否为世界各大文明真正走上"各美其美,美美与共"的和谐道路提供有益的历史经验与思想资源。总之,议题的设定,需要从历史现象的描述,进一步上升到社会政治理论的分析与现实问题的思考。

每次讨论前,助教须对本次讨论议题做出相应说明,引导学生的思考、分析方向。每节课的讨论主题,一方面来自该章节的具体历史时代,是为基本问题;同时,每个基本问题又各自对应一个具有社会政治理论意义与当代问题意识的延伸问题。由此贯彻的,是一种"历史知识——历史智识——现实思考"三者逐层递进、渐次深化的课程结构,目的在于将历史知识转化为思考现实问题的思想资源,让学生在教学过程中感受到,他们所面对的并不是一些已死的人物、事件,而是中华文明延续至今生生不息的鲜活脉动。下表为本课程教学日志,从中可见研讨课各章节议题之设置情况。

| 教学周 | 课程主题 | 讨论(讲授)主题 | 议题说明 | 延伸问题 |
|---|---|---|---|---|
| 一 | 圣王时代:华夏之道 | 《史记·五帝本纪》导读 | 讲授为主 | 如何阅读古典文献 |
| 二 | 封建制:君臣关系与礼治 | 1."封建"释义 2."礼治"之实质 | 讲授为主 | 如何写作读书笔记 |
| 三 | 礼乐文明与君子 | 君子在优良秩序中的作用 | 礼法之治、君子威仪、优良秩序与人的素养之间是何种关系? | 优良秩序与人之素养 |
| 四 | 圣人孔子 | 孔子的历史地位与意义 | 孔子一生致力于化天下无道为天下有道,然其经历却充满挫折,终其一生未能实现其政治理想。孔子成为后世公认之圣人的原因何在? | 中国文化精神之凝定 |
| 五 | 诸子概述 | 诸子学说之所长与所蔽 | 子学基于三代文化积累,因应时代变革而产生,特点在于思想的因时性、创造性、深刻性与片面性。儒墨道法诸家思想各自之所长与所蔽何在? | 历史而全面地理解思想学说 |
| 六 | 战国王权制 | 王权制之评价 | 王权制适应了平民兴起的历史潮流,不过王权独大的集权体制也剥夺了礼治秩序下人的等级自由。试谈对战国王权制的认识与评价。 | 历史演进之社会动力 |
| 七 | 法家理念与秦制 | 法家理念与秦之兴亡 | 贾谊指出秦朝速亡原因在于"仁义不施而攻守之势异也",也有学者认为秦亡于法家思想未获彻底贯彻。试谈对秦朝速亡原因及其与法家理念之关系。 | 思想理论与其实践后果 |
| 八 | 汉初大变局与董仲舒天道宪政主义 | 汉武改制之背景、性质与内容。 | 讲授为主 | 儒家对于皇权之态度、学术与政治 |
| 九 | 士大夫与皇权共治架构 | 共治体制之认识与评价 | 试论对士大夫皇权共治体制的理解,如其历史渊源、优势、缺陷、内在矛盾。 | 理—势冲突与国史演进 |

(续表)

| 教学周 | 课程主题 | 讨论(讲授)主题 | 议题说明 | 延伸问题 |
|---|---|---|---|---|
| 十 | 佛教传入与中国化 | 文化思想之传播与融合 | 以佛教成功融入中国为例,试论成功的文化融合需要哪些内外条件? | 全球化时代:文明冲突还是文化融合 |
| 十一 | 唐宋之变与宋儒兴起 | 宋代中国再度繁荣之文化、制度根源 | 宋代上承晚唐五代之乱局,成功实现秩序的重建与文明的再造。试论宋代经济、文化繁荣背后的文化、制度根源。 | 社会繁荣之制度、文化背景 |
| 十二 | 华夏文明与天下格局 | 天下观念及其当代意义 | 如何看待"天下理想"与"夷夏之辨"之间的张力?面对当代世界诸民族问题、国际争端,天下观念能否提供更多的智慧与可能性? | 当代国际关系之困境与天下观念之意义 |
| 十三 | 现代立国初期 | "保守—宪政主义"与"革命—激进主义"之比较 | 中国近现代历史发展不断激进化的原因何在?又何以不断向保守化回归? | 思想与时代 |
| 十四 | 复习小结 | 文明复兴与青年责任 | 课程小结+自由讨论 | 历史与当下 |

从上表可见,根据教学计划与课程内容,研讨课在内容安排上也各有侧重。初期偏重讲授,后期逐渐增加讨论比重。此外,若有近似或前后连贯性较强的主题(如第八、九两节),可安排一次讲授为主,一次讨论为主。总体目标在于引导学生做到学思结合,在文本、知识的基础上展开思考与讨论。

布置议题后,学生有三十分钟左右时间进行小组内部的交流讨论。内部讨论后,是三十分钟的总结发言与组间讨论时间。每组每次推选一名学生作为代表轮流发言,陈述小组讨论内容,并总结观点,提出问题,相互交流、辩难。以一学期十二次讨论计,平均每位同学都会获得三次左右的总结发言机会。在此过程中,会产生不同观点的碰撞,助教的职责是将讨论始终引导在教学框架内,提升其学理品质,并使讨论在尽可能多的学生中展开。最后,助教对各组发言进行点评,并就本节议题与讨论中出现的问题给出参考意见,适当提供阅读参考书目,引导学生做进一步的思考。

## 三、作业与考试环节

小班研讨课在整个文明文化史课程体系中占有重要位置。研讨课学分与大课持平,各为两学分,分别计算成绩。研讨课的成绩评估包括平时作业与期末考试两部分,前者占70%,后者占30%。每节课后布置一篇小作业,共计13次,作为平时成绩。期末考试采取闭卷形式,根据课程内容出三道大题,学生任选其一作答。

研讨课作业为课前预习式,即每次作业的内容不是对前节课程的总结,而是对下节内容的预习。如此设计的目的,一方面有利于督促学生主动预习教材与阅读材料,另一方面亦能使助教通过作业预先了解学生对新课内容的理解程度,便于针对问题及时改进教学。不过,由此也带来一定的困难——由于必须在课前接受、批改作业,而学生远在沙河校区,助教只能通过电邮接收电子版作业后自行打印批改。作业篇幅要求在1500字左右,主要是根据教师布置的研习重点,对教材与必读材料进行概括、复述,类似于读书笔记。至于学生中程度较优者,可在此基础上就相关问题展开进一步的分析讨论。

作业的批改,同样是研讨课的重要一环。如果说课堂讨论环节主要锻炼的是学生的思考、表达能力,那么课后作业则是对其学术阅读、写作能力的训练。通过作业批改,助教须引导学生逐步摆脱中学作文式的写作习惯,转向在阅读、分析基础上相对扎实的学术化写作。在此过程中,助教需要在大到概念使用、篇章结构,小到行文风格、引文规范等各个方面对学生进行手把手的具体指导。每节课前,助教将批改后的作业发还学生,抽出约一刻钟时间进行讲评,并请一到两位优秀作业的作者上台讲述其内容提要、写作思路等,与同学分享心得。这既是一种鼓励,也利于学生之间相互交流,共同进步。对学生作业的细致批改,既能使学生真正了解自身不足,形成谦逊的学习态度,更能使其产生一种对于课程的严肃态度。一学期的写作训练后,但凡用心的学生,学术写作能力会有较大提升,部分优秀者甚至已能写出初具规模的学术短文。

研讨课的期末考试形式的选择同样是一个难题。最初,我们倾向于采取学生在课下自由写作一篇三千字小论文作为期末作业,不专门安排期末考试的方式。但在教学实践中发现,大一学生无论在知识储备还是写作能力上对此均力难胜任。加之如今互联网搜索的便利,很难避免学生期末论文的抄袭问题。不过,传统的闭卷考试,似乎也很难与研讨课较为灵活、多样的教学方式相匹配。经过讨论,最后采取的折中方案是让学生在规定时间内选择题目,写作一篇两千字以上的独立小论文。考试只出三道题,在两小时的规定时间内,学生可任选其一作文。考题来自各节讨论课中的重点问题,与平时作业密切相关,但又必须在作业基础上进一步充实、提升。由此,融平日积累于期末论文,寓论文写作于闭卷考试,就比较能够让那些在平时肯下功夫,真正能够理解、吃透教材,并在课堂讨论中认真参与的同学在期末考试中脱颖而出。

## 四、课程小结

透过上述课程规划、课堂环节、作业环节,大体可从教学实践中对"中国文明文化史"研讨课总结出如下认识。

第一,就目标定位而言,研讨课立足于对大课形成知识与方法上的补充。大课重在奠定整体知识框架,研讨课则在此基础上进一步紧扣核心问题做重点讲解,塑造点面结合的知识结构。

第二,就方法而言,研讨课更加强调学生的主动学习。所谓主动学习,即变灌输为引导,鼓励学生通过主动阅读、主动思考,去独立分析问题、形成判断,形成经过独立思考、反思之后的历史智识。所谓"既知其然,更能知其所以然"。当然,这种主动思考并非"思而不学则罔"式的泛滥无归、茫无定主,而是建立在课程所确立的中国历史演变之基本框架以及对于中国文明文化的价值情感之上的。

第三,就形式而言,重点讲解、课堂研讨与作业批改构成了研讨课的三大核心环节,而贯穿三者的要点在于讨论议题的合理设置,因为无论讲解重点还是作业均围绕其展开。议题须从课程重点内容中引出,选取中国历史中具有关键意义、且能够触发古今一致之现实思考的重要问题。以此为契机,从历史知识的讲授逐步引向对于人类社会、政治秩序问题的某种永恒性思考。由此,以课程为载体,通过阅读、讨论、发言、作业等环节的相互配合,亦能形成对学生思考、表达、写作能力的整体锻炼。由此可见,以文明史课程为载体,形成的乃是一种"大文科"意义上方法、能力的综合训练。

  同时,对于课程设计,也有颇多值得改进之处。比如课堂形式可进一步多样化,在"助教重点讲解——学生分组讨论——代表主题发言"的基本模式之外,可尝试抽出一到两次课程,选择程度较优的学生小组通过课后阅读来对指定问题进行准备、讲解,增强学生的参与感。此外,如讨论议题的设置也可再做改进,期末考试题目的设计亦可更加具体细致。以上种种,需要在今后的教学中进一步完善。

# 通识教育的成功范例
## ——赵晓力老师"法律与文学"课程体悟

### 罗 旻

通识教育的目的,很重要的就是培养学生"君子不器"的社会责任意识,培养学生举一反三、适应社会的能力。选择赵晓力老师开设的"法律与文学"作为知行文科实验班大二第一学期的通识课程,有两个重要原因:一是就课程内容而言,"个体与政治共同体""人与社会"的话题是人类社会的永恒话题,"法律与文学"课程正是从这一永恒话题切入,也隐然符合通识教育的基本目的,即理解与培育公民意识。二是这门课程对学生的训练方式符合通识教育所要求的思维方法的提升,即:破除学科间的壁垒,舍弃过分专业化的内容,淡化专业术语与思维,进入社会生活层面,即较为宏观与普遍的层面,通过对纯文本的探索来提升学生的思维能力,拓展新的阅读方式。就实际效果而言,这门课程对文本阅读和思维拓展的训练,乃至附加的讨论课模式对交流意识的促进,都成为对文科实验班学生的一次成功的通识启迪。

## 一、文本选择与阅读引导

从文学到哲学,文本总是承载着某种现实的和历史的意义。选取大量文学文本,乃至于具备相当文学性的哲学文本来设置课程,其目的是通过具有细致描写人的自然特性和社会特性的文本的阅读,深入领会不同时代个体与政治共同体的关系、人与公民的关系,尤其是这几者之间永恒的矛盾。

"法律与文学"课程选择的文本,主要自西方近现代小说上溯至古希腊哲学对话,由文学文本上升至哲学文本,形成对个体与政治共同体关系的一次追溯与贯通。学期前一半的文本以文学艺术为主,而以电影文本《马背上的法庭》作一启发式引入。《马背上的法庭》这一电影文本,情节凝练饱满而细节发散度极高,通过其文本分析,学生对广义上的文本与无声细节具备了较为清晰的直接观感。在此之后,课程便着力于引导学生进入西方近现代小说文本的阅读,包括英国作家奥威尔的《一九八四》、奥地利作家卡夫卡的《诉讼》、法国作家加缪的《局外人》、英国作家笛福的《鲁滨逊漂流记》等。这些小说文本的选择是相当精心而有效的。一方面,就文学作品而言,它们的文学特质并不过度突出,令学生可以更加自如地阅读,清晰地体验其思想深度。另一方面,这些文本中蕴含的思想,既具有揭示人性与社会冲突的普遍意义,也明确地体现出对政、经、法等具体学科内容的一定倾向,如《一九八四》中极权主义的映射,《诉讼》中法律精神的异化,《鲁滨逊漂流记》中的一人经济和乌托邦式社会理想等内容,都兼顾到知行文科实验班学生普遍的政、经、法学科背景,令他们在探究文本内涵,着眼于其思辨意义的同时,也能形成一定的专业意识共鸣,这为接下来文科实验班的西学通识课进入专业提升的层面,奠定了相当良好的基础。

学期后一半的文本以哲学文本为主,包括《游叙弗伦》《申辩》《克力同》三篇柏拉图对话。在进入这些文本之前,先以阿里斯托芬喜剧《云》作一引入。这是因为,在柏拉图之前,古希腊最重要的文学传统之一是戏剧,让学生先读《云》,是为了引导他们接触戏剧这种形式,进而能够深入思索柏拉图在对话体写作中如何呈现其思想。当学生对戏剧的对话体特质有了初步认知时,便带领他们进入"苏格拉底的审判"这一组由对话体文本构成的叙事序列之中。被挑选的《游叙弗伦》《申辩》《克力同》三篇对话,都涉及雅典城邦政治共同体与公民乃至人之间的关系,在思想层面上直击课程的主题,对其做深入分析,十分有助于学生思辨能力乃至今后的论文写作能力的提高。

前后两部分文本的侧重也与课程对学生的不同训练要求相关。前半学期的小说部分,虽然文本量大,但是相对容易阅读与理解。训练注重的是文本的反复阅读与细节的发掘,希望将学生由一般的接受型读者训练成能够有意识地深入文本的主动读者。这个过程的训练,以激发学生对文本自身细节的探索欲望为主要目的,对相关的二手文献涉猎并不多做要求。后半学期的哲学文本量相对较少,但是训练更加严谨,直击思想层面。在这个过程中,学生需要阅读大量的二手文献,包括英文文献,形成对文本不同角度的观照;甚至还需要去参考英文译本,体会翻译和注释的精当之处,从而深入把握文本的思想。这既是对主动读者训练的进一步提高,也是引导他们开始具备研究者素质的一次启迪。

阅读文本,需要经历一个从进入文本到吃透文本,再到跳出文本的过程。因此,课程强调的是全局把握和细节挖掘并进的阅读方式。无论小说、戏剧或是哲学对话,都自有其构架和内在逻辑,因此课程要求学生读完文本之后,要自己列一份提纲,从而体会清楚作者的写作思路,把握全书的结构。与此同时,课程也强调对文本的多次阅读,规定学生至少要做第二遍阅读。这是因为,学生第一次接触文本的时候,大多数情况下是在初步接受其格局和形成问题意识,从第二遍阅读开始,才是真正开始带着自己的问题意识去思索文本,寻找一些之前可能没有关注过的细节,发原它们隐含的深意。比如卡夫卡的《诉讼》,其中就存在很多陌生和反常的细节。课程对学生提出的要求是,在发现了这些细节之后,就要对自己发问:它们是什么?为什么摆放在这里?有什么功用和意义?作者在这一刻的意图是什么?这些相关的思索,都有助于学生去理解和吃透文本,乃至跳出文本,初步形成自己的学术认知。

## 二、追寻细节:主动性阅读理解

如何进入文本?可以从文本的逻辑结构、时间顺序进入,也可以从文本的细节进入。《法律与文学》课程是二者并重的,而在训练中更为强调后者。

从逻辑结构出发,归纳章节段落的大意,列出提纲,固然可以很快帮助读者领会文本主要的意义,但却未必能够发掘出更深刻精微的思维。如叔本华所言,这种阅读文本的方法,有时是循着前人的足迹,却没有领略前人行进时所见的风景。循着作者安排的文本格局前进,可能会使读者忽略自身的主动性,限制他们的阅读体验与思维拓展。读者往往只能领会到作者明确想要告知他们的意义,而对作者隐含的深意甚至作者无意识表达的思想缺乏深刻的感受能力。

如果要发掘作者由于种种原因而隐含于文本中的思想,甚至超越作者的意图,去发现作品蕴含的无意识思想,就必须从细节入手。细节往往或者是司空见惯的,或者是出乎意料的,前者往往会被读者忽视,而后者大多数情况下也难于引起读者的深入思考。如果能够从细节出发,引发读者的问题意识,那么面对整个文本,有心的读者就能发现更多的问题,读出更多的意义。

从细节进入文本,文本自身的逻辑框架对读者的影响相对较小,束缚相对也小,于是对细节的领会和解释就会更加敏锐,能够更好地分析和吃透文本,有效地深入文本,在细节的巧妙安排和照应之中追寻作者的思维,发原他在文本中隐含的思想。在这一基础上,再跳出文本,从逻辑结构方面来把握全局,就能够比直接由逻辑结构进入文本的场合领略更多的东西。

从细节进入文本,还可以由于对整体概观的不确定性,进而引起更大的探索兴趣。仅以历史学著作而论,如今,一种主观抉择的读史方法已经可以通过书籍章节的巧妙安排呈现给读者,或许可以帮助读者更好地把握诸多历史细节。以细节展示不确定性和多种可能性,对于启发读者的主动阅读具有重要作用。

直至今日,在大学里教授概论、阅读等一类课程时,教师仍然经常从具有严谨的逻辑结构的大纲出发,给学生以明确的课程概观,突出基本概念与基本原理。这样固然可以使学生尽快把握课程概要,获取某一方面的知识,但对于提升学生阅读与分析能力的帮助却比较有限。"法律与文学"课程的特色之一便是从文本细节入手,通过深入阅读,提升学生的阅读能力、分析能力与问题意识,对于学生进一步深造更有帮助。

首先,从文本细节入手,有助于引导学生的阅读兴趣,提高他们的问题意识,增强阅读领会的主动性。文学艺术作品尤其注重细节的安置,然而一些不符常理的细节有时容易被忽略。例如对《一九八四》开篇"钟敲了十三下"的分析,便指出了这一细节和普通经验的矛盾之处,从而引发读者对文中整个怪异世界的猛省。以这类文艺性文本作深入和把握细节的阅读训练,不是直接展现文本的深层含义,而是通过将这些被熟视无睹的细节陌生化,以此引发学生对文本的再审视,激起他们思索的兴趣,这正是"法律与文学"课程的高明之处。

其次,从文本细节入手,有助于学生形成发散性思维,同时也有助于学生锻炼指向性思维,形成自主、自由思维的主动性。如果从文本的概述出发,给学生的是一个逻辑构架,往往会框定学生的思维,形成既定的思维导向;而文本的细节则是一个一个的点,可以向多方面伸展,首先呈现的是多种可能性,可以拓展学生的思维取向。从文本中的各种细节出发,可以使学生渐渐形成对文本主题的指向性思维,即从文本中的具体情节朝向主题。而学生获得的这种指向性思维,相对于直接从逻辑框架出发所获得的文本主题体悟,因为有了对细节的体会,因而要更加深刻,更能形成真正属于自己的思考。

## 三、体验代入:创造性阅读理解

在掌握一定细节、对文本思想初步形成全面认知的基础上,课程进一步训练学生的视角与思维方式发生转变,使他们不再站在普通读者而是站在作者的角度去思考,如何在文本的创作中奠定思想的格局,掌握其呈现方式。这就要求学生具备一定的代入思考意识,包括对作者的代入与对作品角色的代入,而后者在一定程度上是前者的延伸。

首先,要尽可能地深入理解作者,最重要的是理解作者的创作手法和意图。"作者为什么要这样写?"这个问题既包括对文本艺术形式的理解,也蕴涵着对其思想内容的把握,而后者尤为重要。有价值的文本是不会局限于单一方向的,以课程的引入文本《马背上的法庭》为例,这部电影的内涵非常丰富,如果将其中所涉及的细节都展开,会是相当大的篇幅。然而,为了达到最高度的凝练与发散,没有获得导演允许的东西不会出现在镜头里,导演会通过细节的设置,点到为止地引发多方面多层次的思考,使电影文本具备更加饱满的张力。而赵老师在此时就抛出的"你会如何安排情节?"这一问题,贯穿于课程的始终,并在接下来的阅读训练中越发分明。

在以文字为载体的文本中,作者会着力于展示他想展示的主题,但是他不想让读者如此清晰地意识到的那些思想也同样作为文本的一部分而存在。这和课程倡导的对文本细节的关注一脉相承。学生需要思索,如果自己处在导演、作者之类表达者的立场,应当如何透过丰富的细节去暗示更多的东西,在作品文本里隐晦地植入思想。越是经典的文本,文字形式就越严格,作者的掌控程度越高。然而对于读者而言,几乎没有途径去得知作者在写到某些句子时确切地想到了什么,他们能做的只有尽可能细致地探索文本,通过发现每个细节如何安排,每个伏笔如何获得照应,去把握文本的脉络勾连,以及其中隐含的作者的思想,乃至无意识的思想。

其次,要理解作者以不同视角塑造人物时赋予他们的意义。在具备文学性的文本中,作者在写作的时候会把自己代入人物。各种人物的塑造都是他要处理的,因此,对角色的代入,不失为以作者视角看待问题的一个好手段。然而,经典文本中的角色是复杂的,他们既是作者意图的体现者,又是具有独立人格的文本创造者——因为作者在创作中赋予了他们鲜活的个性特征。要代入作者或者代入角色,便既要深入揣摩作者用意,又要通过直击与把握角色,深入揣摩角色自身的性格发展。

  这方面比较有代表性的一次训练是对阿里斯托芬喜剧《云》的复述作业。学生需要选择两个主要人物苏格拉底和斯瑞西阿得斯其中之一的视角,对《云》的文本做一次思想性与文学性兼顾的再现。这首先要求他们作为主动读者吃透与掌握文本,唯有既具备全局观,又具备细节意识,方能够全面梳理其叙事结构与隐含思想。但更重要的是,他们需要以对文本的理解为基础,将自己代入作者的思考方式,以独白或是对话的视角再度安排文本的格局,进行细节的取舍,勾连伏笔,以巧妙的叙述来展现《云》的文本内涵。这是对他们体验作者视角能力的初步训练。

  对配角的代入也有其独特作用。之前讨论课的普遍经验显示,普通读者的阅读体验决定了他们很少会将自己代入配角的地位。因此,对学生进行这方面的提示,是给他们一个以不同视角看待文本的契机:既作为主角的旁观者,又作为剧情的参与者,既以旁观者的观察角度,又以参与者的能动角度,来看待作品的情节发展,体会作品的内涵,把握作者的意图。

  再次,要关注作者对受众的掌控意识。作者非常清楚,他们的文本是写给读者的,因此在文本的安排中,他们无时无刻不考虑到读者的存在,以及如何更有效地影响读者;与此同时,虽然那些优秀伟大的作品都是具备普世性甚至预见性的,但它们的受众首先是和作者同一时代的人,作者预期的受众群体也影响到他对文本思想的呈现度及其形式。例如赵老师提出,在阅读古希腊戏剧时,应该试图在思考中还原剧场与表演模式,把握当时的社会情绪,以更好地贴近文本。有了这方面的阅读体验,也就一定程度上接近了他们此后会接触到的,柏拉图的早期对话以及他写作早期对话时所面临的问题,包括预期的受众和表达方式。

  从一般读者转向作者的代入思考,不仅有助于学生在当下的阅读中更为精准地把握文本思想,而且也为他们日后面对其余经典文本时的眼界与格局做了有效提升。只有以作者视角去看待文本,才真正意味着"入而能出",同时做到对文本的深入与超越。

## 四、多方互动:拓展性阅读理解

具有不同背景、不同认识构架的人,对作品会有不同的理解。每一位学生的理解都会有其独到性,也都有其局限性。要加深对作品的理解,只有通过各种互动,结合文本而又超越文本,才能生发新的意义。

多方互动,一是指阅读主体与材料之间的互动,即通过上述从细节入手、进行代入等方法,充分发挥读者的能动性,发掘作品的意义。赵晓力老师指出,超越文本,可以通过二手文献的涉猎,乃至和其余文本的比较来促成,以启发学生在掌握文本意义之余,生发出自身的思考。为充分调动学生的参与精神,赵晓力老师布置了大量与作品有关的相关文献,以便以二手文献启发学生思考。他在一学期内安排10篇作业,涵盖了读书报告、文献综述、翻译、文本复述等不同形式,并一再强调,这门课并不是训练学生写学术论文的课程,而是要培养他们接受与把握文本的能力,因为这将令学生在今后的其他课程中受益匪浅。为此他要求学生阅读二手文献,要尽可能多读,要善于提炼其观点,然后就一个感兴趣的问题进行提炼,深入理解并发掘,而不要读了很多但每篇归纳得都很浅。在安排作业和设置讨论题时,主旨紧扣文本的同时,也在思考上给学生充分发挥的空间,逐渐涉及不同文本间的比较,最终引导他们形成对课程主题的贯通性思考。

多方互动,更主要的是指主体之间的互动,这是发掘和生发作品新意的重要环节。尽力加强师生的课堂互动,乃至学生之间的课堂互动,是优秀的通识课程应当实现的目标之一。"法律与文学"课程以三十人的小班教学为规模,比较便于开展课堂讨论。同时,由于学生隶属于同一行政班,课下的互动较多,也能形成一些较为深入的讨论,并且反映在课堂讨论之中。而不同专业学科的学生,以不同的视角去观照文本,本身就足以构成对文本的多层次多角度展示,有助于发散思维,深化讨论。

"法律与文学"的课程授课与讨论时间为1:1,便是为了充分实现多方互动。赵晓力老师非常重视课堂讨论,每次都会向助教询问讨论的具体情况,有时课后还要抽查学生的讨论提纲,一是看一看他们的思路,二是掌握他们的程度。他希望能够通过课堂讨论,引导学生思考,激发他们的思想碰撞,从而生发出更强烈的问题意识,乃至批评者、研究者的眼光。

这对助教职能也提出了较高的要求。助教不但要旁听每一节课,把握任课教师的授课内容与进度,及时批改作业,而且要在每次课后组织课堂讨论,引导学生深入探讨,并将讨论进程及时向老师反馈,成为学生与任课教师之间沟通的桥梁。

就讨论形式而言,首先是要扭转课堂提问时学生只对老师发言的现象,让学生能够较为主动地参与讨论。参考目前学术会议的模式,最终确定下来的讨论形式是:每次讨论课由三位同学各做十分钟左右的主发言,另外三位同学分别对他们做五到十分钟左右的评议,主发言的同学予以回应之后,便进入自由讨论,可以对前面同学的发言提问评论,也可以自抒己见。这样的讨论时间安排,一是有利于控制每位学生的发言时间,促使学生在准备发言提纲时,集中自己思想的精华部分;二是有利于锻炼学生当众发言的勇气,鼓励他们以简明清晰流畅的语言进行表达,并培养自己的风度,形成对自身的训练甚至包装;三是有利于学生集中精神,在吸取他人思想观点的同时深化自己的思考,形成相互尊重、相互学习的氛围;最重要的是,有利于学生之间的相互探讨、相互交锋、相互激发,使讨论充分、深入。

其次是在学生发言时,要给予较高的自由度,以便充分发挥他们的积极性。助教要试着从学生的层面去看问题,根据学生讨论的方向与深度,进行适度的、深入浅出的引导,使讨论能够深入,达到应有的效果。同时,助教也同样需要细读文本,并且涉猎大量二手文献,以尽可能地应对学生在课堂上的诸多奇思妙想,并加以引导。在讨论题目之中,较为普遍化、生活化的问题,通常能够广泛引起学生的兴趣,甚至形成激烈的争论,但是这些争论容易流于表面,因此助教必须引导他们逐步由文本上升到更加思辨的层面。而一些近于思辨的题目,则必须对文本与文献进行较为充分的先期准备,否则就不能掌控并引导讨论,不可能使讨论的氛围平和而睿智,给学生以兴趣与启迪。

整体而言,"法律与文学"课程在由文本上升到思想的过程中,给予了学生非常深刻的体会,在今后的学习生涯中,他们都将因此受益。课程中的"个体与政治共同体"这一主题,并非在课程伊始便由教师开门见山地点破,而是需要学生通过对文本的反复精读、写作读书报告以及参与讨论交流,自行领悟,主动自觉地上升到更加思辨的层面。在这个过程中,对不同层面的现实问题的思考被引发出来,这些思考及它们彼此之间的关联性,也都直接地反映在学生的作业和讨论话题之中。这个过程也正体现了通识教育的本质和目标:它并不仅仅是局限于校园之内的书本知识,而是延展到校园之外的个人能力;它开启了一扇门,赋予了学生在他们今后的人生中都将保有的一种思维方式——对整个世界形成批判与反思。

# 通识教育的课程设计：
# 作业、讨论课与外文素养

——赵晓力[①]老师专访

**知行班学生**：赵老师您好，谢谢您在百忙之中抽出时间来接受我们的采访。首先请您简要介绍一下您这个学期在北航高研院开设"法律与文学"课程的总体感受。

**赵老师**：我最主要的感受是作业和讨论课的设计。因为这一点和我在清华上课不一样。首先你们是一个成建制的班级，相互之间也比较熟悉；然后你们有专用的教室，又有专门的助教能够组织讨论、批改作业，而这些在清华是没有的。我这学期在清华和北航同时上这门课，我做了一些比较：清华这边是全校公选课，学生来自不同系别、不同年级，互相之间并不熟悉，大家只有在上课的时候有联系，也没有讨论课，以前组织过几次也没有推广开。两边的课程同时上可以对比出有讨论与没有讨论、作业有批改和没有批改之间的差别。清华也有作业，但是我没有时间去改：改一份作业要花半个小时，如果是20份作业的话要花费10个小时。没有那么多的时间，我只能看一遍给个分数。但是你们的作业可以提前交，我可以在上第二次课之前看一下学

---

[①] 受访者系清华大学法学院副教授，2013秋季学期为北航12级知行文科试验班学生教授"法律与文学"课程。

生的反应,然后第二次课再有针对性地讲一些内容。你们的作业我都会看一下整体情况,作业和讨论课是我比较看重的两个教学设计。

**知行班学生**:"法律与文学"这门课程要求阅读的书目我们大多在假期读过,但是在您的课后,精读加上写作业还是需要花费一天的时间。您觉得通识教育在读书和作业环节的设计上要注意哪些问题?

**赵老师**:这个作业完成时间的问题需要反馈,需要得到一个每周阅读和写作时间花费多少的数据。这个数据很重要,它能指导我们备课。比如说,我现在在清华上课就是根据我以前测得的阅读速度——每小时中文学术文献30页,英文10页——来安排课程。以前我上课的时候还会给大家提供许多参考书目,但是后来发现这个基本上没什么用,给大家这么多书但是看不完,索性就不要看或者是随便一翻。现在我强调的是,在读书材料选取上要精确,要把某本书的具体章节挑出来,挑出来的话可以节省大家的时间。若是阅读任务太多或者不把它分解到每周,那么一个必然的后果就是有的人会看而有的人不去看。以后我们可以更加精细化,可以布置到每周的阅读页数,这样大家都会去看。

**知行班学生**:我们的讨论课主题不同,讨论情况的差别会很大:有些话题即使下课了同学们仍意犹未尽,比如在"亲亲相隐"的讨论上大家会有很多的话要说;对《一九八四》中男女主人公之间是否有爱情的分歧也比较大;有些话题则是大段时间的沉默。您认为出现这一问题的深层次原因是什么?

**赵老师**:我想原因可能在基础教育中。在美国,基础教育阶段注重对讨论的训练,从小的训练会让大家有节制,不会一个人把时间用完。学生会考虑到如果自己有两个观点,若其中一个观点别人也会有,那他就会去讲那个别人没有的观点。他们因为长期的训练知道要讲重点,这是一个长期训练的结果,包括国外的学术会议也是如此。我们国内也在学习这种做法,每人讲自己的论文只有十分钟时间。国外学生讨论的水平未必比国内水平高,只是他们讨论的礼仪、时间的把握、互动过程等方面会比较协调,因为大家都受过这种训练。我也在考虑国内教育究竟要选用哪种方式:美国式的要求每个人都要参与,它会有长期考虑去保证大家的参与度。但是这就带来了一个问题,有些话题本身就是有的人有感觉,有的人没有感觉,如果大家平均分配时间的话就会有局限。我看了你们知行班的介绍,在听说读写几方面更多强调读和写的能力,说的方面似乎并未特别成为一种要求。

**知行班学生**:的确在我们之前的课程中对讨论课的设计较少,您觉得讨论课应该怎样开设?讨论课与正式课程之间的关系是怎样的?

**赵老师**:我在2006年给甘阳老师的莎士比亚课程组织讨论班,我当时的想法是在讨论之前大家有一个提纲,能够有的放矢。我觉得讨论并不完全只是表达自己的想法,一个同学应当去表达那些能够收到反馈、自己不完全有把握、自己也想去听听其他同学怎么说的问题,如果你觉得要讲的内容得不到反馈,那你自己保留就可以了。现实当中存在的问题主要是讨论课的开设时间有待论证。我们现在是早上上完课晚上就讨论,时间间隔比较短,大家没有时间去准备话题,但是如果隔一周的话大家就没兴趣了。因此讨论课的时间安排究竟是即时还是隔几天,甚至可以提前一些,我们需要在同学反馈的基础上去调整。

我的每一个课程单元一般都是两次课,但是我备课只能备到第一次,第一次主要以introduction的讲法为主,包括文本阅读需要注意的问题。但是作业必须要在第二次课前提前交来,我必须要看一下作业才能在第二次课上讲得更有针对性——因为这些文本的可讲之处都非常多。因此,作业和讨论最好能够形成一个有机的教与学的结合,而不是为了作业而作业、为了讨论而讨论。这样,"讨论课是否需要提纲?讨论的时间段怎样安排?讨论与上课的间隔为多少?"等问题就至关重要了。美国没有一门课在早上上课、晚上讨论,它都会隔一段时间,老师上课讲,学生课下做作业,之后再讨论。当然他们的作业没有我们量大,但是要求可能更高一些。所以美国的讨论课更精致的地方在于它的课程与讨论课不是一天完成的,它是以周为循环进行安排。我个人认为这种课程安排更合理一些。

**知行班学生**:回到我们课上的文学作品中,每次老师抓作品的细节都特别精确,而我们同学却很难想到。这是我们积累弱的问题还是习惯的问题?

**赵老师**:我有一个猜想,这大概和初等教育有一些关系。我上中学的时候,初中语文老师按照一种文学写作的方式教我们写作文。这种方式在我上学的那个时代是非常普遍的,语文老师不是只讲些语法,语文老师是教你文学的。所以我上的语文课其实是文学课,老师认为课本上的内容太少了,我们初中三年把中学六年的语文课本全部学完,没有额外增加时间。其他的要求就是要写日记,每天早读时要背首诗。初三的时候,我那个班参加那年高考语文考试,结果我们班的平均成绩比高中生更高,全省作文的最高分就是我写的,所以这就非常有说服力。我们那个老师有这么一个理论:初中是同学们吸收能力最强的时候,你们要多读书。当时文学界写什么,我们就读什么。我们的作文训练有写小说,有写诗歌,各种体裁都有。我们有时觉得作文没啥写的,老师就让我们去回忆,去写童年,写完之后大家就互相传看,写得好的文章就拿来讲评。写得好的作文细节比较丰富,语言比较生动。所以我对细节的把握不是到大学后老师教的,我初中时的训练也不是刻意的。

你从作者的角度去读这部作品,比如你把自己当做卡夫卡,去写完卡夫卡未完成的作品,你若不写细节,那写什么呢?所以最好的训练在于初等教育时有创作经验,去看作品像是在看同行一样。我在上课时强调细节是我觉得你们现在的初等教育已不是当年那个样子,因为你们没有创作经验,毕竟那个年代已经过去了。那么,既然现在没了这种风气该怎么办?当然书还得读,你不一定读完之后要去模仿。我上课的时候一般只讲第一个句子,为什么只讲第一个句子,因为第一个句子是最难写的。写一个开头可能要换十几次,再娴熟的作家都会面临第一个句子怎么写的困境,这很正常。为何现在我们做老师的觉得大学教育特别困难,是因为初等教育出现了问题,但是初等教育又会说是大学教育出了问题。我觉得这两方都对,因为现在教中小学的老师都是大学毕业的,到最后成为一个死循环。要改变的话当然得从大学开始改起,中学还得高考,现在没法要求。这学期在清华我最后几堂课要求学生们读《红楼梦》,在这学期所有的文本中,我觉得学生以后还会再读的可能只有《红楼梦》。我的大学同学有读外国文学的,但是毕业之后也就不读了,如果还读些书也就是中国的文学。我打算和李老师建议,以后的通识课还是应该多安排些中国的经典作品。

**知行班学生**：这学期我们有两次作业涉及英文文献，同学们在翻译作业中暴露出不少问题，大家普遍反映难度较大，这说明我们的英语能力还有待提高。那么您对大家的英语薄弱问题怎么看？您对解决这一问题又有什么建议呢？

**赵老师**：我刚开始没有觉得英文会成为你们的障碍，后来的翻译作业也没有仔细看，但是助教老师说你们的翻译做得不太好。目前还需要了解的信息就是大家翻译的主要问题在哪个层面：究竟是英文词汇的问题还是语法问题？需要将同学们的真实问题找出来，然后有针对性地去解决。

实际上，不仅仅是你们，很多的大学生都会遇到这样的问题。我想，这大概是因为目前的英语基础教育和高等教育之间的衔接出现了问题。也就是说，你们在基础教育中学到的英语知识并没有在高等教育阶段得到应用。我向清华的学生了解过，现在非英语专业的大学英语教育主要是以应用为主，比如写个论文摘要、实验报告等，而不是培养你们的英文素养。而对于文科生来说，英文素养又是非常重要的，因为文科生一定需要阅读大量的外文文献，需要具备国际化视野。

至于如何解决，我可以和你们分享一点经验。首先，我认为要培养兴趣。我在大学的时候喜欢看一些英文杂志，比如 *Times*，我是靠这本杂志培养了对英语的感觉和兴趣。我学法学专业，研究英美法就需要阅读美国人的判例，我记得当时阅读那些判例也是比较麻烦，生词很多，语法也很难，但因为有求知的兴趣，才会耐下心来去钻研，后来也就慢慢习惯了英语文献的阅读。

还有一点经验也希望对你们有所启发。在中山大学博雅学院首届毕业生毕业的时候，甘阳院长邀请我去参观。他们的学生也会遇到英语阅读的困难，而他们的解决方式很简单，就是翻译。每周翻译1500字左右，靠这个来解决英语的难题。这可能是我们那个年代解决英语问题的办法，大概也很土，但是看起来很有效果，他们有几个学生的毕业设计做的是美国的判例，我看过之后，感觉都很不错，达到了略经修改就可以出版的水平。所以你们知行班的同学，应该也可以采取这样一种模式来解决英语的问题。

**知行班学生**：下学期的"论公民"课程,老师就是让我们读英文原版,针对这学期我们出现的问题,学院也有意侧重了英文的训练。

**赵老师**：直接读霍布斯的文章是一件非常困难的事情,应该配一些二手研究读物。为什么我要强调这个问题,因为以前对西方的研究跟进一定要一个译本,人们都是通过译本来进行研究。但是现在西方学术生产能力已经下降了,所以要做的并不仅仅是看一下他的生活年代、他的译本就开始研究。你要了解他们的研究脉络,你看了之后才会明白他们关心的是什么问题,然后你才能明白你自己关心的是什么问题,这个是必需的,你不去阅读二手研究读物,那么自己就不可能有独特的见解。

**知行班学生**：那么老师是否建议我们在课下组织读书小组来提高阅读能力呢?

**赵老师**：我以前有组织读书班,现在读书班都取消掉了。大家把课上好就可以了,课下在办公室里跟我读书,没有必要。有些同学在办公室和我一起读过罗马剧和威尼斯剧,后来都停止了,我觉得没什么用。因为这些是我要读的,读过之后我要有收获,而其他同学是跟着我读,就像听课一样,课下也不会自己去读,他们对这个没什么兴趣。而课程的安排是有依据的,你们老师给你们安排的莎剧,我建议你们把中英文结合起来一起读。莎剧很有意思,很有味道,它的评论也是浩如烟海,每年关于莎士比亚的书大概有一千多本,且有这方面的专业性刊物。这是一个很大的学术产业,用这个来学英语,比其他东西都好。

**知行班学生**：我们听说老师您正在做课程总结,不知经过这学期在北航给我们三十多人上课,您对通识教育的模式设计有什么新的看法?

**赵老师**：我对比了北航、清华两所学校,觉得你们班最好的设置就是单独编班,有助教,听说你们班主任还管得很严,我觉得你们上课效果更好。在清华这边,我的这门课因为是全校性的公选课,要求我不能提太高,学生做得好一点,我最多给他分数高一点,要是学生不愿意做,我就一点办法也没有了。由于上课的学生不是来自同一个班,他会觉得自己应该把更多的时间分配到自己的专业课上,大家又都不认识,想退课的话就退了。若是同一个班大家都会去做,你就没什么可选的。在清华最后上这门课的有 23 个人,到期末的差别还是比较大的。对比他们第一次和最后一次作业就能发现,有的同学提高得非常大,他在最后一次课会重写第一次作业,发现自己第一次作业写得非常差。他会自觉去做这件事情,这就收获比较大。还有些同学上了一学期课,虽然他也坚持下来了,但他的最后一次作业和第一次作业相比没有任何的提高。我也看了你们这个班的作业,总体感觉是有提高的。我觉得这不是老师教的有什么区别,而是一个体制的问题。因为要求都是一样的,落实不落实这个是李老师、助教老师她们的事情。

通过这个对比实验,我觉得究竟在中国高校采取一个什么形式,是自由选课还是按照中国班级体制,不同的学校有不同的选择。有的学校是双轨制,比如北大的元培学院。清华没有双轨制,清华的同学是全校性质,人文科学以前有类似的班,但后来分家了。这学期下来之后,我觉得双轨制有双轨制的道理,因为中国大学班级体制之中的教育模式,是延续了基础教育里的班级。这在美国是没有的,美国人从上小学就没有班级的概念,公立小学的一年级老师永远教一年级,二年级永远教二年级,上二年级之后班里的学生会打乱。这由杜威设计,它是一个明确的要求,因为美国是一个民主社会,大家的关系没有必要那么密切,人和人之间的距离是等距的,老师和学生之间的距离不应该那么密切,人与人之间的关系也不应该有亲疏远近之分。这个是民主制度有意识这么做的,现在的美国教育还是以杜威的思想为基础,他们上的课叫做选修。一个班的学生上同一门课的时候,可能找不同的老师,因为大家的水平不一样。即使在同一个班里,都会根据水平高低分为不同小组,不过小组之间可以进行流动,他们不会像我们这样有浓厚的同学关系或者师生关系,这是他们有意识的。因此他们的教育没有班级这个概念,他们的学习是以个人为单位,学校会组成小组,每个人有学习小组。学生在听完课之后,做作业时会临时组成一个小组,包括发言讨论,都已经训练好了。

中国最大的不同在于我们的初等教育是建立在班级、班主任、团组织这些关系上,大学保持了这个制度,但是剥离了学习的内容。所以我觉得,之所以双轨制好,是因为有助教和班主任在约束你,虽然你会抱怨,但是你很习惯这种制度。我们现在上专业课分为一个个班级,但是通识教育就和班级没关系了,所以通识教育的教育水平是低于专业课的,因为没有一个班级作为支撑,没有组织化的支撑,这不是专业老师的原因,是体制上的原因。

**知行班学生:** 这么说通识教育在我国高等教育界已经得到普遍的共识了?为何现在的发展速度并没有想象中的那么迅猛?

**赵老师:** 对于要不要有通识教育这个问题大家没有任何的异议,但是在具体怎么做的问题上存有分歧。现在主要的问题都是操作层面的问题,比如课怎么上,对学生提出什么样的要求,等等,都是一些细节中的、课程环节上的问题。

通识教育的发展速度和学校的主要领导有很大关系。中山大学的改革能顺利进行就是因为校长明确表态支持。校长表态之后,其他人自然就会跟着去做。中山大学副校长陈春声,他是学历史学出身,是个懂行的人。再下级有甘阳,知道如何具体操作。所以说最重要的就是这三个人。当然也还是会出现很多具体的问题,比如说你们也会面临的通识教育和专业教育协调的问题等,但是这些问题都只能慢慢去解决。其实目前就整个北京地区而言,改革最有成效的就是北航。北大元培实验班创办非常早,但实际上北大根本不需要改革,因为它本身就不存在专业教育和通识教育之间有那么大的间隙。我们在那里上过学的人都知道,北大不需要单独去做这样一个通识教育改革,因为这个学校本身就没有那么明确的学科间的界限。我在那里上研究生的时候去听经济系的课是理直气壮的,老师和学生都觉得再正常不过了,其他系的课程也是一样的道理。而且北大的图书馆也非常好,我们那个时候不会像现在一样布置很多作业,但是大家上完课自然会到图书馆去。学生之间也没有专业和专业区分的意识,学校里有无数的读书小组之类的组织。所以说北大本身就是在进行通识教育,前几年我们都认为中国只有北大这一所学校不需要进行通识教育改革。因为这个学校从一开始就是这样,这样一种氛围是历史形成的。在我上学的那个时候我们根本不知道什么是通识教育,不过实际上却在自我进行通识教育。当然只是五分之一的学生会这样,并不是每一个人。我在北大教课的时候也和现在不一样,那时候我每学期只备前三次课,知道了自己应该讲什么,后面我就不用备课。只要前三次课让学生明白我要干什么,把他们的积极性调动起来,师生之间能够匹配,接下来学生自然就会跟着走。我也没必要每次课前都布置好应该读什么资料,只要上课的时候提一下,好学生一下课立刻就到图书馆把这书借走。我认为这种状态是最好的,一个班有几个这样的学生起带动作用,效果就会很好。

你们这个班的模式代表了一个很好的制度,我也希望你们能够描述一下你们班发挥的学习共同体作用。这其中包括对助教、对讨论课的感受,也包括一些其他问题,比如讨论课的前后变化,或者是大家都发言以及只有少数同学发言的好处与坏处的对比,等等。这样一些内容整理出来可以给其他学校发展通识教育作为参考。你们一定要知道,在这方面北航和北京地区其他高校相比绝对是走在前列,像北大那样的经验是其他学校做不到的,所以只有北航有这方面的经验。

**知行班学生**:我们这次的采访到此结束,再次感谢赵老师接受我们院刊的专访,祝您工作顺利!

(采访及整理:熊志航、高一宁、陈煜、王玺)

**附录一:**

## "法律与文学"课程大纲

2013 秋　北京航空航天大学

**课程概要**:

本次课程的主题是"个体与政治共同体",主要训练细读文本的能力。

**平时作业、讨论**

1. 作业:共10次,100分,在细致阅读文本的基础上完成,每次作业不超过2000字。

2. 讨论:每次课后助教主持讨论。

**核心文本**(选课同学必须准备纸质本,每次课前读完,上课时带着,写作业时也要查看):

奥维尔,《一九八四》,董乐山译。

卡夫卡,《诉讼》,张荣昌译,上海三联书店,2012。

加缪,《局外人》,郭宏安译。

笛福,《鲁滨逊漂流记》,徐霞村译。

阿里斯托芬,《云》,罗念生译。

柏拉图,《苏格拉底的申辩》,吴飞译,华夏出版社,2007。

柏拉图,《游叙弗伦》,顾丽玲译,华东师范大学出版社,2010。

柏拉图,《克力同》,王太庆译,商务印书馆,2004。

Thomas G. West and Grace Starry West, *Four Texts on Socrates*: *Plato's Euthyphro, Apology, and Crito, and Aristophanes' Clouds*, Cornell University Press, 1998.

**课程安排**(15 次)

**第 1 次**:导论《马背上的法庭》(刘杰导演,2006,第一次上课前看完电影)

参考文献:

苏力,"崇山峻岭中的中国法治:从电影《马背上的法庭》透视",《清华法学》,2008 年第 3 期。

王华,"影像中的'父子'叙事与隐喻——对电影《马背上的法庭》的解读",《重庆邮电大学学报》2011 年第 1 期。

**作业 1**:(10 分)《马背上的法庭》中一共发生了哪几个案件?(第一次上课前做完)

**第 2—3 次**:**奥威尔《一九八四》**

参考文献:

奥威尔,"西班牙内战的回顾(1942)",载奥威尔.《政治与文学》,李存捧译,译林出版社,2011。

史珂拉,"《一九八四》:政治理论应当关注吗?",载《政治思想与政治思想家》,页 366—381,左高山译,上海人民出版社,2009。

福柯,《规训与惩罚》,第三部第三章"全景敞视主义",刘北成、杨远缨译,生活·读书·新知三联书店,2003。

凯斯·桑斯坦,"性自由与政治自由",载格里森·A.,努斯鲍姆·M.C.,戈德史密斯·J.,编《〈一九八四〉与我们的未来》,页249—259,北京:法律出版社,2013。

Blu Tirohl,"'We are the dead you are the dead.' An examination of sexuality as a weapon of revolt in Orwell's Nineteen Eighty-Four," *Journal of Gender Studies* 9, no. 1 (2000): 55—61.

作业 2:(10 分)三题选一:

(1) 互联网是新一代"电幕"吗?

(2)《一九八四》中的性与爱

(3) 读《一九八四》中的书中之书:《寡头政治集体主义的理论与实践》

第 4—5 次:卡夫卡《诉讼》

参考文献:

卡夫卡,"致父亲的信",载《卡夫卡文集.第 4 卷.书简》,祝彦、张荣昌译.上海译文出版社,2002。

本雅明,"弗兰茨·卡夫卡:逝世十周年纪念","论卡夫卡",载汉娜·阿伦特编,《启迪:本雅明文选》,张旭东、王斑译,生活·读书·新知三联书店,2008。

彼得—安德列·阿尔特,《卡夫卡传》,第 11 章,张荣昌译,重庆大学出版社,2012。

Ritchie Robertson, *Kafka: A Very Short Introduction*, Ch. 4, "Institutions", Oxford University Press, 2005.

Rolf J. Goebel, "The Exploration of the Modern City in *The Trial*," in Julian Preece, *The Cambridge Companion to Kafka*, pp. 42—60, Cambridge University Press, 2002.

John Zilcosky, *Kafka's Travels: Exoticism, Colonialism, and the Traffic of Writing*. Ch. 3, Palgrave Macmillan, 2003.

Gilles Deleuze, *Kafka: Toward a Minor Literature*. Ch. 5, University of Minnesota Press, 1986.

西奥多·齐奥科斯基,《正义之镜》,第 11 章"法律的现代危机",李晟译,北京大学出版社,2011。

**作业 3**:(10 分)三题选一
（1）分析《诉讼》中的某场景
（2）读《诉讼》中的寓言"在法的门前"
（3）续写《诉讼》中某未完成章节

### 第 6—7 次：加缪《局外人》

参考文献：

加缪,《西绪福斯神话》,郭宏安译。

福柯,"19 世纪法律精神病学中的'危险个人'概念",苏力译,《北大法律评论》,第 2 卷第 2 辑,法律出版社,1999。

Terry Otten, "Mamam' in Camus' The Stranger," *College Literature* 2, no 2 (1975): 105—111.

赛义德,"加缪与法国帝国",《文化与帝国主义》,页 240—264,李琨译,三联书店,2003。

波斯纳,《法律与文学》(增订版),页 51—62,李国庆译,中国政法大学出版社,2002。

**作业 4**:(10 分)如果没有其他选择,你打算生活在以上三个世界（温斯顿、K、莫尔索）中的哪一个？

### 第 8—9 次：笛福：《鲁滨逊漂流记》（徐霞村译本）

参考文献：

霍布斯,《利维坦》,第 13 章。

洛克,《政府论》（下）,第 2—5 章。

卢梭,《论不平等的起源与基础》。

瓦特,《小说的兴起：笛福、理查逊、菲尔丁研究》,高原、董红钧译,页 62—100,三联书店,1992。

韦伯,《新教伦理与资本主义精神》,康乐、简美惠译,广西师范大学出版社,2007。

麦克法兰,《英国个人主义的起源》,管可秾译,北京:商务印书馆,2008。

**作业 5**:(10 分) 文献综述,以下篇目仅供参考：

William T Hastings, "Errors and Inconsistencies in Defoe's Robinson Crusoe." *Modern Language Notes* 27, no. 6 (June 1912): 161—166.

http://www.jstor.org/stable/2916341

Hans W Hausermann, "Aspects of Life and Thought in Robinson Crusoe." *The Review of English Studies* 11, no. 43 (July 1935): 299—312. http://www.jstor.org/stable/508083

Maximillian E Novak, "Robinson Crusoe's 'Original Sin'." *Studies in English Literature, 1500—1900* 1, no. 3 (Summer 1961): 19—29. http://www.jstor.org/stable/449302

Martin J Greif, "The Conversion of Robinson Crusoe." *Studies in English Literature, 1500—1900* 6, no. 3 (Summer 1966): 551—574. http://www.jstor.org/stable/449560

James Egan, "Crusoe's Monarchy and the Puritan Concept of the Self." *Studies in English Literature, 1500—1900* 13, no. 3 (Summer 1973): 451—460. http://www.jstor.org/stable/449999

Christopher Hill, "Robinson Crusoe." *History Workshop*, no. 10 (Autumn 1980): 6—24. http://www.jstor.org/stable/4288310

J. A. Downie, "Defoe, Imperialism, and the Travel Books Reconsidered." *The Yearbook of English Studies* 13 (1983): 66—83. http://www.jstor.org/stable/3508113

Denise Schaeffer, "The Utility of Ink: Rousseau and Robinson Crusoe." *The Review of Politics* 64, no. 1 (Winter 2002): 121—148. http://www.jstor.org/stable/1408696

第10—11次:阿里斯托芬《云》

参考文献:

施特劳斯,《苏格拉底与阿里斯托芬》,第二章,李小均译,华夏出版社,2011。

奥里根,《雅典谐剧与逻各斯》,黄薇薇译,华夏出版社,2010。

作业6:(10分)复述《云》

第11—12次:柏拉图《游叙弗伦》

参考文献:

赫西奥德,《神谱》,载《工作与时日·神谱》,张竹明、蒋平译,商务印书馆,2009。

施特劳斯,"论《游叙弗伦》",载《古典政治理性主义的重生》,郭振华、叶然译,华夏出版社,2011。

豪兰,《政治哲学的悖论 苏格拉底的哲学审判》,第4章,戚仁译,华夏出版社,2012。

**作业 7**:(10 分)复述《游叙弗伦》

### 第13—14次:柏拉图《苏格拉底的申辩》

参考文献:

色诺芬,《回忆苏格拉底》,吴永泉译,商务印书馆,1984。

列奥·施特劳斯,"论柏拉图的《苏格拉底的申辩》和《克力同》",载列奥·施特劳斯,《柏拉图式政治哲学研究》,张缨等译,华夏出版社,2012。

George Anastaplo, "Human Being and Citizen: a Beginning to the Study of Plato's *Apology of Socrates*." in *Human Being and Citizen: Essays on Virtue, Freedom, and the Common Good*. Swallow Press, 1975.

Thomas G. West, and Plato. *Plato's Apology of Socrates: An Interpretation, with a New Translation*. Cornell University Press, 1979.

C. D. C. Reeve, *Socrates in the Apology: an essay on Plato's Apology of Socrates*. Indianapolis: Hackett, 1989.

**作业 8**:(10 分)复述《苏格拉底的申辩》

### 第15次:柏拉图《克里同》

参考文献:

列奥·施特劳斯,"论柏拉图的《苏格拉底的申辩》和《克力同》",载列奥·施特劳斯,《柏拉图式政治哲学研究》,张缨等译,华夏出版社,2012。

维斯,《不满的苏格拉底:柏拉图〈克里同〉疏证》,罗晓颖译,华东师范大学出版社,2011。

Reginald E. Allen, *Socrates and legal obligation*. Minneapolis: University of Minnesota Press, 1980.

Thomas C. Brickhouse, *Routledge philosophy guidebook to Plato and the trial of Socrates*. New York: Routledge, 2004.

**作业9:**(10分)复述《克里同》

**作业10:**(10分)斯通的解释靠谱吗?(斯通:《苏格拉底的审判》,董乐山译,北京:生活·读书·新知三联书店,1998.)

**附录二:**

## "法律与文学"课程反馈

编者按:2013年秋季学期,北航高研院有幸请来了赵晓力老师为2012级知行文科实验班同学开设"法律与文学"这门课。某种程度上说,这门课程令同学们"痛并快乐着",在整理大家填写的问卷时,整个学期上课的一幕幕都浮现在眼前,无论是突如其来的作业,抑或是厚厚的文献,现在想来都是那么的欣慰,欣慰于我们曾经经历过的这一切!

本次整理的调查问卷,参与者共21人,为了尽可能客观呈现大家的反馈,我们采取了将大家对问卷的回答进行整理的方法,而不是泛泛地写一篇报告。当然,为了让老师更方便地了解到反馈的内容,我们也在每一问题下加一些总结性的说明,这些总结基本不带有整理者个人的感受,必须进行解释的内容除外,为的也是尽可能客观地反映大家的反馈,以期更好地服务于将来的教学实践。另外,问卷整理固然以简明全面为要,然而整理过程中发现同学们原始的问卷往往是其本人一学期学习的一个更为全面的汇报,故将大家的问卷原版一并发给老师,供参照。(注:报告中的黑体加粗阿拉伯数字为根据大家的问卷所整理之条目;条目后加括号数字为问卷答复中选择该项的人数;条目下方为总结性说明。)

### 调 查 问 卷

**一、小班制**

**1.** 你认为跟专业课的大班授课形式相比,小班形式的最大优势是什么?

(1)教师收到及时反馈:10

(2)同学收到的教师关注与指导更多:10

(3) 上课质量与作业质量保证(上课压力决定,更加认真):10

(4) 相互熟悉,每个人的自由表达更方便:5

(5) 学生参与积极度更高:3

(6) 授课形式灵活:2

(7) 符合多年来的学习习惯,对其准备更充分:1

总结:问卷中呈现出的大家对于小班制度之体会比较清楚地反映了小班制的优点,其中主要包含两个方面:上述前两个条目可看做师生互动的自由度方面;第三个条目反映了教学质量的控制,即小班上课往往令大家的认真程度大大高于大班上课。大一的通识课中也出过类似的现象。

**2.** 你认为小班形式本身有没有什么制度上的缺陷?如果有,你有什么改进的建议?

没有:13

改进方面:

(1) 相互之间的差距感明显,建议老师和优秀同学帮助:2

(2) 小班在发挥自由交流作用中仍有不足,建议细化分组:1

(3) 人数少思考有可能受限:1

(4) 因学生自身能力而不能发挥较好的效果:1

总结:大家基本认同小班制教学,个别的同学会因为竞争等因素产生一些心理上的波动,而大班教学显然对这一竞争造成的焦虑有缓解的可能性。下文还会看到,这种竞争的心理也影响着讨论课的发言踊跃程度及讨论效果。

**3.** 作为2012级文科实验班的一分子,在这一学期的小班学习参与过程中,你有什么具体的收获?

(1) 读书、掌握细读文本的能力:3

(2) 学习心态上信心的增强:3

(3) 认识到读书的重要性:2

(4) 同学之间的交流更活跃:2

(5) 思考问题更深刻:2

(6) 个人性格方面更开朗:1

(7) 认识到读书的重要性:2

总结:上一个学期既是真正接触强度较大课程的学习过程,同时也是组成小班之后的第一个学期。根据整理者与同学们在相处过程中的观察,基本上每个人都是认可自己在一学期学习中有所收获,只是不同的人关注的角度不同。下文还将具体地对这几方面进行一个就问题论问题的详细反馈。

## 二、助教制度

**4.** 助教罗旻老师在这一学期为同学们组织讨论课,并且认真批阅同学们的作业。对于助教参与教学的形式,你认为对于学习生活各个方面有什么帮助?

（1）作业反馈及时,很有帮助:9

（2）同学与赵老师之间的桥梁作用:9

（3）较多的交流有鼓励大家坚持、排忧解难的作用:8

（4）及时发现同学们的问题与单独指导:7

（5）加深课程理解:7

（6）知识补充者的角色:1

（7）生活上的一些指导:1

总结:（1）助教制度和讨论课制度无疑是一门以经典研读为核心的通识课程不可或缺的两翼:助教使得作业的批改成为可能,讨论课使得大家对经典的思考能够通过交流而变得更深刻,同时明白自己的不足。本学期的所有作业（除篇幅过长的翻译作业外）全部得到了助教老师较为详细的批改;在问卷中,接近一半的同学认为助教有助于作业的批改。（2）此外,接近一半的同学认为助教实现了他们与课程主讲教师的沟通,这可能由于基础教育阶段老师权威形象在学生心中留下了太深的印象,大家往往不敢直接和老师就课程设计方面展开对话,而借助助教的"桥梁"作用,同学们在课程中的真实感受往往能够真正到达主讲老师那里,进而为调整教学提供便利。（3）在上学期的学习中,助教老师往往能够更加自由地与同学进行交流,起到了鼓励与帮助大家的作用,其实这在一定程度上是以一种制度化的方式实现了整个学期从课前阅读到课后作业等教学过程的质量控制。（4）由于单独交流成为可能,因而大家往往能够在助教老师的单独指导下在自己喜欢的领域进行拓展学习,这从根本上说也是对同学们有利的。

**5.** 在未来的学习生活中,你希望助教老师能进一步在哪些方面给予帮助?

(1) 作业(文章)写作指导:7

(2) 提供进一步研究的参考书目与拓展问题:5

(3) 对个人不足之处做进一步交流:4

(4) 分享读书(方法)体会:2

(5) 对讨论课的发言有更多的评论

(6) 基础知识的扩充

(7) 作业之前的思路扩展(这是否也会造成个人思考减少呢?)

总结:(1) 大家对于助教提供帮助的需求主要还是很务实地指出了写作文章的方法指导,这应当是大家在真正去写作一些文章之时所面临的困难使然。(2) 此外,大家也希望能够就自身的一些不足之处能更多地请教助教老师。但是这是否又超出了一位助教老师的职责范围呢?它反映出同学们需要接受的指导还需加强。今年李静老师专门组织了每周两小时的师生交流活动,这样或许会有一些帮助。

**6.** 对于助教形式,你有什么好的意见和建议?

(1) 已经很好:7

(2) 更多地交流(包括生活上):3

(3) 对部分问题能有集中点拨指导(讨论课会令问题更复杂):2

(4) 数量多一些:2

总结:多数同学对于助教的工作非常满意,其实更多交流的需要已在上一个问题的总结中做过阐述。

### 三、讨论课形式

**7.** 你认为本学期的讨论课每周一次开设频次如何?

A. 偏多　　B. 适中　　C. 较少

A:2

B:19

C:0

总结:基本上所有的同学认为讨论课次数还是较为合理的,而且如若要保证每位同学尽可能地多发言,讨论课的次数就应当与正课次数一致,这样也有利于与每一教学单元同步。

**8. 总体来讲,你认为本学期的讨论课讨论题目选择是否足以引起大家的讨论?本学期的哪次讨论题令你印象最深?**

(1) 是否足以引起讨论:① 是:16;② 前半学期可以:3;③ 不可以:1;④ 某些问题太大了:1

(2) 哪一次讨论课印象最深:

① 苏格拉底是否信神以及是否爱城邦:7

② 亲亲相隐:2

③ 人与公民:2

④ 马背上的法庭(礼俗与法治):2

⑤ 温斯顿、K、默尔索之间选择一个:2

⑥ 《诉讼》中的讨论:2

⑦ 《一九八四》中的性与爱:2

总结:(1) 讨论题的选取关乎甚大,根据上学期讨论课的观察,一节讨论课大家的活跃程度往往和讨论题能否有足够的挖掘深度、争议空间等息息相关,多数同学不愿意发言的原因之一就是讨论题本身不易于被他们发现较多的可挖掘空间(下文反馈条目会有所表现)。(2) 容易引起讨论的讨论题往往从内容上看大家相对有一定了解,部分情况下大家对于讨论题的无动于衷是由于不了解。比如说,对于苏格拉底的问题,大家最为耳熟能详,故关于苏格拉底讨论的热烈踊跃就有了基础和前提。而关于是否信神和爱城邦本身就有极强的争议性,因此能够引起大家的强烈反响。

**9. 讨论课对你是否有帮助?如有,请具体说明是哪一方面的帮助。**

(1) 有帮助:21;无帮助:0

(2) ① 拓宽思路(含文本阅读思路):14

② 加深思考(含课堂内容的加深、作业主题的加深):7

③ 表达能力的锻炼:3

④ 解决自己思考中的问题:3

⑤ 学术思维的锻炼:1

总结:(1)讨论课对大家有帮助是不争的事实。差异只是出在个人所关注的不同侧面,也即反映出了对讨论课的期望与认识的不同。(2)讨论的效果主要就是在交流中拓宽大家的思路,从反馈上看这一目的基本达到。

**10.【客观表现上】**本学期你在讨论课上的发言次数大致为多少(次/每节课)?

(1)(极少)0.1次:5

(2)(较少)0.5次:5

(4)(适中)1次:9

(5)(较多)2次:1

(6)(极多)3次:1

总结:客观上看,大家的发言次数比较有规律。其中每节课平均发言一次的同学占到了接受调查同学的将近一半,应该说这是比较可观的。然而下一个问题将会揭示出,讨论课的现状是说话的人一直都说话,不愿说话的人一直很少发表意见;换言之,经常发言的同学与经常不发言的同学已经形成了较为清晰的界限,如此是不利的。

**11.【主观感受上】**你是否在讨论课上发言踊跃?(踊跃很主动、一般主动,或很少说话)。若发言不够主动,请说明你不愿意发言的原因是什么。

(1)很少说话:6

原因:

① 思考不深刻:5

② 性格内向:1

③ 表达能力欠缺:1

④ 准备不充分:1

(2)一般主动:12

原因:

① 思考不够敏捷,常陷入一个问题中:2

② 语言没有组织好:3

③ 认识不够深刻(含想要认识更深而思考中):3

④表达内容已被其他同学表达:1

⑤性格内向:1

⑥认为面对的争论没有价值:1

⑦知识储备不足:1

⑧其他同学的发言造成对自身的不自信:1

(3)踊跃:3

总结:(1)如果我们的讨论课的目标是要锻炼同学们的表达能力,那么似乎同学们所谓的想法不够深刻就是多余的了,但是如果说我们的讨论课不仅仅要锻炼一种表达能力,而是真正想要让大家学会思考的话,就证明大家提前的准备是不足的。尽管知识储备不足的问题大家并未提出,但某种程度上说大家似乎很少有针对讨论课进行其他知识储备的,不知讨论课的开设是否暗含了这一拓展自学的要求?抑或是大家对讨论课的价值依旧误判,讨论课是以所学内容为主进行加工整理?(2)自身的心理是一个重要的因素,在发言之前总是顾虑太多,这一顾虑主要就是来源于一种小班的竞争状态之下的不自信。(3)此外,笔者上学期在讨论课上发现的一个问题值得提出,那就是,在很多情况下提出问题似乎并不是为了和大家进行讨论,而只是在表达自己的观点,因此每个人都在花很长时间去进行语言的规划,目的就是使自己的表达更无懈可击。这样的习惯固然是好,但同时也阻滞了讨论应有的热烈与进度。

**12. 你认为讨论课与正课的时间间隔多久为宜?或者你认为讨论课应当开设的时间是什么?**

(1)当天(本学期模式):8

(2)课后第二天:8

(3)课后间隔两天左右:3

(4)上午课则当天晚上,下午课则第二天:1

(5)间隔一周:1

总结:这部分的问卷,大多数同学认为要有间隔但不能间隔太久,因此认为应当在正课第二天的同学也主要是因为当天课程较多;对于上午正课、下午没有课或课程较少的同学来说放在当天就很合适。总之就是既要有一定的消化整理时间,又不能间隔太久而忘掉所讲内容。

## 四、作业

**13.** 你认为本学期"法律与文学"课程作业量如何?

A. 太多　　B. 偏多　　C. 适中　　D. 较少　　E. 其他

A：1

B：17

C：3

D：0

E：0

总结：作业量上大家基本认为偏多,在交流中多数同学认为较理想的作业量是两周一篇,不过这是否意味着两周一篇的作业要求就更高呢？另外,虽然同学们普遍感觉作业量大,但在问卷中,不少同学又坦陈正是较大的课程压力才让他有更大的收获。

**14.** 你每周花在作业上的时间为多少小时?

6~8 小时：8

10 小时左右：5

10~15 小时：4

20 小时左右：3

20 小时以上：1

总结：从调查结果来看,大多数同学能在 10 小时以内完成作业,这里面也包括了在写作作业时精读老师指定文献以及查找相关文献来阅读的时间。另有较多同学写作作业的时间较长,达到了 10 小时以上,甚至个别在 20 小时以上。

**15.** 对你来说作业的难度如何?

A. 很难　　B. 有难度但可以接受　　C. 较简单

A：5

B：16

C：0

总结：由作业难度这一项可知,多数同学认为有难度但可以接受,当然这是在学期结束之后所做的问卷,事实上在学期进行中多数同学依旧感觉作业的难度非常大。但是总体来说,就调查结果反馈而言,本学期的作业难度设计基本上满足"跳起来可以够着"的状态。

**16.** 除翻译作业外,你印象最深或难度最大的一次作业是哪次?该作业的哪一点让你印象深刻?

(1)《云》的复述——8

① 另一种视角揣摩剧情有难度:4

② 没有理解题目的要求:1

③ 复述中的文本取舍问题:1

④ 抓不住《云》的核心:1

⑤ 难以处理一个不同的苏格拉底:1

(2) 文献综述——4

① 不懂如何做文献综述(方法不对):3

② 英文水平太差:1

(3) 读书报告(《新教伦理与资本主义精神》《英国个人主义的起源》)——4

① 阅读量大:1

② 读书方法不佳:1

③ 在短时间内尝试精读一本名著:1

④ 第一遍读不太懂不知道如何写作:1

(4)《局外人》的作业——2

① 课前写作业,难度大:1

② 作业题目本身不懂:1

(5)《诉讼》的作业——1

① 书读不懂:1

(6)《鲁滨孙漂流记》的作业——1

① 对书的理解不深:1

(7) 最后一次作业(关于苏格拉底之死)——1

① 时间紧张:1

(8) 第一次作业(《马背上的法庭》)——1

① 第一次面对要求较高的作业:1

总结:(1) 此一问题的设置,主要为了更真实、具体地了解同学们在作业中的情况,以及看到同学们所遇到的困难。(2)从调查反馈来看,印象最深的作业应当是《云》的复述,同学们的问卷中有具体的原因分析,主要还是集中于复述的方法上,尤其是以另一种视角去观察苏格拉底往往会面临材料取舍等问题所造成的重重困难。(3)文献综述亦是一个重要的作业项目,同学们在第一次面临这种新型的作业训练时不懂得正确的方法,加之英文文献的问题,导致了大多数同学都比较难完成该项作业。(4)关于读书报告的作业,主要反映了同学们在短时间内抓住书本重点的能力欠缺。因此,对多数同学而言,这是一个巨大的挑战。(5)以上反馈可知,多数同学在作业中的问题往往集中于方法,而书本的理解等问题反倒排在后面。一些新型的作业项目由于训练较少而不能做到驾轻就熟,这也提示我们是否在作业形式上有一些更多的调整,更有目的地训练某一方面的能力。

**17.** 总体来讲,你认为本学期课程的作业对你的提高在什么地方?(根据自身实际情况具体回答即可,不必刻意强调写作能力等太大太空的方面。)

(1)读书能力(细致阅读与抓重点、读书速度、耐心):17

(2)思考深度加深:4

(3)读书(学习)恐惧感降低:4

(4)英文—恐惧感降低、阅读水平提升:4

(5)文章写作水平提高:3

(6)良好读书习惯的养成(静心读书):2

(7)认识到自己的不足,保持谦虚谨慎的学习心态:2

总结:作业在通识课中的重要性是毋庸置疑的,然而作业究竟帮助学生们实现了哪些提高?(1)由反馈可知,作业发挥的最大作用是对于书本的细致阅读。这一点在整学期的课程中表现得极为突出,赵老师在课上往往会根据文本细节进行解读,进而发现一些值得讨论的问题。而由于作业评价体系的存在,同学们往往需要在完成作业过程中仔细挖掘那些未被发现的点,因为只有这样,作业才能有东西可写,否则就沦为了简单的复述性作业。在实际操作中,作业的完成往往需要一个长时间的思考过程,而思考建立在对文本的细致梳理上,因此写作业的过程会督促同学们细致阅读文献,因为大家会发现,只有那些细节才有可能是别人尚未发现的,才能交出一篇满意的作业。(2)由于本学期的作业要求较高,这就产生了一个副产品,那就是大家学习上的畏难情绪会有明显的减少。倘使失去了作业的强制性保障,通识课的诸多目的都将无法达到。(3)学期后半部分加入的英文训练令同学们记忆深刻,这帮助同学们较早地体会了研究过程中外文素养的重要性。对于同学们而言,一门课能够有如此多的体会与训练本身是一种素质的提高,因此在整理问卷时也时常会看到一些同学对于英文训练的感激。

## 问卷结果分析

此次问卷对2012级文科试验班全体同学对于赵晓力老师的"法律与文学"课程的认识和评价作了比较全面完整的分析。其中,在小班制教学、助教制度、讨论课形式、作业量和课程最大帮助几个问题上同学们基本达成了共识。小班制教学有助于老师与同学之间的交流,也有利于作业情况的及时反馈;助教制度减轻了任课老师的负担,也有助于提高师生之间交流的效率;讨论课为同学们在读书过程中思路的拓宽提供了很大帮助,但是对于学术思维的启发作用并不明显;本学期作业偏难、偏多,但是同学们普遍表示作业难度和数量仍在接受范围之内,同时,大多数同学表示,作业对自己的读书能力有显著提高。

(调查问卷整理:熊志航、陈煜、侯静文)